그리스도인 성장의 열쇠

네비게이토 선교회는
국제적이며 복음적인 기독교 기관이다.
예수 그리스도께서는 자기를 따르는 자들에게
"너희는 가서 모든 족속으로 제자를 삼으라"
(마태복음 28:19)는 지상사명을 주셨다.
네비게이토 선교회는 세계 모든 국가에서
예수 그리스도의 일꾼들을 배가시켜
이 지상사명의 성취를 돕는 것을
근본 목표로 하고 있다.

네비게이토 출판사는
네비게이도 선교회의 문서 선교를 담당하고 있다.
본 출판사에서는 그리스도인의 영적 성장을 돕는
서적과 자료들을 출판하여,
그리스도인의 삶의 기초가 견고한
헌신된 제자로 성장하게 하고,
나아가 성숙한 인격과 지도력을 갖춘
일꾼이 되도록 돕고 있다.

Translated by permission
Original language title:
WHAT EVERY CHRISTIAN SHOULD KNOW ABOUT GROWING
Copyright ⓒ 1976 by Cook Communications
Korean Copyright ⓒ 1982, 2009
by Korea NavPress

그리스도인 성장의 열쇠

What Every Christian Should Know About Growing
Basic Steps to Discipleship

리로이 아임스
LeRoy Eims

TO KNOW CHRIST AND TO MAKE HIM KNOWN

차 례

머리말 / 7

1. 하나님 아버지를 알아 감 / 9
2. 말씀: 하나님과의 대화(I) / 35
3. 기도: 하나님과의 대화(II) / 63
4. 하나님과의 관계가 깊어짐 / 91
5. 그리스도의 주재권(主宰權) / 111
6. 제자의 삶: 그리스도의 주재권 아래 사는 삶 / 137
7. 제자가 할 일 / 165
8. 그리스도를 효과적으로 증거하는 방법 / 193
9. 제자의 길에 가로놓인 위험 / 219
10. 죄로부터의 승리 / 243
11. 성경이 말하는 교리 / 269
12. 교리의 실제적 이해 / 293

머리말

어느 해 여름 나는 피츠버그에서 가진 대학생 수양회에서 말씀을 전한 적이 있습니다. 어느 날 밤 모임이 끝난 후, 접시를 닦던 존이라는 청년이 내게 와서 예수님에 관하여 궁금한 것을 이것저것 묻기 시작했습니다. 우리는 훈훈하고 솔직한 대화를 나누었습니다. 나는 그에게 예수 그리스도의 복음을 자세하게 말해 주었습니다. 그날 밤 그는 그리스도를 구주로 영접했으며 자기의 삶을 주님께 맡겼습니다.

다음 날 아침 존이 MIT에 신입생 등록을 하려고 보스턴으로 출발하기 전에 우리는 한 시간 동안 교제를 나누었습니다. 나는 여러 성경 말씀을 통해 그의 믿음을 다져 주었고, 정기적으로 편지하겠노라고 약속했습니다.

이렇게 해서 나는 존에게 편지를 쓰기 시작했는데, 그해에 존에게 보낸 편지가 수십 통이 넘었습니다. 날이 갈수록 나는 새신자인 그에게 어떤 것이 필요할 것인가를 더 깊이 생각하게 되었고, 그에게 제자의 삶과 관계된 성경 말씀과 원리를 나누어 주었습니다. 존은 영적으로 성장하기 시작했고, 자신의 믿음을 다른 사람과 나누기 시작했습니다. 방학이 되면 피츠버그로 와서 나와 함께 지내며, 말씀 가운데서 귀중한 시간을 보냈습니다. 나는 그를 위해 꾸준히 기도했습니다. 존은 열매 맺는 제자가 되었습니다. 오늘날 그는 훌륭한 복음의 일꾼이 되어 주님을 위해 수고하고 있습니다.

본서는 내가 존에게 나누어 주었던 내용을 기본으로 하여 쓴 것입니다. 말씀에서 보여 주는 원리를 따라 순종하면, 시간이 걸리긴 하지만 성장은 반드시 일어나게 되어 있습니다. 이 책이 주님의 제자의 길을 가는 당신의 믿음의 여정에 유익한 길잡이가 되기를 간절히 기도합니다.

제 1 장

하나님 아버지를 알아 감

주 예수 그리스도를 구주로 영접함으로 당신은 하나님의 자녀로 태어났습니다. 이제 하나님의 가족의 귀한 일원이 되었습니다. 조만간에 당신은 수많은 형제 자매들을 만나게 되며, 그들과 교제를 갖게 될 것입니다. 그러나 먼저 당신에게 필요한 것은 새롭게 당신의 아버지가 되신 하나님을 깊이 알아 가는 것입니다. 하나님의 자녀로서 하늘에 계신 아버지와 교제를 나누는 법, 그분을 사랑하고 의뢰하며 따르는 법, 그분의 사랑과 돌보심을 확신하고 쉼을 누리는 법을 배울 필요가 있습니다.

이 장에서는 당신이 하나님과 맺게 된 이 새로운 관계를 잘 이해하도록 돕고자 합니다.

1. 하나님 아버지를 알아 감

갓태어난 영적 갓난아기로서 당신은 하나님의 자녀로 거듭나기 전의 자신의 삶을 생각해 보면 부끄러운 게 너무 많아 적잖이 걱정이 될지도 모르겠습니다. 만일 그렇다면 하나님 아버지께서 자녀인 당신을 어떻게 생각하고 계시는지 살펴보도록 합시다.

하나님 아버지께서는 당신을 아십니다

나는 큰 포부를 가진 젊은이를 한 사람 알고 있었습니다. 그는 기필코 유명 대기업에 들어가서 많은 급여를 받으며, 그동안 사귀어 온 아름다운 아가씨와 결혼도 하리라는 멋진 계획을 세웠습니다. 그는 그녀를 마음속 깊이 사랑했고, 그녀의 경건한 삶을 흠모했습니다. 그녀는 하나님을 경외하는 부모님의 영향을 받아 좋은 품성과 믿음을 지녔습니다.

그러나 그에게는 말 못할 고민이 하나 있었습니다. 그녀가 자기 과거를 알게 되면 더 이상 만나 주지 않을 거라는 두려움에 잠을 이루지 못했습니다. 나는 여러 가지 말로 애써 그를 안심시켜 주었습니다. '그녀가 정말 그리스도인이라면 사죄의 은혜를 분명히 경험했을 거다. 그리고 누구든지 그리스도를 믿으면 완전히 새사람이 된다는 것도 잘 알 거다. 자네는 이제 그리스도 안에서 완전히 새사람이 되었다. 주님께서는 자네의 과거의 모든 죄를 완전히 용서하셨고 기억지도 않으신다. 그녀도 이 사실을 잘 알 거다.' 대충 이런 내용이었습니다.

하지만 그는 두려움을 떨쳐 버리지 못했습니다. "아닙니다. 제 과거를 알게 되는 날에는 떠나 버릴 겁니다."

이 젊은이의 두려움을 생각하면서, 하나님의 사랑은 인간의 사랑과는 완전히 다르다는 사실을 알게 되었습니다. 생각해 보십시오! 하나님께서는 우리의 모든 것, 즉 우리의 모든 생각, 우리의 모든 과거, 남몰래 가지고 있었던 모든 목표와 야망 등을 훤히 알고 계십니다. 그런데도 하나님께서는 여전히 깊고 변함없는 사랑으로 우리를 사랑하십니다. 그러기에 하나님의 사랑을 잃게 될까 봐 두려워 하나님께 무엇을 숨기려고 할 필요가 전혀 없습니다. 우리가 어떤 사람인지 하나님께서는 다 알고 계심에도 우리를 사랑하시는 것입니다.

예수님께서 하신 말씀을 생각해 보십시오. "나는 선한 목자다. 나는 내 양을 알고, 내 양은 나를 안다"(요한복음 10:14 참조). 예수님께서는, 아버지가 자기 아들을 아는 것같이, 우리 각 사람을 한 사람 한 사람 알고 계십니다.

어렸을 때 나는 친척들이 모이는 자리에 부모님을 따라가곤 했는데, 그때마다 어른들은 "넌 뉘 집 아이냐?"라고 묻곤 했습니다. 그때에 나는 내가 그분들의 8촌 동생이 된다든가 먼 친척뻘이 된다는 것을 알게 되었습니다. 그러나 하나님께서는 그 어른들과 같지 않으십니다. 하나님께서는 당신을 잘 아십니다! 또한 그분께는 8촌 동생이니 먼 친척뻘이니 하는 것이 없습니다. 그리스도를 마음속에 모셔 들이면, 당신은 하나님의 자녀가 됩니다. 이것은 영원히 변치 않는 사실입니다. 하나님께서 당신을 아신다는 것, 여기에는 놀라운 의미와 축복이 담겨 있습니다.

한번은 워싱턴에 갔을 때, 상원의원인 친구를 만나 보려고 의사당을 들렀습니다. 나는 그의 집무실로 들어가 비서에게 의원님을 잠깐 만나러 왔다고 했습니다.

비서는 "의원님은 지금 매우 바쁘신데요. 어떻게 오셨습니까?"라고 했습니다. 그러고서는 선약이 되어 있는지, 용무는 무엇인지, 또 그의 출신 주에서 왔는지 등을 캐물었습니다.

이에 나는 "아닙니다. 친구인데 잠깐 만나 안부나 전하려고 들렀습니다"라고 대답했습니다.

그가 얼마나 바쁜가를 설명하려고 하기에 내 명함을 한 장 건네주고서는 안으로 들어가면 좀 전해 달라고 했습니다. 얼마 되지 않아 안에서 호출하는 버저 소리가 났습니다. 비서는 속기록과 내 명함을 들고 집무실 안으로 들어갔다가 잠시 후에 황급히 나오더니 미소를 지으며, "어서 들어가시죠"라고 했습니다.

나는 상원의원인 그 친구를 잠시 만나 매우 즐거운 시간을 가졌습니다. 내가 그에게 환영받을 만한 무슨 일을 한 것은 전혀 없었습니다. 내가 환영받은 것은 나의 지위 때문은 물론 아니었고, 내 은행계좌에 돈이 많이 들어 있기 때문도 결코 아니었습니다. 이유가 있다면 다만 그가 나를 알고 있다는 것, 그와 나는 오래전부터 서로 잘 알고 지내는 친구 사이라는 사실밖에는 없었습니다. 하지만 바로 그 이유 때문에 나는 그에게서 환대를 받은 것입니다.

다윗은 이 진리를 알고 있었습니다. "여호와여, 주께서 나를 감찰하시고 아셨나이다. 주께서 나의 앉고 일어섬을 아시며, 멀리서도 나의 생각을 통촉하시오며, 나의 길과 눕는 것을 감찰하시며, 나의 모든 행위를 익히 아시오니, 여호와여, 내 혀의 말을 알지 못하시는 것이 하나도 없으시니이다"(시편 139:1-4). 이 사실은 당신에게도 해당됩니다.

여러 가지 문제가 당신에게 밀어닥칠 때, 당신은 하나님께서 정말 당신의 사정을 알고 계시며 이해하고 계실까 의심할지도 모릅니다. 하나님께서는 정말 당신의 모든 것을 알고 계십니까? 하나님께서는 정말 사랑의 눈길을 당신에게서 떼지 않고 계십니까? 대답은 물론 너무나 명백합니다. 당신은 당신을 훤히 꿰뚫어 보시는 그분을 신뢰할 수 있습니다. 성경은 이렇게 말합니다. "우리가 이제는 거울로 보는 것같이 희미하나 그때에는 얼굴과 얼굴을 대하여 볼 것이요, 이제는 내가 부분적으로 아나 그때에는 주께서 나를 아신 것같이 내가 온전히 알리라"(고린도전서 13:12).

하나님 아버지께서는 당신을 사랑하십니다

어느 가족이 특별한 날을 기념하기 위해서 고급스런 레스토랑을 찾았습니다. 감미로운 음악이 흐르는 가운데 멋있는 정장 차림으로 큼직한 메뉴판을 들여다보며 무슨 요리를 시킬까 고민 아닌 고민을 하고 있을 때의 기분이 어떠했겠습니까? 괜찮은 가격으로 먹을 만한 생선 요리가 몇 가지 있었고, 잘게 다진 등심이나 치킨도 그렇게 비싸지 않았습니다. 그들은 메뉴를 보고 소곤거리며 무엇을 시킬지 서로 의논했습니다. 드디어 주머니 사정을 참작해 주문을 할 차례가 되었습니다.

웨이터는 유럽 말투의 키가 크고 머리카락이 검은 사람이었는데, 그들이 뭘 주문해야 좋을지 몰라 망설이고 있다는 것을 재빨리 알아차렸습니다. 그래서 그는 이들이 부담 없이 주문할 수 있도록 신경을 써주었습니다. 그는 미소를 띠며, 값이 조금 저렴한 요리 두어 가지를 친절하고 예의 바른 태도로 권해 주기까지 했습니다.

이제 제일 어린 꼬마만 제외하고는 모두 주문을 했습니다. 웨이터는 그 꼬마에게 "손님은 무엇을 드시겠어요?" 하고 물었습니다.

"난 치킨이 좋아요."

"잘 고르셨군요, 손님. 저희 식당의 치킨은 손님 구미에 딱 맞을 거예요. 정말 맛있어요. 거기다가 프렌치프라이를 곁들이면 어떨까요?"

"네, 그렇게 해주세요."

웨이터는 미소를 띠고 허리를 약간 굽혀 그들에게 감사의 인사를 하고는 자리를 떠났습니다.

꼬마는 아버지를 쳐다보며, "아빠, 저 아저씨는 날 어엿한 가족의 일원으로 생각해 줘요"라고 말했습니다.

그 숙달된 웨이터가 꼬마를 그저 식당에 가득 찬 많은 손님 중에 하나로 대하지 않고 개인적 관심을 가지고 대한 것처럼, 하나님께서도 우리 각 사람을 개인적 관심을 갖고 대하십니다. 우리 각자는 하나님 앞에서 각기 독립된 인격체입니다. 즉 우리 모두는 한 사람 한 사람이 하나님 자신의 자녀인 것입니다. 어엿한 하나님의 가족의 일원입니다. 때로 우리는 하나님 앞에서 긴장하며 잔뜩 얼어 있을 때가 있습니다. 그때 하나님께서는 특별한 관심으로 우리를 향한 자신의 사랑과 돌보심을 확신시켜 주십니다.

하나님의 사랑에는 조건이 없습니다. 과거에 자기가 범한 죄 때문에 어두운 얼굴로 살아가는 그리스도인들을 보곤 합니다. 그들은 '내게 그런 죄가 있으니, 하나님께서 결코 진정으로 나를 사랑하실 수는 없을 거야'라고 생각합니다. 물론 그 죄로 말미암아 하나님과의 교제가 깨어질 수 있습니다. 그렇기에 그 죄를 자백하고 돌이켜 떠남으로써 교제를 회복하는 것이 필요합니다. 그러나 그 모든 과정 가운데 하나님의 사랑은 더욱 강렬하고 확실한 빛을 발합니다. 하나님께서는 결코 당신을 수많은 무리 가운데 있는 익명의 한 사람으로 보시는 것이 아니라 매우 특별한 한 사람으로 보십니다. 당신의 모든 필요, 고통과 상처, 소원, 문제 등을 다 알고 계시며 또한 당신을 지키시고 돌보십니다. 하나님께서는 특별한 사랑으로 당신을 사랑하십니다. 당신을 향한 하나님의 사랑은 결코 변함이 없습니다. 지금 이 순간도 하나님께서는 그 사랑을 당신에게 쏟아붓고 계십니다.

하나님 아버지의 사랑을 신뢰하십시오

요한일서 4:18에는 한 가지 놀라운 진리가 잘 설명되어 있습니다. "완전한 사랑으로 우리를 사랑해 주시는 분을 두려워할 필요가 있습니까? 하나님의 완전한 사랑은 하나님께서 우리에게 어떻게 하실 것인가에 대한 두려움을 다 몰아냅니다. 그런데도 우리가 두려워하고 있다면 그것은 하나님께서 하실 일에 불안을 가지고 있음을 말합니다. 그리고 아직도 하나님의 사랑을 충분히 알지 못한다는 증거입니다"(현대어성경).

몇 년 전 샌프란시스코에 있을 때 이 사실에 대한 좋은 예를 본

적이 있습니다. 거기서 친구의 소개로 매기라는 아가씨와 인사를 나눈 적이 있는데, 그녀는 시내의 유명한 커피숍에서 기타를 치며 포크송을 부르는 가수였습니다. 그녀는 내 친구를 따라 전도 집회에 참석해 내가 전하는 복음을 들었습니다. 매기는 그리스도의 복음에 큰 관심을 보이며 내게 면담을 요청했습니다. 피아노 옆에 서서 나는 그녀에게 하나님과의 개인적 관계에 대해서 물었습니다. 그녀는 솔직하게 이야기했습니다. "글쎄요. 저는 하나님께서 저를 멀리 아프리카에 선교사로 보내실까 봐 늘 두려워해 왔어요." 그녀는 뱀과 벌레와 야생 동물을 무서워한다고 했습니다. 무슨 일이 있어도 깔끔한 아파트와 깨끗한 침대와 에어컨이 없는 아프리카에는 정말 가고 싶지 않다고 했습니다.

대화가 진전되면서 나는 그녀가 일하고 있는 직장에 대해서 물었습니다. 그런 다음 나는 그녀에게 직장에서 사귀는 남자가 있는지 물어보았습니다.

"없다고 하는 편이 낫겠죠."

"왜 그렇죠?"

그녀는 미소를 지으며 대답했습니다. "솔직히 말씀드려, 그들은 모두 겉 다르고 속 다른 속물들이에요. 그들과 함께 있으면 마음이 편하질 않아요."

"자, 봐요, 매기. 한 청년이 있는데, 진정으로 매기를 사랑하여 매기에게 가장 좋은 선물을 넘치도록 주기 원하며, 어떤 해로운 일이나 위험도 닥치지 못하도록 목숨을 걸고 매기를 지켜 주려고 한다고 해봅시다. 그런 사람과 함께 있으면 어떨까요? 절로 행복하다는 생각이 들지 않겠어요? 그런 사람이라면 믿음이 가지 않나요?"

물론 그녀는 나의 말에 동의했습니다. 나는 미소를 지으며 그게 바로 내가 이야기하고 싶은 것이라고 말해 주었습니다. 나는 모든 노력을 기울여 그녀가 주 예수 그리스도를 잘 알 수 있도록 도와주었습니다. 대화를 계속해 감에 따라 그녀의 생각은 점차 바뀌기 시작했고 그녀가 느끼는 두려움은 전혀 근거가 없는 잘못된 것임을 깨닫게 되었습니다. 마침내 그녀는 하나님의 사랑을 깨닫고, 그 날 밤 예수님을 영접했습니다.

하나님의 사랑의 가장 중요한 특징 중의 하나는 그 사랑에는 어떤 조건도 따르지 않는다는 것입니다. 그 사랑은 노력을 통해 얻을 수 없습니다. 일반적으로 우리는 자기를 인정해 주거나 사랑해 주는 사람을 사랑하는 것이 보통입니다. 그러나 하나님의 사랑은 그렇지 않습니다. 그 사랑은 십자가에 가장 잘 나타나 있습니다. "우리가 아직 죄인 되었을 때에 그리스도께서 우리를 위하여 죽으심으로 하나님께서 우리에게 대한 자기의 사랑을 확증하셨느니라"(로마서 5:8). 이 말씀이 특별히 중요한 의미가 있는 것은 다음과 같은 말씀 때문입니다. "우리가 아직 연약할 때에 기약대로 그리스도께서 경건치 않은 자를 위하여 죽으셨도다"(5:6).

때로 주님께서는 사랑의 다른 일면을 우리에게 보여 주기도 하십니다. "또 아들들에게 권하는 것같이 너희에게 권면하신 말씀을 잊었도다. 일렀으되, '내 아들아, 주의 징계하심을 경히 여기지 말며 그에게 꾸지람을 받을 때에 낙심하지 말라. 주께서 그 사랑하시는 자를 징계하시고 그의 받으시는 아들마다 채찍질하심이니라'"(히브리서 12:5-6). 우리가 제멋대로 행하면, 주님께서는 때때로 우리를 징계하셔서 주님의 온전하신 뜻 가운데로 돌아오도록 하십니다. 주님께서는 자신의 말썽꾸러기 자녀들에게도 신실하신 분이십니다. 주님께서는 우리에게 가장 좋은 것이 무엇인지를 아시며 또 그것을 우리에게 주기를 원하십니다.

나는 캘리포니아의 농부들이 농작물을 재배하는 현장을 살펴본 적이 있습니다. 그들은 수문을 여닫아 관개용 수로의 물길을 하류에 있는 농장으로 흘러가도록 유도합니다. 이와 마찬가지로 하나님께서도 늘 상류에 계시면서, 우리의 필요에 관심을 가지시고, 우리의 삶 가운데 일어나는 일들을 살피시며, 우리의 유익을 위해서 필요한 것을 예비하십니다. 하나님께서는 우리를 사랑하시기 때문에 언제나 우리 앞서 행하시고, 우리의 필요를 미리 내다보시며 채워 주십니다.

당신은 하나님께 속해 있습니다

구약성경에서 '거룩'이란 말에는 '따로 떼어 놓다'라는 의미가 들어 있습니다. 따로 구별하여 바쳤다는 뜻입니다. 종종 어떤 장소와 건물, 이를테면 이스라엘의 진(陣), 시온 산, 예루살렘 성, 성막, 성전 등과 관련되어 사용되었습니다. 성지 자체가 따로 떼어 놓은 땅입니다. 성소 또는 성전은 하나님만 사용하시도록 따로 구별해 놓은 장소였습니다. 지성소 안에서 하나님께서는 그분의 임재를 나타내셨습니다. 그러한 개념에 비추어 바울이 말한 것을 잠시 살펴봅시다. "너희 몸은 너희가 하나님께로부터 받은바 너희 가운데 계신 성령의 전인 줄을 알지 못하느냐? 너희는 너희의 것이 아니라 값으로 산 것이 되었으니, 그런즉 너희 몸으로 하나님께 영광을 돌리라"(고린도전서 6:19-20).

우리는 하나님께 속해 있습니다. 초기 유럽 역사를 살펴보면 그

레고리안은 그레고리 가문에 속해 있는 사람이었습니다. 이와 마찬가지로 그리스도인이란 말도 그 정의를 따르면 그리스도의 가문에 속해 있는 사람입니다. 그리스도께 속한 사람입니다. 우리는 그리스도께 연합되었고 실제로 그리스도의 지체가 되었습니다.

바울은 또한 "너희가 하나님의 성전인 것과 하나님의 성령이 너희 안에 거하시는 것을 알지 못하느뇨?"(고린도전서 3:16)라고 말합니다. 우리의 몸은 실제로 성령의 전이며 하나님만을 위해 따로 구별해 놓은 것입니다. 구약에서 성전이 하나님께서 자기 이름을 두시고 하나님만 사용하시도록 되어 있는 것과 마찬가지입니다.

우리가 그리스도 안에서 거룩하게 되었다는 것은 이제 하나님의 가족의 일원이 되었다는 뜻입니다. 그러나 이 말에는 그 이상의 의미가 들어 있습니다. 이 말은 바로 하나님의 성품에 참여하게 되었다는 것을 뜻합니다. "이로써 그 보배롭고 지극히 큰 약속을 우리에게 주사 이 약속으로 말미암아 너희로 정욕을 인하여 세상에서 썩어질 것을 피하여 신의 성품에 참예하는 자가 되게 하려 하셨으니"(베드로후서 1:4).

당신은 하나님께 속한 하나님의 자녀이기 때문에 그분의 끊임없는 보호와 돌보심을 확신할 수 있습니다. 하나님께서는 당신의 목자이십니다. 오래 전부터 불러 왔던 이런 찬송이 있습니다.

하나님의 자녀들 그 품에 모여 있네.
아버지 품보다 안전한 곳 없어라.
공중의 새들이나 하늘의 별들도
이러한 피난처 여태껏 없었다네.

이제 당신은 하나님께 속해 있습니다. 한때는 죄와 사탄의 손아귀에 쥐어 있었지만 이제는 하나님 아버지의 사랑의 손에 붙들려 있으며, 흑암의 권세에서 아버지의 사랑하시는 아들의 나라로 옮겨졌습니다. 이제 당신에게는 하늘나라 왕족의 일원으로서의 의무와 책임이 주어졌으며, 동시에 많은 권리와 특권들을 소유하게 되었습니다. 하나님의 자녀로서의 삶을 배워 나가도록 하십시오.

하나님 아버지께서는 결코 변치 않으십니다

이 세상에서 유일하게 변치 않는 사실이 있다면, 모든 것은 변한다는 사실입니다. 모든 것이 변화합니다. 우리가 신고 있는 구두도 닳아 낡아집니다. 머리카락이 빠지고, 발톱이 자라며, 새가 남쪽으로 날다가 북쪽으로 날기도 하고, 자동차도 수시로 정비를 하지 않으면 안 되고, 집도 페인트칠을 해주어야 하고, 정원 잡초는 뽑아 주어야 하고, 잔디는 깎아 주어야 합니다. 어제는 신뢰할 만하다고 생각했던 위정자가 오늘이면 위선자로 드러나기도 합니다. 또한 어떤 영역에서는 변화가 가속화되고 있습니다. 우리가 어떤 변화된 상황에 적응을 해 가까스로 살 길을 찾게 되는 순간 또 상황은 변합니다. 이 모든 것들이 우리에게 정서적이고 심리적인 문제를 가져다줄 수 있습니다. 어디엔가 견고하고, 흔들리지 않고, 어제나 오늘이나 영원토록 변치 아니함으로 자신의 삶의 기초를 쌓을 수 있는, 그런 신뢰할 만한 반석이 있다면 얼마나 좋겠습니까? 하나님께 감사합시다. 하나님께서 그런 반석이 되십니다!

하나님께서는 영원하시고 변치 않으시는 분이기 때문에 그분의 말씀도 영원하고 변치 않는 것입니다. 예수님께서는 우리에게 선지자들이 말한 것을 믿어야 한다고 말씀하셨습니다(누가복음 24:25). 사도 베드로는 서신 가운데 이렇게 썼습니다. "너희가 거듭난 것이 썩어질 씨로 된 것이 아니요 썩지 아니할 씨로 된 것이니, 하나님의 살아 있고 항상 있는 말씀으로 되었느니라. 그러므로 모든 육체는 풀과 같고 그 모든 영광이 풀의 꽃과 같으니, 풀은 마르고 꽃은 떨어지되 오직 주의 말씀은 세세토록 있도다 하였으니, 너희에게 전한 복음이 곧 이 말씀이니라"(베드로전서 1:23-25).

그분의 말씀은 믿을 수 있습니다. 바로 이 점이야말로 오랜 옛날부터 계속해서 사탄의 주 공격 목표가 되어 왔습니다. 저 옛날 에덴동산에서 뱀은 하와에게 속삭였습니다. "하나님께서 그렇게 말씀하셨다고? 너는 정말 그분의 말씀을 믿을 수 있느냐? 정말 틀림이 없느냐?"라고 말입니다.

어렸을 때 나는 구스베리 열매를 따러 사촌 에바네 농장엘 가곤 했습니다. 사촌 에바와 딘은 사냥개를 몇 마리 기르고 있었는데, 이 녀석들은 몇 년이 지나도록 매일 밤 달이 뜨기만 하면 그걸 보고 짖어 대는 버릇이 있었습니다. 나는 그 개들이 도대체 무엇 때문에 몇 시간씩이고 계속 짖어 대는지 이해할 수가 없었습니다. 그러나 이 일을 통해 나는 달에 대해 한 가지 사실을 관찰할 수 있었습니다. 즉 매일 밤마다 개들이 그렇게 짖어대도 달은 조금도 요동치 않는다는 것이었습니다. 달은 개들이 짖어 대건 말건 묵묵히 하늘 길을 따라 정해진 운행을 계속할 뿐이었습니다.

인간의 타락 이래로(창세기 3장), 하나님의 말씀은 공격을 받아 왔습니다. 오늘날도 사람들은 여전히 그들이 생각하는 성경의 모순에 대해 글을 쓰고 있습니다. 텔레비전의 토크 쇼에서는 성경을 조롱하는 자들이 나와 성경은 왜 신뢰할 수 없는가를 학자와 같은 어조로 떠들어 댑니다. 내가 알게 된 한 가지 사실은, 이 모든 일에도 불구하고 하나님의 말씀은 전혀 요동치 않는다는 사실이었습니다. 해가 바뀌고 시대가 바뀌어도, 하나님의 말씀은 여전히 위안과 평화와 사랑과 기쁨과 진리를 우리들에게 공급하면서 조용히 그 운행을 계속하고 있습니다. 변화하는 이 세상에서, 모든 것이 쉽게 흔들릴 때도, 불변하는 하나님의 진리는 언제나 굳게 서 있습니다.

하나님 아버지께서는 당신과 함께 계십니다

어느 여름날 나는 지금까지 만나 본 사람 중에 가장 낙심 가운데 빠져 있는 사람과 대화를 나눈 적이 있습니다. 그는 기운이 빠져 두 손으로 머리를 감싸고 고개를 숙인 채 의자에 앉아 있었습니다. 홍수가 그의 농장을 휩쓸고 지나가 농작물이 다 유실되고 건물의 일부도 파손되었습니다. 그는 거의 모든 것을 깡그리 잃어버렸습니다. 그는 아내와 함께 밤늦도록 열심히 일했지만 그들의 모든 꿈은 홍수에 다 쓸려 가버리고 말았습니다. 그를 위로해 주려고 애를 쓰면서 나는 물었습니다. "성경 말씀을 믿으십니까?"

그는 눈을 가늘게 뜨고 위를 올려다보면서 그렇다고 고개를 끄덕였습니다. 그때 내가 가진 성경은 신약성경이었는데, 히브리서를 펴서 그에게 이 부분을 읽어 보라고 했습니다. "돈을 사랑치 말고 있는 바를 족한 줄로 알라. 그가 친히 말씀하시기를 '내가 과연 너희를 버리지 아니하고 과연 너희를 떠나지 아니하리라' 하셨느니라"(히브리서 13:5).

그는 그 구절을 읽고 또 읽고 또 다시 읽었습니다. 그 말씀은 마치 굶주린 사람 앞에 놓인 한 그릇 음식과 같았습니다. 약 1년 후 그를 다시 만났을 때 그는 내게 이렇게 말했습니다. "리로이 씨, 당신이 그때 내게 나누어 준 성경 말씀은 지난 한 해 동안 내 생애의 다른 어떤 때보다 더욱 의미가 깊었습니다. 그 말씀은 내가 좌절하고 포기하지 않도록 나를 계속 지켜 주었습니다. 마음에 힘든 일이 있을 때마다 나는 그 말씀을 속으로 외우고 하나님께서 나와 함께하신다는 사실을 스스로 상기했습니다. 그 말씀은 사실이었습니다. 하나님께서는 항상 나와 함께하셨습니다."

살아가다 보면 이 사실이 당신이 지금까지 배워 왔던 어떤 것보다 더 의미를 갖는 때가 있을 것입니다. 나도 사실 최근에 그런 경험을 했습니다. 아내는 독일로 가고 나는 서울의 어느 수양회에서 말씀을 전하기 위해, 코펜하겐에서 우리는 헤어졌습니다. 그 수양회 후에 모스크바에서 만나 핀란드의 헬싱키로 여행하는 것이 다음 여정이었습니다.

도쿄에 도착해서 한국행 비행 편 확인을 위해서 항공사에 전화를 해보았더니 뜻밖에 좋지 않은 소식을 알려 주었습니다. 서울에서 다시 도쿄로 돌아오는 비행기 편에는 내가 대기자 명단에 들어 있다는 것이었습니다. 일단 도쿄까지 돌아와야만 모스크바행 비행기를 탈 수가 있고 그래야 모스크바에서 아내를 만날 수가 있었습니다. "대기자 명단에 들어 있는 사람이 많습니까?" 나의 질문에 담당 직원은 이렇게 대답했습니다.

"아임스 씨, 대기하셔야 할 손님이 너무 많습니다. 사실 아임스 씨 경우는 그 비행기 편을 이용하시기가 거의 불가능합니다."

모스크바에 가기 위해서는 꼭 그 비행기를 타야만 했습니다. 나는 아내를 소련 땅 한복판에서 내가 어디에 있는지도 모른 채 오도 가도 못하도록 버려 둘 수는 없었습니다. 그래서 나는 다른 4개의 항공사에 서울발 도쿄행 비행기 편을 알아보았습니다. 그러나 비어 있는 자리는 하나도 없었고 거기에도 다 각각 대기자 명단이 있었습니다. 어쩌면 좋단 말인가? 이제 나는 걱정을 하기 시작했습니다. 도쿄 한복판에서 그날 밤 난 어찌 할 바 몰라 심히 답답하고 좌절이 되었습니다. 기도를 하려고 했지만 그것도 잘되지 않았습니다. 잠을 자려고 해도 도무지 잠이 오지 않았습니다. 나는 이리 뒹굴 저리 뒹굴 하면서 날이 밝을 때까지 속을 태우며 걱정을 했습니다.

이때 내 마음 가운데 분명하고 커다란 음성이 들려 왔습니다. 그것은 바로 내가 아직 영적으로 어렸을 때 암송한 성경 구절이었습니다. "내가 네게 명한 것이 아니냐? 마음을 강하게 하고 담대히 하라. 두려워 말며 놀라지 말라. 네가 어디로 가든지 네 하나님 여호와가 너와 함께하느니라"(여호수아 1:9). 이 말씀은 나를 책망하는 동시에 위안을 주었습니다.

서울행 비행기에 탑승할 때 나는 하나님께서 아내를 만날 수 있도록 비행기를 준비하셔서 다시 도쿄로 돌아올 수 있게 해주실 것이라 믿었습니다. 과연 하나님께서는 그렇게 해주셨습니다! 한국 정부의 갑작스러운 내국인 여행 규제 조치로 나는 거대한 보잉 747기를 8명가량의 승객과 함께 타고 도쿄로 돌아올 수 있었습니다. 나는 주님께서 나를 버려두지 않으신다는 사실을 알게 되었습니다. 주님은 항상 나와 함께하셨습니다.

하나님 아버지께서는 당신의 필요를 채워 주십니다

몇 년 전 아내와 나는 콜로라도스프링스에 있는 공군사관학교 생도들을 대상으로 선교하기 위해서 우리 집을 개방했습니다. 생도들은 외출하면 우리 집에 와서 탁구를 치고, 먹고, 이야기하고, 테이블 하키를 하고, 장기를 두고, 또 먹고, 즐거이 교제를 가졌습니다. 우리는 이 젊은이들을 진심으로 환영했고 그들을 위해서 지하실에 방을 하나 마련했습니다. 이제 한 가지 일만 남았는데 그것은 그들이 앉을 수 있도록 대형 소파를 하나 구입하는 일이었습니다. 그래서 아내와 나는 어느 날 시간을 내어 그런 소파를 구하러 시내로 나갔습니다. 우리가 구하고 있는 소파는 튼튼하고 커피나 콜라나 코코아가 엎질러져도 곧 닦아 낼 수 있는 덮개가 씌워져 있는 것이었습니다.

아내가 용도에 알맞은 소파를 찾아냈습니다. 가구점 주인도 그 물건의 품질이 매우 좋다고 보증하면서 그것을 사라고 권해 왔습니다. 그래서 나는 그것을 사고 싶기는 하지만 지금은 그것을 살 만한 여유가 없으며 돈이 생길 전망도 없다고 말했습니다. 그 대신 나는 그에게 내 신약성경을 보여 주면서 이렇게 말했습니다. "하지만 이 사실은 압니다. '나의 하나님이 그리스도 예수 안에서 영광 가운데 그 풍성한 대로 너희 모든 쓸 것을 채우시리라'(빌립보서 4:19)." 나는 그에게 "이것을 믿습니까?" 하고 물었습니다.

이 말에 그는 좀 당황해하며 말했습니다. "글쎄요, 잘 모르긴 하지만 그런 것 같습니다."

"저는 그렇게 믿습니다. 제가 그 약속을 믿는 것처럼 당신도 기꺼이 믿어 보는 것이 어떻겠소?" 나는 그에게 우리의 선교 사역에 대해 설명하며 우리에게 소파가 필요한데, 하나님께서 공급해 주실 것을 확신한다고 말했습니다. "당신이 그 소파를 우리에게 보내 주시면, 하나님께서 채워 주시는 대로 곧 그 소파 값을 내도록 하겠소."

그는 말문이 막혀 버린 모양이었습니다. 잠시 생각해 보고는 여전히 의아한 눈초리로 가게 뒤편을 향해 소리쳤습니다. "어이, 조! 트럭 갖다 대. 이 소파 옮겨야 돼." 한 달이 못 되어 주님께서는 그 소파의 값을 치르고도 남을 만큼 넉넉하게 돈을 공급해 주셨습니다. 그래서 가구점을 찾아가 돈을 지불했는데 가구점 주인은 꽤나 놀랐던 것 같습니다.

아브라함의 삶은 강력한 진리를 보여 줍니다. 하나님께서는 아브라함의 믿음을 시험하기 위하여 독자 이삭을 데리고 모리아 땅으로 가 그를 번제로 바치라고 명령하셨습니다. 하나님의 친구인 아브라함은 우리 대부분이 감당하기 어려운 문제에 관해 하나님께 테스트를 받아야 했습니다. 그는 자기의 사랑하는 아들을 하나님께 번제로 바쳐야 했습니다. 마지막 순간에 하나님의 사자가 개입해서 이삭을 살렸습니다. "아브라함이 그 땅 이름을 여호와이레 하였으므로 오늘까지 사람들이 이르기를 '여호와의 산에서 준비되리라' 하더라"(창세기 22:14).

'여호와이레'라는 말은 '여호와께서 준비하신다'는 뜻입니다. '이레'라는 말에는 보다, 준비하다, 공급하다 등의 여러 의미가 담겨 있습니다. 나는 이 구절을 묵상하다가 정말 놀라운 진리를 배우게 되었습니다. 하나님의 공급하심에는 보고, 준비하고, 공급한다는 뜻이 모두 내포되어 있다는 사실입니다. 하나님의 공급은 하나님의 예견, 즉 앞서서 보는 능력에 기초를 두고 있으며, 하나님께서는 나의 필요가 무엇인지를 미리 아시고 준비해 두셨다가 채워 주시는 것입니다. 예수님께서는 "구하기 전에 너희에게 있어야 할 것을 하나님 너희 아버지께서 아시느니라"(마태복음 6:8)고 말씀하셨습니다. 하나님께서는 우리의 필요를 미리 아시고, 예비하시며, 즐거이 채워 주시며, 또한 채워 주실 능력을 가지신 분입니다.

최근에 나는 친구인 척 메든과 함께 유럽 여행을 떠난 적이 있습니다. 우리가 동부 해안으로 가는 비행기를 타기 전날 밤, 척은 친한 친구를 한 사람 만나 우리 집 근처 식당에서 커피를 마시며 이야기를 나누고 있던 중 갑자기 코피가 나서 젖은 수건을 가지러 화장실로 들어갔습니다. 코피가 멎자 식당을 나왔는데 경황이 없던 탓에 자리에 지갑을 둔 것도 모르고 나와 버렸습니다. 그 지갑 안에는 여행에 필요한 신용카드와 현금이 몽땅 들어 있었는데, 우리는 다음 날 아침 6시 반에 출발을 해야 했습니다.

아침 6시에 전화가 왔습니다. "찰스 더글러스 메든 씨(척의 원명) 계십니까?"

"네, 계십니다."

"우리 식당에서 그분 지갑을 보관하고 있다고 전해 주십시오." 척은 수개월간을 여행할 계획이었습니다. 지갑에 돈이 아직까지 그대로 남아 있을까? 그 사람은 어떻게 해서 그렇게 일찍 전화를 해주었으며, 척이 우리 집에서 묵고 있었다는 것을 어떻게 알았을까? 지금까지도 나는 그 이유를 모릅니다. 척의 주소는 캘리포니아였으니까요. 이 모든 의문에 대한 해답은 찾을 수가 없지만 그 지갑에 들어 있던 것은 동전 한 푼 없어지지 않고 고스란히 남아 있었다는 사실은 압니다. 척은 그 여행을 다할 수 있도록 지켜 주신 하나님께 감사를 했습니다.

하나님 아버지께서는 당신을 인도하십니다

소년 시절의 추억 가운데 가장 인상적이었던 것 한 가지는 토요일 밤의 10센트짜리 영화 구경이었습니다. 우리 농장에서 나오는 계란과 크림을 차에 싣고 시내에 나가 품질 검사를 받고 무게를 단 후 팔고 나면, 어머니는 나에게 서부극을 보여 주시곤 했습니다. 영화 장면 중에는, 마을 사람 가운데 어떤 사람이 죽어서 장례를 치를 때면, 마을 사람들이 무덤 앞에 모여들고 교구목사가 성경을 펴서 "여호와는 나의 목자시니 내가 부족함이 없으리로다" 하고 성경 말씀을 낭송하는 장면도 있었습니다.

우리 가족은 교회에 나가지 않았기 때문에 신앙에 대해서는 잘 몰랐지만, 나는 토요일 밤의 영화를 통해 성경에 그런 말씀이 있다는 것을 알게 되었습니다. 세월이 흘러서 스물네 살에 그리스도인이 되었을 때 이 말씀은 나의 삶에 커다란 의미를 가져다주었습니다.

성경은 거듭해서 하나님께서 자기 백성들을 인도하신다는 사실을 보여 줍니다. "이 하나님은 영영히 우리 하나님이시니 우리를 죽을 때까지 인도하시리로다"(시편 48:14). 그렇지만 하나님께서는 우리를 어떻게 인도하십니까? 어떤 그리스도인들은 말씀과는 상관없이 잘못된 방법으로 하나님의 인도를 구합니다. 이런 사람들은 말씀의 가르침을 소홀히 여기고 초자연적인 표적이나 신비한 환상, 거짓 체험을 통해 하나님의 인도를 구합니다. 이런 사람들은 기록된 하나님의 말씀과는 관계없는, 성령의 내적인 인도에 의지한다는 생각으로 잘못을 범하기도 합니다.

제2차 세계대전 중 고등학교에 다니고 있을 때 들은 이야기가 생각납니다. 북아프리카에서 독일군에게 포로로 잡힌 미 육군 부대에 관계된 이야기입니다. 그 미군들은 트럭과 탱크, 야포, 식량, 식수 등 육군이 필요로 하고 있는 모든 것을 완벽하게 갖춘 부대였습니다. 그러나 그들은 사막 한가운데서 길을 잃어버렸고, 사령부와의 교신도 끊어져 어디로 가야 할지를 모르고 이리저리 방황하고 있었습니다. 독일군은 총 한 방 쏘지 않고 쉽게 그들을 생포해 버렸습니다. 미군들은 자기들이 현재 어느 지점에 와 있는지, 어느 방향으로 진행하고 있는지도 모르고 있다가 쉽게 적군에게 무릎을 꿇고 말았던 것입니다.

그런 비극적인 잘못을 범하지 마십시오. 하나님께서 당신의 삶을 인도하시는 주된 방법은, 매일매일 당신이 기도로써 하나님께 아뢰고 하나님께서 말씀을 통하여 당신에게 자신의 뜻을 알리시는 하나님과의 교제입니다.

근래에 나는 어느 등산가의 이야기를 들었는데, 그는 깎아지른 듯한 암벽 꼭대기까지 자기를 인도해 줄 가이드 한 사람을 고용했습니다. 그들이 100여 미터 높이까지 왔을 때, 가이드가 자세를 바꾸고, 자신을 바위 사이에 고정시킨 후, 자일을 손에 잡고 허리를 굽히며, 그 등산가에게 따라오라고 손짓을 했습니다. 이 사람이 주저하자 그 가이드는 미소를 지으며 말했습니다. "선생님, 전 아직까지 누구도 실족시킨 일이 없습니다."

주님께서도 마찬가지입니다. 당신은 절대적으로 안전한 가운데, 확신을 가지고, 즐겁게 주님을 따를 수 있습니다. 다윗은 "내가 여호와를 항상 내 앞에 모심이여, 그가 내 우편에 계시므로 내가 요동치 아니하리로다"(시편 16:8)라고 노래했습니다.

하나님 아버지께서는 당신에게 평안을 주십니다

미국에서 매년 여름이면 소아마비가 유행할 당시 아내와 나는 아이오와 주 카운실블러프스에 살고 있었습니다. 신문에서는 연일 소아마비의 초기 증상을 알아내는 방법과 함께 소아마비에 걸린 사람들 이야기를 보도했습니다.

어느 주일 오후에 아내는 이 병의 초기 증상을 조금 느낀다고 했습니다. 그때가 늦은 오후였기 때문에 우리는 교회의 저녁 예배 때 성도들에게 기도 부탁을 하는 것이 좋겠다고 생각했습니다. 그래서 우리는 교회에 가서 목사님과 회중에게 기도를 부탁했고, 예배 중에 아내를 위한 특별 기도가 있었습니다. 집으로 돌아오는 길에 우리는 둘 다 뭔가가 달라진 것을 알았는데, 아내가 목이 좀 굳어져 있고 열도 여전히 남아 있긴 했지만 우리 두 사람의 마음 가운데는 완전한 평안으로 가득 차 있었다는 것입니다. 하나님의 약속이 실제로 이루어지는 것을 경험하는 것 같았습니다. "아무것도 염려하지 말고 오직 모든 일에 기도와 간구로 너희 구할 것을 감사함으로 하나님께 아뢰라. 그리하면 모든 지각에 뛰어난 하나님의 평강이 그리스도 예수 안에서 너희 마음과 생각을 지키시리라"(빌립보서 4:6-7).

이 일은 우리가 그리스도인이 된 지 얼마 되지 않아 경험한 것이었습니다. 3년 후 내가 워싱턴 대학에 재학 중 어느 동료 학생에게 전도를 하고 있었는데, 그는 "글쎄, 만약 내 마음과 생각에 평안을 주며, 하나님과도 화평케 해줄 수 있는 종교가 있다면 당장이라도 믿겠네"라고 말하는 것이었습니다.

나는 그에게 말했습니다. "자넨 종교에서는 그런 것들을 절대로 찾아낼 수가 없어. 그렇지만 그 모든 것을 다 주실 수 있는 분이 있지." 그분이 바로 하나님이십니다. 하나님께서는 우리의 마음과 생각에 평안을 주십니다. "…모든 지각에 뛰어난 하나님의 평강이 그리스도 예수 안에서 너희 마음과 생각을 지키시리라"(빌립보서 4:7). "평안을 너희에게 끼치노니 곧 나의 평안을 너희에게 주노라. 내가 너희에게 주는 것은 세상이 주는 것 같지 아니하니라. 너희는 마음에 근심도 말고 두려워하지도 말라"(요한복음 14:27). "주께서 심지가 견고한 자를 평강에 평강으로 지키시리니 이는 그가 주를 의뢰함이니이다"(이사야 26:3). 그리고 하나님과 화평을 누리게 해주십니다. "그러므로 우리가 믿음으로 의롭다 하심을 얻었은즉 우리 주 예수 그리스도로 말미암아 하나님으로 더불어 화평을 누리자"(로마서 5:1).

내 친구 중에 데이브 스튜어트라는 의사인 친구가 있는데, 몇 년 전 서부 해안에서 개업을 했습니다. 그는 찾아오는 모든 환자에게 하나같이 이 질문을 하는 것이 습관이 되어 있었습니다. "만약 당신에게 알라딘의 램프가 있어서 원하는 것은 무엇이든지 구할 수 있다면 무엇을 구하시겠습니까?" 놀라운 대답들이 나왔습니다. 수년 동안이나 같은 질문을 했지만 세 명만 빼고는 모두가 같은 대답을 했다고 합니다. 한 사람은 자기 남편이 좀 더 좋은 직장을 갖기를 원한다고 했고, 두 사람은 돈을 바란다고 했습니다. 하지만 나머지는 모두 내적 평안을 원한다고 했습니다. 데이브는 훌륭한 그리스도인이며 성경 말씀을 잘 배우고 있었기 때문에 종종 이런 기회를 이용해서 내적 평안의 근원인 하나님에 대하여 이야기해 주곤 했습니다.

바울은 "평강의 하나님께서 너희 모든 사람과 함께 계실지어다. 아멘"(로마서 15:33)이라고 썼습니다. 하나님께서는 평강의 원천이십니다. 예수 그리스도께서는 평강의 왕(이사야 9:6)이십니다. 하나님께서는 우리에게 평강이 강같이 흘러넘치게 하십니다(이사야 66:12 참조). 평강은 강물처럼 하나님의 마음에서 흘러나와 그 자녀들의 마음으로 흘러들어갈 것입니다. 다른 곳에서 평강을 찾으려 해봐도 그것은 헛될 뿐입니다. 하늘에 계신 우리 아버지께서는 평강의 하나님이십니다.

아내의 병 때문에 두려움이 생겼을 때 두 화가의 이야기가 생각났습니다. 그들은 평화를 잘 나타내는 그림을 그려 달라는 부탁을 받았습니다. 한 화가의 그림은 고요한 전원 풍경이었고, 다른 화가의 그림은 바닷가 절벽의 움푹 파인 곳에 있는 조그마한 새 둥우리였습니다. 파도가 쳐서 부딪쳐 사방에 튀어도 그 둥우리에는 전혀 닿지 않았습니다. 불안하고 위태롭기 그지없어 보이는 곳에서도 어미 새는 안전하고도 안정된 곳에 둥지를 틀었던 것입니다. 예수님께서도 말씀하셨습니다. "이것을 너희에게 이름은 너희로 내 안에서 평안을 누리게 하려 함이라. 세상에서는 너희가 환난을 당하나 담대하라. 내가 세상을 이기었노라"(요한복음 16:33).

사도 바울은 자주 기도했습니다. "하나님 우리 아버지와 주 예수 그리스도로 좇아 은혜와 평강이 있기를 원하노라"(고린도전서 1:3). 데이브 스튜어트의 환자들이 구했던 것과 같은 평안은 당신이 하나님의 은혜를 경험함으로써 누릴 수 있는 부산물입니다.

묵상과 적용

1. 이 장에서 배운 가장 큰 교훈은 무엇입니까? 그것을 어떻게 삶에 적용하겠습니까?

2. 시편 139:1-4을 묵상하십시오. 하나님께서는 당신을 얼마나 잘 알고 계십니까? 하나님께서 당신과 당신에 관련된 모든 것을 훤히 아신다는 것을 알 때, 어떤 생각이 듭니까? 생각나는 대로 열거해 보십시오.

3. 빌립보서 4:19을 묵상하십시오. 필요를 채워 주시는 하나님께 기도로 요청하고 싶은 것들을 적어 보고, 기도하는 시간을 가지십시오.

4. 예수님께서는 자신이 주는 평안은 세상이 주는 평안과는 다르다고 하셨습니다(요한복음 14:27). 어떻게 다릅니까? 늘 평안을 유지할 수 있는 방법은 무엇입니까?

제 2 장

말씀:
하나님과의
대화(I)

자, 이제 당신은 하나님 아버지의 자녀가 되었기 때문에, 하나님 아버지와의 관계를 어떻게 유지할까, 또 이 관계는 당신에게 어떤 의미를 줄까 궁금할 것입니다. 하나님 아버지와 자녀인 우리의 관계는 어떤 면에서 여느 가정에서나 볼 수 있는 모습과 비슷합니다. 우리는 성장해 가면서 말을 배우게 되는데, 어떻게 배웁니까? 부모님이 우리에게 하는 말을 듣기도 하고, 또 부모님께 말을 하기도 하면서 배웁니다. 이처럼 말을 배우기 위해서는 먼저 부모님이 말하는 것을 들어야 합니다. 영적으로도 우리는 하나님의 말씀을 먼저 들어야 합니다.

성경을 통해서 하나님께서는 우리에게 말씀하십니다. 그렇기에 영적으로 성장하기 위해서는 성경이 필수적입니다. 성경을 열어 하나님께서 우리 마음에 말씀해 주시는 축복을 맛보고 누릴 때에야 비로소 우리에게 필요한 영적인 힘과 에너지를 공급받게 됩니다.

영적으로 성장해 가면서 당신은 말씀의 가치를 더욱 잘 알고 말씀을 사랑하게 될 것입니다. 말씀을 더 깊이 파고들수록 더욱 말씀의 사람이 될 것입니다.

이 장에서는 영적 순례를 시작한 당신을 위해서, 나 자신에게나 많은 그리스도인에게 도움이 된 진리들을 소개합니다.

2. 말씀: 하나님과의 대화(I)

도처에 건강식품 판매점, 체육관, 헬스클럽 등이 번창하고 있는 것을 보면, 세상 모든 사람들이 육신의 건강에 큰 관심을 가지고 있는 것 같습니다. 길을 가다 보면 운동을 위해 걷거나 뛰는 사람들이 어디에나 눈에 띕니다. 아침 식사용 시리얼 속에는 온갖 영양소가 포함되어 있는 것을 볼 수 있습니다. 참 좋은 일입니다. "건강만 얻으면 모든 것을 다 가진 것이다"라고 말할 만도 합니다.

그런데 영적 건강을 유지하는 것은 어떻습니까? 성경은 이렇게 말합니다. "시간과 수고를 들여 열심으로 당신의 영적인 건강을 유지하십시오. 육신의 건강도 유익한 것이지만, 영적인 건강은 필수 불가결한 것이며, 현재 세상에서의 삶과 아울러 오는 세상에서의 삶에 동시에 유익합니다"(디모데전서 4:7-8, 필립스 역).

영적 건강의 유지

영적 건강의 비결은 참으로 단순합니다. 신체의 건강을 유지하는 방법과도 같습니다.

• 첫째는 '알맞은 식사'입니다. 우리가 필요로 하는 영적 양식은 하나님의 말씀입니다. "지금 내가 너희를 주와 및 그 은혜의 말씀

께 부탁하노니, 그 말씀이 너희를 능히 든든히 세우사 거룩케 하심을 입은 모든 자 가운데 기업이 있게 하시리라"(사도행전 20:32).

• 둘째는 '바른 호흡'입니다. 나는 언젠가 건강 상담자로부터 이런 말을 들은 적이 있습니다. "당신은 바른 호흡을 하고 있지 않습니다. 폐의 일부만 사용하고 있는데 이제 호흡을 깊게 할 필요가 있습니다." 기도는 영혼의 호흡입니다. 당신은 '기도를 깊게 할' 필요가 있습니다. 기도 생활의 깊이를 더하십시오. 간절한 기도를 하십시오.

• 셋째는 '충분한 휴식'입니다. 언젠가 몸이 불편해서 의사를 찾아간 적이 있습니다. 몇몇 검사를 한 후 의사는 "선생님의 문제는 피로에 있습니다. 휴식을 취하는 것이 필요합니다"라고 말했습니다. 영적인 면에서, 그리스도인의 교제는 휴식과도 같습니다. 이를 통해 우리의 지친 몸과 마음을 주님의 능력으로 재충전하게 되어, 다시 세상에 나아가 힘있게 하나님과 사람들을 사랑하고 섬길 수 있게 됩니다.

• 마지막으로 '적당한 운동'입니다. 당연한 것이지만, 적당한 운동을 하지 않으면 건강할 수가 없습니다. 영적 삶에서는 특별히 그렇습니다. 영적 운동은 증거의 삶입니다. 일어나 가서 사람들에게 예수님을 전하십시오.

알맞은 식사, 바른 호흡, 충분한 휴식, 그리고 적당한 운동이 신체적인 건강에 필요한 것과 마찬가지로, 하나님의 말씀, 기도, 교제, 그리고 증거는 영적 건강을 유지하는 데 필수적입니다. 그리고 그리스도께 순종하는 삶을 삶으로써 이런 필수 요소들이 당신의 삶 속에서 살아 움직이게 해야 합니다.

말씀의 목적

미국에서는 어디서나 성경을 발견할 수 있습니다. 법정에 가도 있습니다(미국에서는 증인 선서를 할 때 성경에 손을 얹음). 모텔에도 비치되어 있습니다. 병원에도 있고, 군인들에게도 군목을 통하여 배부됩니다. 어디에 가도 성경이 있습니다.

시편 기자가 말씀을 귀히 여긴 데에는 몇 가지 이유가 있었습니다. "내가 주의 의로운 판단을 배울 때에는 정직한 마음으로 주께 감사하리이다. 내가 주의 율례를 지키오리니 나를 아주 버리지 마옵소서"(시편 119:7-8).

성경은 우리에게 어떻게 살 것인가를 가르치려고 주신 것이지 단지 지식과 정보만 제공하려고 주신 것이 아닙니다. 하나님의 말씀을 배워도 지키지 않으면 아무 소용이 없습니다. 성경의 주된 목적은 지식이 아니라 삶을 가르치고, 예수 그리스도의 인격을 드러내는 삶을 계발하도록 돕는 것입니다. 그래서 성경을 펴서 보면 예수님의 삶과 인격을 보게 됩니다. 어려운 처지들을 대처해 나가시는 주님, 미움과 비난의 말에 사랑으로 응답하시는 주님, 소요 가운데서도 잠잠하시는 주님, 얼굴에 침 뱉는 사람들에게 자신을 내어 주시는 주님을 발견하게 됩니다. 이것이 주님께서 우리들에게 가르쳐 주시고자 하신 삶입니다. 이 삶이야말로 가장 아름답고 능력 있는 최고의 삶입니다.

예수님께서는 이렇게 말씀하셨습니다. "내가 온 것은 양으로 생명을 얻게 하고 더 풍성히 얻게 하려는 것이라"(요한복음 10:10). 풍성한 삶은 성경을 통하여 예수 그리스도 안에서 발견됩니다. 예수님께서는 또한 "나의 계명을 가지고 지키는 자라야 나를 사랑하는 자니, 나를 사랑하는 자는 내 아버지께 사랑을 받을 것이요, 나도 그를 사랑하여 그에게 나를 나타내리라"(요한복음 14:21)고 말씀하셨습니다. 그러므로 주님의 말씀을 지켜 순종하는 것은 주님께 대한 우리의 사랑을 보이는 방법이며, 그와 같은 사람에게 예수님께서는 놀라운 약속을 하십니다. 주님께서는 그런 사람에게 자신을 나타내 보이실 것입니다. 놀라운 사랑, 긍휼, 은혜, 평화를 더욱더 나타내 주십니다. 창조적이며 역동적인 사람이 되어 다른 이들에게 축복과 도전과 위로가 되기 위해서는, 가장 창조적이며 역동적인 삶을 사신 분의 삶과 인격을 배워야 합니다. 그분은 바로 우리 주 예수 그리스도이십니다.

그렇다면 하나님께서 성경을 주신 목적은 무엇이겠습니까? 성경에서 가르치고 있는 것들을 배우고, 배운 것을 행하라고 주신 것입니다.

우리 삶에 미치는 말씀의 영향

하나님의 말씀을 섭취하게 되면 두 가지 일이 일어납니다.

첫째로, 영적으로 성장하기 시작합니다. "갓난아이들같이 순전하고 신령한 젖을 사모하라. 이는 이로 말미암아 너희로 구원에 이르도록 자라게 하려 함이라"(베드로전서 2:2).

우리 아들 랜디가 태어난 후 병원에서 집으로 데려오던 때가 생각납니다. 그날은 추수감사절이었고, 우리가 초대한 27명의 손님들이 아내가 집으로 들어올 때 문 앞에 줄을 지어 서 있었습니다. 한 젊은이는 트럼펫으로 브람스의 '자장가'를 불었습니다. 이웃들은 왜 이런 야단법석을 떠는지를 몰랐습니다. 랜디는 세상모르고 잠들어 있었습니다. 그 후 몇 달 동안은 먹고 자는 것이 아기의 일과였습니다. 그 애는 먹고 자는 것 외에는 걸을 줄도, 말할 줄도, 아무것도 할 줄 몰랐습니다. 그러나 랜디는 자라고 있었습니다. 열일곱 살이 되어서는 팔씨름을 하면 내가 힘이 달리게 되었습니다. 랜디는 계속해서 나를 이깁니다.

하나님께서는 우리가 신체적으로 성장하는 것처럼, 영적으로도 말씀을 섭취함으로써 성장하도록 해놓으셨습니다. 예수님께서는 "사람이 떡으로만 살 것이 아니요 하나님의 입으로 나오는 모든 말씀으로 살 것이라"(마태복음 4:4)고 말씀하셨습니다. 욥도 "내가 그의 입술의 명령을 어기지 아니하고 일정한 음식보다 그 입의 말씀을 귀히 여겼구나"(욥기 23:12)라고 고백하였고, 바울도 에베소의 장로들에게 "지금 내가 너희를 주와 및 그 은혜의 말씀께 부탁하노니, 그 말씀이 너희를 능히 든든히 세우사 거룩케 하심을 입은 모든 자 가운데 기업이 있게 하시리라"(사도행전 20:32)고 격려했습니다.

둘째로, 말씀 안에 거할 때 삶이 정결해지는 것을 경험하게 됩니다. 예수님께서도 "너희는 내가 일러 준 말로 이미 깨끗하였으니"(요한복음 15:3)라고 말씀하셨습니다.

오늘날 많은 사람들이 대기 오염, 수질 오염, 또는 소음 공해를 염려합니다. 그러나 가장 큰 위험은 '영혼의 오염'에서 비롯됩니다. 이 문제는 너무나 심각합니다. 왜냐하면 죄악이 모든 곳에서 넘쳐나고 있기 때문입니다. 신문이나 잡지들은 정치, 경제, 사회, 문화, 교육, 군대 등 모든 영역의 죄와 타락을 기록해 놓은 연대기처럼 보입니다.

예수님께서는 그것을 잘 알고 계셨습니다. "속에서 곧 사람의 마음에서 나오는 것은 악한 생각, 곧 음란과 도적질과 살인과 간음과 탐욕과 악독과 속임과 음탕과 흘기는 눈과 훼방과 교만과 광패니, 이 모든 악한 것이 다 속에서 나와서 사람을 더럽게 하느니라"(마가복음 7:21-23). 우리가 세상을 변화시키려 한다면, 이 사회가 좀 더 변화되는 것을 보고자 한다면, 그 일은 사람의 마음에서부터 출발하지 않으면 안 됩니다.

이런 문제가 생길 때마다 계속 등장하는, 인간이 만든 모든 해결책은 결국에는 아무 소용이 없고, 많은 방책이 유익보다는 오히려 더 나쁜 결과를 가져옵니다. 영혼의 오염을 해결하는 방법은 성경에서만 찾을 수 있습니다. 왜냐하면 문제는 인간의 내면에 있으며, 그것은 성령께서만 해결하실 수 있기 때문입니다. "청년이 무엇으로 그 행실을 깨끗케 하리이까? 주의 말씀을 따라 삼갈 것이니이다"(시편 119:9).

최근에 대학생들에게 말씀을 전할 기회가 있었습니다. 그들에게 생각을 다스리기가 쉬운지 물었더니, 모두 다 쉽지가 않다고 대답했습니다. 악한 생각을 물리치기 위해서는 어떻게 하느냐고 물었을 때, 그들은 만족스러운 대답을 하지 못했습니다.

우리는 두 가지 중 한 가지를 할 수 있습니다. 한 가지는 효과가 있고 다른 한 가지는 효과가 없습니다. 한 가지는 이런 생각들을 억누르려고 하는 것인데, 사실 아무 소용이 없습니다. 그것은 물속에 고무풍선을 눌러 넣는 것과 같아서, 아무리 눌러도 그 즉시 다시 튀어 올라옵니다. 억누르는 것은 효과가 없습니다. 다른 한 가지는 대체하는 것인데, 이것만이 이런 생각들을 다스릴 수가 있습니다. 즉, 악한 생각을 하나님의 말씀으로 대체시키는 것입니다. 예수님께서는 제자들을 위해 이렇게 기도하셨습니다. "저희를 진리로 거룩하게 하옵소서. 아버지의 말씀은 진리니이다"(요한복음 17:17). 사도 바울도 이렇게 말했습니다. "이는 곧 물로 씻어 말씀으로 깨끗하게 하사 거룩하게 하시고"(에베소서 5:26). 시편 기자도 같은 문제에 관하여 다음과 같이 썼습니다. "청년이 무엇으로 그 행실을 깨끗케 하리이까? 주의 말씀을 따라 삼갈 것이니이다. 내가 주께 범죄치 아니하려 하여 주의 말씀을 내 마음에 두었나이다"(시편 119:9,11).

우리가 하나님의 말씀을 기도하는 마음으로 주의 깊게 읽어야 하는 이유가 바로 여기에 있습니다. 성령께서 우리에게 말씀하시고 우리의 죄와 허물을 지적해 주실 기회를 드려야 합니다. 성령의 지적을 받는 즉시 그 죄를 자백하십시오. 주님께서는 우리 죄를 용서하시고 우리를 깨끗케 해주실 것입니다(요한일서 1:9). 이것이 영혼의 오염을 해결하는 하나님의 해결책입니다.

어느 날 저녁 우리 고양이가 스컹크와 싸움을 했는데 고양이가 지고 말았습니다. 그 후 고양이에게는 전에 없던 지독한 냄새가 배었습니다. 이를 해결하기 위해서는 비눗물과 토마토 주스를 세척제로 사용하여 고양이를 씻어 주는 것이 필요했습니다. 그 둘로 충분히 씻어 주니 가까스로 냄새가 사라졌습니다. 어떤 문제든지 그 문제에 맞는 해결책이 있습니다. 우리의 삶에서도 마찬가지입니다. 주님께서는 성경을 통해 말씀하시기에, 우리는 말씀 가운데 주님과 함께 보내는 시간을 충분히 갖는 것이 꼭 필요합니다. 인간이 만든 모든 해결책은 다 실패합니다. 하나님께서는 우리에게 말씀을 '세척제'로 주셨으며, 성령께서는 이를 사용하여 우리 죄를 깨끗하게 씻어 주십니다(디도서 3:5 참조).

말씀을 즐거워함

자신을 정직하게 살펴보십시오. 성경을 읽으면서 보내는 시간에 비해 잡지, 신문, 텔레비전, 컴퓨터 등에 소모하는 시간이 얼마나 많은지 계산해 보십시오. 많은 사람들이 시편 119편을 읽고 나서 생각이 완전히 바뀌었습니다.

먼저 16절을 보겠습니다. "주의 율례를 즐거워하며 주의 말씀을 잊지 아니하리이다"(16절). 다시 시편 기자는 말합니다. "내가 주의 법을 어찌 그리 사랑하는지요. 내가 그것을 종일 묵상하나이다"(97절). "주의 증거가 기이하므로 내 영혼이 이를 지키나이다"(129절). "주의 말씀이 심히 정미(精美)하므로 주의 종이 이를 사랑하나이다"(140절). 놀랍지 않습니까? 시편 기자는 권력과 명성, 부, 인기 등 이런 것들이 아니라 하나님의 말씀 안에서 그의 기쁨을 발견했습니다. 말씀을 향한 그의 간절한 마음을 주목해 보십시오. "주의 규례를 항상 사모함으로 내 마음이 상하나이다"(20절). 하나님의 말씀이 그에게 그렇게 중요한 이유는 무엇이었습니까? 그는 "내 영혼이 진토에 붙었사오니 주의 말씀대로 나를 소성케 하소서"(25절)라고 기도했습니다. 그의 삶이 곤고할 때 하나님께서는 말씀을 통하여 새로운 활력을 불어넣어 주셨던 것입니다.

우리 모든 사람은 우울하고 울적할 때, 의기소침할 때, 실망과 낙심에 휩싸일 때가 있습니다. 바로 그때가 우리를 일으켜 주시는 하나님의 강한 손을 필요로 하는 때입니다. 다윗은 자기의 경험을 이렇게 고백합니다. "내가 여호와를 기다리고 기다렸더니 귀를 기울이사 나의 부르짖음을 들으셨도다. 나를 기가 막힐 웅덩이와 수렁에서 끌어올리시고 내 발을 반석 위에 두사 내 걸음을 견고케 하셨도다. 새 노래 곧 우리 하나님께 올릴 찬송을 내 입에 두셨으니, 많은 사람이 보고 두려워하여 여호와를 의지하리로다"(시편 40:1-3). 하나님께서는 그를 붙들어 일으키시고 새 힘을 주셨습니다.

시편 기자는 "주의 말씀의 맛이 내게 어찌 그리 단지요! 내 입에 꿀보다 더하니이다"(시편 119:103)라고 했습니다. 주님의 말씀이 당신의 입에도 달게 해주시고, 그 말씀 안에서 당신이 기쁨을 발견하게 해달라고 간절히 기도하십시오. 주님께서 시편 기자의 삶 가운데서 어떻게 그 말씀을 사용하셨는지를 다시 한 번 살펴보십시오. 시편 119편을 읽고 주님의 말씀에 주의하는 자에게 주신 하나님의 약속들을 기록해 보십시오.

매일의 경건의 시간

하나님께 쓰임받은 사람들은 매일 하나님과 만난 사람들이었습니다. 그들은 규모 있는 생활을 했으며, 하나님께 기도하고 성경 말씀을 읽는 시간을 먼저 확보했습니다. 전화벨이 울리고 하루의 일과가 시작되기 전, 이른 아침 잠자리에서 일어나는 대로 그 시간을 가졌습니다. 우리 대부분은 다 바쁘게 생활합니다. 모든 것을 다 할 만큼 시간이 충분한 사람은 아무도 없습니다. 가정, 교회, 직장, 사회 활동 등 모든 것이 우리를 잠시도 가만 내버려 두지 않습니다. 그러므로 우리는 우선순위를 따라 시간을 사용하지 않으면 안 됩니다.

전날 밤에 준비를 잘해 놓으면, 아침에 성경 읽고 묵상하며 기도하는 시간을 좀 더 충분하게 가질 수 있을 것입니다. 하나님과의 교제에 사용하는 모든 것들, 이를테면 성경, 경건의 일기 노트, 기도 목록, 필기도구, 안경 등을 교제 장소에 갖다 두십시오. 매일의 경건의 시간에 읽고 묵상할 성경 본문을 사전에 계획해 두기 바랍니다. 그 다음 날 아침에 묵상할 부분을 미리 읽어 두십시오. 묵상할 구절을 읽고 자면 다음 날 묵상할 때에 도움이 됩니다. 입을 옷을 미리 정리하여 걸어 놓으십시오. 알람이 울리면 바로 일어나십시오. 세수를 하십시오. 창문을 열고 심호흡을 몇 차례 하십시오. 완전히 잠을 깨도록 하십시오.

주님과 만날 장소에 가면 먼저 성경을 읽으십시오. 이것은 마음을 주님께 향하도록 도와줍니다. 기도를 할 때 집중이 되지 않으면 소리를 내어 기도하십시오. 그날 해야 할 일들이 머릿속에 떠오르면 쪽지나 메모지에 적어 두십시오. 졸음이 오면 기도하면서 방 안을 걸어 보십시오. 몇 주일 지난 후, 판에 박힌 듯이 느껴지면 변화를 주는 것도 좋습니다. 성경을 펴 놓고 성경 구절들을 가지고 기도하십시오. 세계 지도를 펴 놓고 기도하면서, 멀리 떨어져 있는, 전 세계의 선교지에서 이루어지고 있는 주님의 일에 하나님께서 은혜와 축복을 더하여 주시도록 기도하십시오.

성경 암송-마음에 새겨진 말씀

사탄의 중요한 두 가지 책략은 사람들로 하여금 사탄이 존재하지 않는다고 믿게 하는 것과 그리스도인들로 하여금 성경 암송은 어린애들이나 하는 것처럼 믿게 하는 것입니다. 예수 그리스도께서는 비록 모든 일에 우리와 똑같이 시험을 받으셨지만 하나님의 말씀으로 사탄을 대적하심으로 사탄을 물리치셨습니다(히브리서 4:15, 마태복음 4:1-11 참조). 사탄은 이 치욕스런 패배를 잊지 않고 기억합니다. 구약의 선지자들이나 신약의 사도들은 모두 하나님의 말씀을 마음에 새기는 일의 가치를 매우 강조합니다. 모세는 "이 말씀을 너는 마음에 새기라"고 했으며(신명기 6:6 참조), 바울도 "그리스도의 말씀이 너희 속에 풍성히 거하게 하라"고 했습니다(골로새서 3:16 참조).

인생길을 걸어갈 때 가장 안전한 방법이 무엇인지 아십니까? 하나님의 말씀을 항상 가지고 다니는 것입니다. 어떻게 이 일이 가능합니까? 우리의 마음에 새겨 두면 됩니다. 그렇게 하면 죄의 유혹이 있을 때 마음에 새겨진 말씀이 피할 길을 주며 올바른 결정을 내릴 수 있도록 도와줍니다.

성경 암송에 투자하면 막대한 이익 배당을 돌려받습니다. 시간이 없다고요? 하루 삶을 잘 살펴보면 별 생각 없이 멍하니 흘려보내는 시간이 참 많습니다. 중간 중간 짬이 나는 시간들만 이용해도 얼마든지 암송을 할 수 있습니다. 조각 시간들을 암송에 들임으로 시간을 벌기 바랍니다. 과거 하나님의 위대한 사람들은 말씀을 암송함으로써 실제 삶에서 그 유익과 가치를 누렸습니다.

선지자들이나 사도들의 삶을 공부해 보면 그들이 하나님의 말씀으로 충만한 사람들이었다는 것을 잘 알 수 있습니다. 예수님 자신이 우리에게 가장 훌륭한 모범을 보이셨습니다. 성경 암송은 나이에 관계없이 모든 사람에게 다 유익합니다.

성경 암송에 대하여 배운 몇 가지를 나누겠습니다. 당신은 '나는 암송에는 소질이 없어'라고 생각할지도 모르겠습니다. 그렇다면 한 가지 테스트를 해보겠습니다. '반짝, 반짝, 작은 __,' 또는 '송아지, 송아지, __ 송아지'라고 했을 때, 빈 칸에 들어가는 말로 '별'과 '얼룩'이라는 단어가 바로 떠오르지 않습니까? 왜 그렇습니까? 그 이유는 어렸을 때부터 이 동요를 자주 듣고 불러 왔기 때문입니다. 애써 암송하려고 하지도 않았지만 반복해서 듣고 또 부르는 가운데 자연스럽게 머리에 새겨진 것입니다. 이렇게 어릴 때 배운 동요 가사를 지금도 기억하고 있는 것처럼 당신은 성경 말씀도 능히 암송할 수 있습니다. 암송은 소질이 있어야 할 수 있는 것이 아닙니다. 암송을 잘할 수 있는 비결은 반복하여 복습하고, 또 복습하고, 계속 복습하는 것입니다!

또 한 가지 중요한 원리가 있습니다. 그것은 '연상(聯想)의 원리'입니다. '반짝 반짝' 하면 '작은 별'이 연상되는 것은 머릿속에 그렇게 저장되어 있기 때문입니다. 많은 사람들이, "나는 장절이 잘 기억나지 않아"라고 말하는 까닭은 그 장절을 그 구절 내용과 연관시켜 암송하는 데 시간을 들이지 않았기 때문입니다. 이를테면 '요한복음 3:16, 하나님이 세상을 이처럼 사랑하사'를 열 번 반복하고 나서, '하나님이 세상을 이처럼 사랑하사' 하면 곧바로 '요한복음 3:16'이 연상됩니다. 이것은 바로 '반짝 반짝' 하면 '작은 별'이 떠오르는 것과 같은 이치입니다.

그러므로 암송을 할 때마다 먼저 장절부터 말하고 그 다음에 구절의 내용을 외우도록 하십시오. "그러나 그것은 너무나 지루하고 기계적입니다"라고 말할지도 모르겠습니다. 분명한 것은 모든 일이 처음에는 지루하고 기계적이라는 사실입니다. 신발 끈 매는 법이나 넥타이 매는 법을 배우던 때를 떠올려 보십시오. 피아노 연주나 자동차 운전의 경우는 어떠했습니까? 그것들은 반복적인 학습 과정을 통해 기억의 일부로 남게 되는 것인데, 다른 것들도 마찬가지입니다.

하나님의 말씀을 마음에 새길 때의 축복은 많습니다. 그중 몇 가지를 소개합니다.

• 죄로부터 승리하게 합니다. "청년이 무엇으로 그 행실을 깨끗케 하리이까? 주의 말씀을 따라 삼갈 것이니이다. 내가 주께 범죄치 아니하려 하여 주의 말씀을 내 마음에 두었나이다"(시편 119:9,11).

• 우리의 영혼에 기쁨을 줍니다. "내가 이것을 너희에게 이름은 내 기쁨이 너희 안에 있어 너희 기쁨을 충만하게 하려 함이니라"(요한복음 15:11).

• 복음을 전할 때 권위 있게 말씀을 인용할 수 있어서 더욱 효과적인 그리스도의 증인이 될 수 있습니다.

아직 '주제별 성경 암송' 과정을 시작하지 않았다면, 지금 바로 시작하기 바랍니다. 이 암송 과정을 통해 당신은 암송의 원리를 배울 뿐 아니라 마음을 하나님의 말씀으로 가득 채워 균형 잡힌 삶의 축복을 경험하게 될 것입니다. 네비게이토의 '주제별 성경 암송' 과정은 서점에서 쉽게 구입하실 수 있습니다.

하나님의 약속을 주장함

하나님께서는 약속을 하시면 반드시 이행하십니다. 성경은 다음과 같이 말합니다. "하나님은 인생이 아니시니 식언(食言)치 않으시고 인자가 아니시니 후회가 없으시도다. 어찌 그 말씀하신 바를 행치 않으시며, 하신 말씀을 실행치 않으시랴"(민수기 23:19). 하나님께서는 거짓말을 하실 수 없는 분이라고 사도 바울은 증거합니다(디도서 1:2). 예수님께서도 "아버지의 말씀은 진리니이다"(요한복음 17:17)라고 말씀하셨습니다.

성경은 또한 하나님께서 우주에 있는 모든 자원을 그 뜻대로 사용하시는 분임을 보여 줍니다. "나는 여호와요 모든 육체의 하나님이라. 내게 능치 못한 일이 있겠느냐?"(예레미야 32:27).

이처럼 하나님의 약속이 모두 진실이고, 또한 우리가 말씀을 통해 하나님께서 그 약속을 성취할 능력과 자원을 가지신 분이라는 것을 알진대, 우리는 마땅히 기대하는 마음을 가져야 하며, 하나님께서 그 약속대로 이루실 것을 믿어야 합니다.

하나님의 약속을 주장하는 법을 배우는 데는 두 가지 열쇠가 있습니다. 그것은 지식과 믿음입니다. 우리는 하나님께서 약속하신 것을 먼저 알고, 다음에는 믿어야 합니다. 느헤미야는 이 면에서 좋은 모본이 됩니다. 어느 날 그는 자기 민족의 참기 어려운 고통을 들었고 그로 인하여 마음이 무거워졌습니다. "앉아서 울고 수일 동안 슬퍼하며 하늘의 하나님 앞에 금식하며 기도"하였습니다(느헤미야 1:4). 하나님께 자기 민족이 당한 고난의 환경이 그들 스스로가 자초한 것이었음을 시인했습니다. "주를 향하여 심히 악을 행하여 주의 종 모세에게 주께서 명하신 계명과 율례와 규례를 지키지 아니하였나이다"(느헤미야 1:7). 그러고 나서 놀라운 일을 행합니다. 모든 것을 아시고 영원한 지혜이신 하나님께, 하나님 자신이 약속하신 말씀을 기억하시기를 구한 것입니다.

실제로 그는 성경을 가져와 레위기와 신명기를 펴서 "하나님, 이 말씀을 쓰신 것을 기억하시나이까? 하나님의 약속을 기억하시나이까?"라고 물었을 것입니다. 그는 하나님께 이렇게 말씀드렸습니다. "옛적에 주께서 주의 종 모세에게 명하여 가라사대, '만일 너희가 범죄하면 내가 너희를 열국 중에 흩을 것이요, 만일 내게로 돌아와서 내 계명을 지켜 행하면 너희 쫓긴 자가 하늘 끝에 있을지라도 내가 거기서부터 모아 내 이름을 두려고 택한 곳에 돌아오게 하리라' 하신 말씀을 이제 청컨대 기억하옵소서"(1:8-9).

생각해 보십시오! 하나님께 그분의 약속을 기억하시게 하다니요! 그러고 나서 느헤미야는 그 약속을 기초로 하여 하나님께 말씀드립니다. "우리에겐 그럴 자격이 있나이다! 이들은 주께서 일찍 큰 권능과 강한 손으로 구속하신 주의 종이요 주의 백성이기 때문입니다"(1:10 참조). 그는 절망적인 상황에 처하여 하나님의 약속을 주장하였고, 믿음으로 그 약속을 따라 발을 내디딘 사람이었습니다. 이에 하나님께서는 응답하셨고 그분의 말씀을 성취하셨습니다. 이것이야말로 참으로 하나님의 약속을 주장한다는 말의 '의미'와 그 '방법'을 잘 보여 줍니다.

나도 이처럼 대단치는 않지만 하나님께서 나를 위해 약속을 이루어 주신 일을 기억합니다. 군에서 제대한 후 워싱턴 대학에 다니고 있을 때였는데 겨울이 다가왔습니다. 그 당시 나는 제대자 원호금으로 겨우 생활했습니다. 그때의 겨울 날씨는 그렇게 혹독할 정도로 춥지는 않았지만 상당히 쌀쌀하여 재킷을 입어야 할 정도였습니다. 그러나 가진 것이 없었습니다. 당시 나는 그리스도인이 된 지 얼마 되지 않았을 때였는데 다음 구절을 매우 관심 있게 보았습니다. "나의 하나님이 그리스도 예수 안에서 영광 가운데 그 풍성한 대로 너희 모든 쓸 것을 채우시리라"(빌립보서 4:19). 나는 이 말씀에 대하여 큰 확신이 있는 것은 아니었지만, 이런 생각을 하게 되었습니다. '나는 하나님의 자녀이고, 재킷이 꼭 필요해. 하나님께서 이 구절의 약속을 나에게 이루어 주시도록 요청해 보자.' 그래서 나는 기도를 하면서 하나님께 그 약속을 상기시켰고 재킷을 주시도록 간구했습니다.

시간은 흐르고 날씨는 더 추워졌지만 어느 곳에서도 재킷이 생길 기미는 보이지 않았습니다. 그렇지만 나는 그 구절에 매달렸습니다. 어느 주말에 의사인 친구를 만났는데, 헤어질 때쯤에 그가 내게 말했습니다. "재킷이 하나 있는데 입어 보지 않겠나? 염소 가죽 재킷을 사놓고는 한 번도 입질 않았어."

내가 대답하기도 전에 그는 또 물었습니다. "아, 그런데, 자네 손목시계는 있나?"

사실 시계가 없어서 불편을 좀 느끼고 있던 때였습니다. 때때로 강의 시간, 약속 시간 등에 늦는 일이 있었던 것입니다. 그래서 나는 말했습니다. "그래, 내가 입겠네. 물론 시계도 주면 잘 쓰겠네."

필요한 것들이 또 있었습니다. 이를테면 구두에 구멍이 났는데 그해엔 유달리 비가 많이 왔습니다. 재킷과 손목시계를 받은 다음 날 나는 다른 사람으로부터 구두를 선물로 받았습니다. 하나님께서는 나의 필요를 채워 주셨을 뿐만 아니라, 그것도 풍성하게 채워 주셨습니다. 겨우 채워 주신 것이 아니라 영광 가운데 그 풍성한 대로 공급해 주셨습니다.

사소한 것들이었다고요? 물론 그랬습니다. 그러나 이 일을 통해, 나는 하나님의 말씀을 진리로 확신하게 되었고, 하나님께서는 그 약속을 충분히 지키실 수 있음을 확증해 주셨습니다. 이를 시작으로 나는 필요가 있을 때마다 이 구절의 약속을 주장하며 하나님의 공급을 구했고, 그때마다 하나님께서는 풍성하게 채워 주셨습니다. 나는 거듭거듭 하나님의 성실하심을 경험했습니다. "우리 가운데서 역사하시는 능력대로 우리의 온갖 구하는 것이나 생각하는 것에 더 넘치도록 능히 하실 이에게"(에베소서 3:20). 하나님께서는 우리가 구하는 것뿐만 아니라 생각하는 것까지도 넘치게 채워 주십니다.

하나님의 말씀을 공부함

사탄의 공격은 교묘하면서도 파괴적입니다. 참으로 교묘하기 때문에 이것을 잘 알지 못하면 우리의 영적 성장은 큰 지장을 받게 됩니다. 사탄은 수많은 그리스도인들에게, 성경공부란 목사나 선교사들을 위한 것이지 일반 그리스도인들에게는 필요 없는 것이라고 믿게 만듭니다. 이것이 실상은 거짓말쟁이요 온갖 거짓의 아비(요한복음 8:44 참조)인 사탄으로부터 나온 교묘한 거짓말이라는 사실을 알아야 합니다.

분명한 사실은, 하나님께서는 우리 모든 그리스도인들에게 성경 말씀을 주셨다는 것입니다. 하나님께서는 우리가 말씀을 공부함으로써 말씀이 주는 영적 풍성함과 축복을 받아 누리길 원하십니다. 성경공부는 모든 사람을 위한 것입니다. 당신이 스스로 성경공부를 할 때 도움이 될 몇 가지 원리를 말씀드리겠습니다.

첫째, 일주일 중에 특정한 시간을 떼어 놓으십시오. 성경공부 계획을 세울 때는 식사 시간이나 매일의 경건의 시간을 계획하는 것과 마찬가지로 하십시오. 의사나 중요한 고객과의 약속, 또는 운동처럼 당신의 일정 속에 넣으십시오.

둘째, 성경 그 자체를 공부하십시오. 서점에 가면 좋은 책이 많지만, 아무리 좋은 책이라도 성경을 대신할 수는 없습니다. 하나님께서는 당신에게, 마음에서 마음으로 즉 하나님의 마음에서 당신의 마음으로 말씀하기 원하십니다. 하나님께서 다른 사람들에게 말씀하신 바를 읽는 것은 흥미 있는 일이며, 하나님께서 주신 깨달음을 기록한 책을 읽는 것도 유익할 수 있습니다. 그러나 중요한 것은, 하늘에 계신 아버지 하나님께서는 성경 말씀을 통해 직접 당신에게 말씀하시고 당신의 영혼을 축복하기를 원하신다는 사실입니다.

셋째, 공부하면서 발견한 것을 기록하십시오. 하나님께서 당신에게 가르쳐 주신 것을 노트에 꾸준히 기록해 두기 바랍니다. 노트에 적으면 여러 가지 유익이 있는데, 한 가지는, 적다 보면 생각이 더 분명해진다는 것입니다. 막연한 인상이나 불분명한 여러 생각들은 적어 볼 때에 자연스럽게 명료해지곤 합니다. 그리고 종이 위에 기록한 것이 남아 있는 한 결코 잊어버릴 염려가 없습니다.

넷째, 공부를 적용 중심으로 하십시오. 어떻게 하면 좀 더 주님을 닮을 수 있는지, 또 주님을 기쁘시게 하는 삶을 살기 위해서는 어떻게 해야 할지 찾아보십시오. 성경 지식은 뛰어나지만 하는 행동이 고약하고 덕스럽지 못한 사람들이 더러 있습니다. 그들은 소선지서의 이름을 줄줄 대며, 예루살렘과 바벨론이 멸망한 연대, 여리고 성의 크기 등등에 대해 훤히 꿰고 있습니다. 그들의 가장 큰 문제는 말씀에 대한 지식은 많으나 적용과 순종이 없다는 것입니다. 그러나 성경을 공부하는 목적은 우리의 잘못된 행동과 태도, 사고방식, 또는 언어 습관을 돌아보고 바로잡는 데 있습니다. 예레미야 선지자는 "우리가 스스로 행위를 조사하고 여호와께로 돌아가자"(예레미야애가 3:40)고 했으며, 시편 기자도 "내가 내 행위를 생각하고 주의 증거로 내 발을 돌이켰사오며"(시편 119:59)라고 했습니다.

끝으로, 성경공부를 처음 하는 분들은 자기에게 알맞은 성경공부 교재를 가지고 시작하는 것이 좋습니다. 영적으로 어린 시절 내게는 그게 아주 도움이 되었습니다. 내가 권해 드리고 싶은 성경공부 교재는 네비게이토에서 발행한 '그리스도인의 생활 연구' 시리즈와 '그리스도의 제자가 되는 길' 시리즈입니다. 이 교재를 가지고 당신은 모든 책 중에서 가장 위대한 책인 성경을 탐구하는 대모험을 시작할 수 있을 것입니다.

하나님의 말씀을 기도하는 마음으로 읽음

매일 아침 성경을 읽고 기도하는 시간은 우리의 삶에 대한 전망을 새롭게 해줍니다. 성경 말씀은 영혼을 소성케 하고, 마음에 기쁨과 즐거움을 주며, 삶에 소망을 주고, 영원한 것에 시야를 고정하게 해줍니다. 무엇보다 중요한 것은 말씀을 통해 하나님을 만날 수 있다는 것입니다. 이 점이 대단히 중요합니다!

성경을 읽을 때에는 서두르지 마십시오. 마음을 가라앉히고 성령께서 들려주시는 음성에 귀를 기울이십시오. "하나님의 말씀은 살았고 운동력이 있어 좌우에 날선 어떤 검보다도 예리하여 혼과 영과 및 관절과 골수를 찔러 쪼개기까지 하며, 또 마음의 생각과 뜻을 감찰하나니"(히브리서 4:12). 성령께서 당신의 숨은 죄나 잘못을 말씀해 주시면, 잠시 멈추고 주님께 자백하십시오. 그러면 당신의 죄를 용서하시고 당신을 깨끗케 해주실 것입니다. 다음 말씀을 기억하십시오. "만일 우리가 우리 죄를 자백하면 저는 미쁘시고 의로우사 우리 죄를 사하시며 모든 불의에서 우리를 깨끗케 하실 것이요"(요한일서 1:9).

성경을 읽을 때 하나님께서 자기 백성들을 어떻게 대하셨는지 특별히 주목해 보십시오. 말씀이 기록될 그 당시에 하나님께서 기뻐하지 않으신 어떤 일이 있다면 오늘날에도 마찬가지로 그런 일을 기뻐하지 않으십니다. 하나님의 의와 거룩함의 수준은 변함이 없습니다. 그러므로 묵상하며 말씀을 읽어서, 당신의 삶 가운데서 고쳐야 할 면은 고치고, 성령께서 당신을 올바른 길로 되돌리기를 원하실 때 항상 순종할 수 있도록 늘 깨어 있기 바랍니다. 구약을 읽을 때는 특별히 사도 바울이 말한 것을 주목해 보십시오. "저희에게 당한 이런 일이 거울이 되고 또한 말세를 만난 우리의 경계로 기록하였느니라"(고린도전서 10:11).

말씀을 묵상함

오늘날 '묵상'은 사람들에게 낯선 말이 되고 말았습니다. 사람들은 끊임없이 뭔가를 위해 열심히 뛰고, 바삐 움직이며, 시간에 쫓겨 살아갑니다. 그러다 보니 하루 일과 중 잠시 시간을 내어 자리에 앉아 아무것도 하지 않고 단지 깊은 생각에 잠긴다는 것은 시간 낭비라고 생각할지도 모릅니다.

그러나 하나님께서는 자리에 앉아 차분하게 그분의 말씀을 깊이 생각해 보도록 명령하십니다. "이 모든 일을 묵상하고 이 일들에 전심전력하여 너의 진보가 모든 사람에게 나타나게 하라"(디모데전서 4:15, KJV).

'묵상'이라는 말에는 '깊다'는 의미가 들어 있습니다. 높고 가벼운 음보다는 낮고 깊이 있는 음을 내는 피아노의 베이스 건반이 생각납니다. 묵상은 훈련과 시간을 필요로 합니다. 우리는 말씀의 깊은 뜻을 탐구하는 데 시간을 들이기보다는 가볍게 '스쳐 지나가는' 데 더 익숙합니다. 땅 속 깊이 감춰진 보화를 캐는 것보다는 언덕 기슭에 굴러다니는 흔한 돌멩이 몇 개 줍는 것으로 만족하는 것과 같습니다.

말씀을 묵상하라고 하신 데에는 그럴 만한 이유가 있습니다. 하나님께서는 그분의 말씀을 진지하게 받고 묵상하며 순종하는 사람들을 위해 놀라운 약속을 주셨습니다. 그중 두 가지만 살펴보겠습니다.

하나는 여호수아 1:8에 나옵니다. "이 율법책을 네 입에서 떠나지 말게 하며 주야로 그것을 묵상하여 그 가운데 기록한 대로 다 지켜 행하라. 그리하면 네 길이 평탄하게 될 것이라. 네가 형통하리라"(여호수아 1:8). 하나님께서는 말씀을 묵상하는 사람들에게 평탄한 길과 형통한 삶을 약속하십니다. 여호수아는 한가한 사람이 아니었습니다. 모세의 뒤를 이어 이스라엘 민족을 가나안 땅으로 인도해야 하는 지도자로서 처리해야 할 일들이 언제나 산더미같이 쌓였습니다. 과거 어느 때보다도 바쁜 가운데 있을 때, 이전에는 꿈에도 생각지 못했던 큰 책임을 맡게 되었을 때, 하나님께서는 여호수아에게 이 말씀을 주셨습니다. 전투 중에도, 또한 백성을 이끌어 가는 일에 있어서도, 하나님의 말씀이 그의 생각의 중심에 자리하고 있어야 한다는 것입니다.

또 다른 약속이 시편에 나옵니다. 너무나 잘 알려져 있어 오히려 잊고 지내는 말씀이기도 합니다. 이 말씀은 주일학교 어린이들도 암송하고, 설교에도 자주 등장합니다. 흥겨운 선율이 느껴지는, 절대적인 진리의 말씀입니다. 하나님께서는 이렇게 말씀하셨습니다. "복 있는 사람은 악인의 꾀를 좇지 아니하며, 죄인의 길에 서지 아니하며, 오만한 자의 자리에 앉지 아니하고, 오직 여호와의 율법을 즐거워하여 그 율법을 주야로 묵상하는 자로다. 저는 시냇가에 심은 나무가 시절을 좇아 과실을 맺으며 그 잎사귀가 마르지 아니함 같으니, 그 행사가 다 형통하리로다"(시편 1:1-3).

이 말을 주목해 보십시오. "그 행사가 다 형통하리로다." 이것이 정말입니까? 알 수 있는 길은 한 가지밖에 없습니다. 해보는 것입니다!

그러면 어떻게 하나님의 말씀을 묵상하느냐고요? 쉽지만은 않은 일입니다. 왜냐하면 시간과 훈련이 요구되기 때문입니다. 대부분의 사람들이 이 두 가지에 문제를 느낍니다. 그러나 중요하다고 생각하는 일에는 누구나 시간을 들입니다. 먹고, 자고, 씻는 데 시간 들이는 것을 당연하게 생각하듯, 묵상을 위해서도 시간을 들여야 합니다. 하나님께서 하시는 말씀에 귀를 열어 듣는 일에 시간을 낼 필요가 있습니다. 이 일에는 훈련이 필요합니다.

시작을 돕기 위해 한 가지 간단한 계획을 제안합니다. 당장 오늘부터 시간을 내어 성경을 읽도록 하십시오. 시편부터 읽어 보기 바랍니다. "내 눈을 열어서 주님의 말씀의 기이한 것을 보게 하소서"(시편 119:18 참조)라고 기도하면서 한두 편을 읽으십시오. 읽어 가면서 어떤 내용이나 구절이 마음에 와 닿으면 잠깐 멈추십시오. 당신이 처한 상황과 연관해 그 의미를 곰곰이 되새겨 보십시오. 그것을 여러 번 반복해 생각하면서 성령께서 마음에 들려주시는 음성에 귀를 기울이십시오. 마음속으로 질문을 던져 보십시오. '이 말씀이 나와 우리 가족이 처한 상황, 나의 직장 일, 또 하나님과의 관계에 대해 어떻게 말하고 있는가?' 조급해하거나 서두르지는 마십시오. 그것을 소리 내어 말해 보십시오. 그리고 생각하십시오. 잠시 마음속으로 깊이 생각했으면, 그것을 두고 기도하십시오. 그것을 마음 깊이 새기십시오. 성령께서 그 내용을 당신의 영적 혈관 속으로 스며들게 해주시도록 기도하십시오.

묵상은 쉽지 않지만 큰 보상이 따릅니다. 처음 몇 가지 어려움을 극복하고 나아가면 당신의 삶에 자리를 잡게 될 것이며, 놀라운 축복을 경험하게 될 것입니다. 이를 통해 진정으로 주님과 동행하는 삶을 살게 됩니다.

말씀의 경이

디즈니랜드에 가면 구경할 곳이 많습니다. 그곳에는 개척의 나라, 미래의 나라, 환상의 나라, 모험의 나라가 있습니다. 그러나 아무리 찾아봐도 경이의 나라는 없습니다. 경이의 나라는 집에 돌아와 '성경'이라고 부르는 오래된 책을 펴보기 전까지는 어디에서도 찾지 못할 것입니다. 시편 기자는 말합니다. "내 눈을 열어서 주의 법의 기이한 것을 보게 하소서"(시편 119:18). 다윗은 이렇게 말합니다. "대저 주는 광대하사 기사를 행하시오니 주만 하나님이시니이다"(시편 86:10). "주의 존귀하고 영광스러운 위엄과 주의 기사를 나는 묵상하리이다"(시편 145:5). 요엘서에서는 이렇게 말씀합니다. "너희는 먹되 풍족히 먹고 너희를 기이히 대접한 너희 하나님 여호와의 이름을 찬송할 것이라…"(요엘 2:26).

수많은 세대에 걸쳐 하나님께서는 자기 백성을 '기이히 대접'하셨으며, 성경은 하나님의 이 '기사(奇事)'를 기록하고 있습니다. 하나님께서 자신의 친구 아브라함을 온갖 위험과 함정이 도사리고 있는 환경을 이기고 나갈 수 있도록 인도하시는 것을 보게 됩니다. 또, 다윗에게 친히 말씀하시고 격려하시며 크고 귀한 많은 약속을 주시는 것도 보게 됩니다. 때로 하나님께서 자기 백성을 사랑으로 훈계하신 것도 보게 됩니다. 이런 것들은 모두 바로 당신을 위한 좋은 교훈이 될 수 있음을 알아야 합니다. 바울은 로마서 15:4에서 "무엇이든지 전(前)에 기록한 바는 우리의 교훈을 위하여 기록된 것이니, 우리로 하여금 인내로 또는 성경의 안위로 소망을 가지게 함이니라"고 밝히고 있습니다.

하나님께서는 우리의 삶에서 다양한 방법으로 말씀을 사용하십니다. 우리는 말씀으로 하나님의 가족으로 태어납니다(베드로전서 1:23). 말씀으로 성장합니다(베드로전서 2:2). 말씀으로 깨끗하게 됩니다(요한복음 15:3). 말씀으로 거룩하게 됩니다(요한복음 17:17). 말씀으로 보호를 받습니다(에베소서 6:17). 말씀으로 세움을 입습니다(사도행전 20:32). 말씀으로 인도를 받습니다(시편 119:105). 말씀으로 소성케 됩니다(시편 19:7). 말씀으로 만족을 얻습니다(시편 119:103).

성경은 이 모든 것일 뿐더러 그 이상의 것이기에, 하나님으로부터 나온 것임이 틀림없습니다. 디모데후서 3:16에서는 "모든 성경은 하나님의 감동으로 된 것"이라고 선언합니다. '하나님의 감동으로 되었다'라는 말은 '하나님께서 숨을 불어 넣으셨다'는 의미입니다. 이 말은 성경이 다 기록된 후에 하나님께서 거룩한 도장을 찍어서 그것을 인정하셨다는 뜻이 아닙니다. 그 말은 모든 말씀이 하나님의 입에서 나왔다는 뜻입니다. 성경은 바로 '하나님의 숨'인 것입니다.

성경은 약 1,500년이라는 오랜 기간에 걸쳐 40명가량의 기자들에 의하여 기록된 것임에도 불구하고, 논리적으로 일관성이 있고, 놀라운 통일성을 보여 줍니다. 그러므로 전체적으로 감독하고 주관하는 어떤 손길이 없이 이런 것이 기록되었다면 그야말로 무엇보다 놀라운 사건으로 간주되어야 할 것입니다. 성경의 진실성에 대한 역사적, 고고학적 확증은 이를 부인하려는 사람들을 크게 당황하게 합니다. 성경에 관계되는 자료들을 발굴할 때 파낸 한

삽 한 삽의 흙과 모래까지도 성경 말씀의 신뢰성을 더욱 굳혀 주었습니다.

성경은 당신에게 하신 하나님의 말씀입니다. 그것을 믿고 그 약속을 주장하며 그 명령에 순종하십시오. "오직 그 말씀이 네게 심히 가까워서 네 입에 있으며 네 마음에 있은즉 네가 이를 행할 수 있느니라"(신명기 30:14).

묵상과 적용

1. 이 장에서 배운 가장 큰 교훈은 무엇입니까? 그것을 어떻게 삶에 적용하겠습니까?

2. 영적 성장을 위한 당신의 말씀 섭취 수준은 어느 정도입니까? 다음 각각을 평가해 보고 새로운 계획을 세워 보십시오.
   1) 듣기

   2) 읽기

   3) 공부

4) 암송

5) 묵상

3. 민수기 23:19을 묵상하십시오. 현재 당신의 어떤 상황과 관련하여 하나님의 어떤 약속을 주장하겠습니까?

4. 하나님의 말씀에 대해 당신이 특히 경이롭게 느끼는 것은 무엇입니까? 왜 그렇습니까?

제 3 장

기도: 하나님과의 대화(II)

하나님과 우리의 대화는 성경 말씀과 기도로 이루어집니다. 하나님께서는 성경 말씀을 통하여 우리에게 말씀하시고, 우리는 기도를 통하여 하나님께 말씀드립니다. 주님 안에서 성장함에 따라서 기도는 단순히 위로를 주는 심리적 경험 그 이상임을 깨닫게 될 것입니다. 기도는 하나님과의 대화이며 사귐입니다.

우리의 하루는 대부분 해야 될 일로 가득 차 있습니다. 직업을 가진 직장인이든 가정을 지키는 가정주부든 할 일이 아주 많습니다. 학생이라면 과제물을 내고 시험을 치러야 하는 관계로 늘 바쁘게 지냅니다. 우리는 자신이 하는 그 일들을 대부분 중요하게 여깁니다. 그렇지 않다면 하지 않겠지요. 그러나 기도는 단지 중요한 것 그 이상입니다. 영적인 성장에 관한 한 기도는 생사(生死)의 문제입니다.

하나님 아버지께서 성경 말씀을 통해 당신에게 말씀해 주실 때까지는 당신이 하나님 아버지를 참으로 알지 못하는 것처럼, 당신이 하나님 아버지께 나아가 당신의 문제, 무거운 짐, 염려, 기쁨 등을 함께 나누지 않는 한 당신과 하나님과의 관계는 깊어질 수 없습니다. 아이들은 부모님이 자기들의 말에 귀를 기울여 주지 않는다고 늘 불평합니다. 당신은 하나님께 그럴 필요가 없습니다. 하나님 아버지께서는 항상 당신의 말에 귀를 기울이시며, 언제든지 그분께 나아와 이야기해 주기를 원하십니다. 하나님께서는 당신을 기다리고 계십니다!

3. 기도: 하나님과의 대화(II)

한개인의 영적 성장과 계발이 하나님과의 관계에 달려 있다면, 하나님을 효과적으로 증거하는 삶은 그 사람의 기도 생활에 달려 있습니다. 하나님의 말씀이 힘의 원천이라면, 기도는 그 힘을 전달하는 통로라고 할 수 있습니다.

많은 사람들이 그리스도를 효과적으로 증거하는 삶을 살기 원하지만, 그 방법은 확실히 모릅니다. 예수님께서는 제자들에게 "너희는 세상의 빛이라"(마태복음 5:14)고 말씀하셨습니다. 신문과 텔레비전을 보면 죄의 어두움으로 덮인 이 세상은 그 어두움을 밝혀 줄 빛을 절실하게 필요로 하는 게 분명합니다. 바로 그 빛이 되라고 예수님께서는 제자들에게 말씀하신 것입니다.

빛을 비추는 삶

어느 해 여름 나는 아들 랜디와 함께 호놀룰루에 있는 한 교회에서 한 달 동안을 훈련 프로그램으로 보냈습니다. 어느 날 밤 성경공부를 하고 있었는데 "우리는 세상에서 어떤 삶을 살아야 하는가?"라는 질문이 나왔습니다. 답은 빌립보서 2:15에서 찾아 적는 것이었습니다. "이는 너희가 흠이 없고 순전하여 어그러지고 거스르는 세대 가운데서 하나님의 흠 없는 자녀로 세상에서 그들 가운데 빛들로 나타내며." 랜디는 이 구절을 잠시 살펴보고 나서는 "빛을 비추어야 한다"고 적었습니다.

　나는 아들이 써 놓은 것을 보고 생각했습니다. '그래, 옳다! 빛을 비추어야 한다! 특히 우리를 둘러싸고 있는 세상이 어그러지고 거스를 때일수록 더욱 그렇다.' 그러나 문제가 하나 있습니다. 이 어두운 세상을 비출 빛이 우리에게는 없다는 것입니다. 우리가 비출 수 있는 유일한 방법은 세상의 빛인 예수 그리스도의 빛을 반사하는 것입니다.

　제2차 세계대전이 끝나 해병대에서 제대한 직후 나는 시카고 그레이트웨스턴 철도회사의 전신기사이자 역무원으로 일했습니다. 그 당시 역무원이 해야 할 일 중의 한 가지는 전신으로 기관사에게 내리는 훈령을 받아 기차가 역을 통과할 때 전달해 주는 일이었습니다. 긴 막대기 끝에 훈령을 매달아 들어 올려 주면 기관사가 팔을 뻗쳐 막대기 끝에 매달린 훈령을 잡아채 갔습니다.

　이것은 꽤 그럴싸한 방법이었지만 밤에는 문제가 있었습니다. 밤에는 기관사가 막대기 끝에 달린 종이를 잘 볼 수 없기 때문에 훈령을 놓치는 때도 있었습니다. 그렇게 되면 달리던 기차를 멈추고 역으로 되돌아와서 훈령을 가져가야 했습니다. 그럴 때마다 기관사는 막대기를 좀 제대로 들라고 화를 냈습니다.

　얼마 후 누군가가 밤에도 볼 수 있도록 막대기 끝에 야광페인트를 칠하자는 기발한 생각을 해냈습니다. 그 아이디어가 크게 도움이 되었습니다. 이제는 몇 초 동안 막대기의 끝부분을 불빛에 쪼였다가 밖으로 나가면 어두움 속에서도 빛이 났습니다. 그러나 때때로 일에 쫓기다 기차가 오는 소리를 듣고 나서야 서두르게 되면 훈령을 매달기만 하고 그만 빛을 쪼이는 것을 깜빡 잊어버립니다.

그렇게 되면 물론 막대기 끝에서 빛이 나지 않아 기관사는 훈령을 놓치게 됩니다.

나의 영적 삶에서도 종종 이런 식으로 지나가는 날들이 있었습니다. 아침 일찍부터 바쁜 하루가 시작됩니다. 전화가 울려 댑니다. 아침 식사도 때우다시피 합니다. 이런저런 일로 정신없이 하루가 지나갑니다. 매일 이런 식으로 살면서 빛을 비출 수는 없습니다. 빛을 비출 수 있기 위해서는 매일 규칙적으로 하나님의 빛을 쪼이는 시간을 가져야 합니다. 하나님의 말씀에 귀를 기울여 하나님의 음성을 들으며, 또한 기도로 하나님께 마음을 나누는 시간을 가져야 합니다. 스스로는 빛을 발할 수 없기 때문에 반드시 이러한 시간을 통해 빛을 받아야 합니다. 우리는 그 막대기처럼 빛을 쪼여야만 빛을 발할 수 있습니다. 하나님께서는 우리가 예수 그리스도의 빛을 반사하기를 원하십니다. 빛 되시는 주님 앞에 나가지 않고서는 빛을 비출 수가 없습니다.

날마다 하나님과 단둘이 만나는 기쁨

마가는 예수님의 삶에 있었던 매우 중요한 사실을 이렇게 기록합니다. "새벽 오히려 미명에 예수께서 일어나 나가 한적한 곳으로 가사 거기서 기도하시더니"(마가복음 1:35). 구약에도 보면 "아브라함이 그 아침에 일찍이 일어나 여호와의 앞에 섰던 곳에 이르러"(창세기 19:27)라고 했습니다.

예로부터 하나님께 크게 쓰임을 받은 사람들은 다 주님과 단둘이 친밀한 교제를 가진 사람들이었습니다. 이 사실을 기억하는 것은 중요합니다. 다윗이 그중 하나입니다. "여호와여, 아침에 주께서 나의 소리를 들으시리니 아침에 내가 주께 기도하고 바라리이다"(시편 5:3). 힘든 일로 앞이 캄캄해 보입니까? 매일매일 기도로 하나님을 바라십시오.

다니엘도 우리의 기도 생활에 큰 도전을 줍니다. 왕은 왕 이외의 어느 신에게나 사람에게 기도를 하면 사자굴에 던져 넣기로 한 조서에 어인을 찍어 금령을 내렸습니다. "다니엘이 이 조서에 어인이 찍힌 것을 알고도… 하루 세 번씩 무릎을 꿇고 기도하며 그 하나님께 감사하였더라"(다니엘 6:10). 다니엘은 죽음을 무릅쓰고 주님과 단둘이 만나는 시간을 가졌습니다.

여기서 알아야 할 한 가지 중요한 교훈은 아침에 하나님과 단둘이 만나는 시간을 잘 가지기 위해서는 전날 밤에 준비를 잘해야 한다는 것입니다. 맑은 정신으로 주님을 만나기 위해서는 충분한 수면을 취해야 합니다. 예를 들어, 밤늦게까지 텔레비전을 보거나 쓸데없는 잡담을 하느라 습관적으로 자꾸만 늦게 자는 것은 다음 날 주님과의 교제를 망치는 지름길입니다. 하나님께서 모세에게 하신 말씀을 주의해서 살펴보십시오. "아침 전에 예비하고 아침에 시내 산에 올라와 산꼭대기에서 내게 보이되"(출애굽기 34:2).

"왜 우리는 하나님과 단둘이 교제하는 시간을 가져야 합니까?"라고 질문할지 모르겠습니다. 바울의 답변을 들어 보십시오. "너희를 불러 그의 아들 예수 그리스도 우리 주로 더불어 교제케 하시는 하나님은 미쁘시도다"(고린도전서 1:9). 하나님께서는 자기와의 교제를 위해 우리를 부르셨습니다!

태초에 하나님께서는 자기와의 교제를 위해 우리를 지으셨습니다! 하나님께서는 동산에서 아담과 더불어 따뜻하고 사랑이 넘치는 교제를 가지셨습니다. 예수 그리스도께서 십자가를 지신 것은 우리가 하나님과 개인적이고 친밀한 교제를 나눌 수 있는 길을 열기 위해서였습니다.

우리 주님께서 십자가에서 돌아가시던 그때 일어난 일을 상고해 보면 하나님께서 우리와 교제하기를 얼마나 사모하시는지 알 수 있습니다. "예수께서 다시 크게 소리 지르시고 영혼이 떠나시다. 이에 성소 휘장이 위로부터 아래까지 찢어져 둘이 되고 땅이 진동하며 바위가 터지고"(마태복음 27:50-51). 바로 그 순간 하나님께서는 우리가 그분 앞에 나아갈 수 있는 길, 지성소에 들어가는 길, 곧 그분과 친근한 개인 교제를 즐길 수 있는 길을 여셨습니다.

매일 갖는 이 교제 시간을 통해 성령께서는 우리를 변화시키셔서 점점 더 예수 그리스도를 닮아 가게 하십니다. 하나님께서는 우리가 그 아들 예수 그리스도의 형상을 본받기 원하십니다(로마서 8:29 참조).

많은 사람들이 "그 시간에 도대체 무엇을 합니까?"라고 묻곤 합니다. 여러 가지를 들 수 있겠지만, 한 마디로 말해 그 시간은 하나님과 대화를 나누는 시간입니다. 하나님의 말씀을 읽으며 하나님께서 내 마음에 들려주시는 음성을 귀 기울여 듣습니다. 또 기도를 통하여 하나님께 내 마음을 나눕니다. 하나님께서 실제로 우리에게 귀를 기울이신다는 사실을 기억하는 것이 중요합니다. 하나님께서는 우리 심령의 부르짖음을 흘려듣지 않고 경청해 주십니다.

기도 응답의 조건

기도 응답의 유일한 기초는 그리스도께서 십자가상에서 이루신 구원 사역입니다. 우리가 하는 그 어떤 것도 기도 응답의 기초가 될 수는 없습니다. 그러나 성경에 보면, 우리의 기도가 응답을 받기 위해서는 필요한 조건들이 있음을 알 수 있습니다. 하나님께서 우리를 위해 해주시는 일은 모두 하나님의 은혜로 말미암은 것입니다. 그럼에도 불구하고 어떤 일에는 조건이 붙습니다. 우리가 그 조건을 충족시켜야만 하나님께서 그 일을 이루어 주시는 것입니다. 기도가 바로 그 경우에 해당합니다. 성경에서 보여 주신 조건을 따라 기도할 때라야 우리의 기도를 들으시고 응답해 주시는 것입니다.

첫째 조건은 예수님의 이름으로 기도하는 것입니다. 예수님께서는 제자들에게 "지금까지는 너희가 내 이름으로 아무것도 구하지 아니하였으나, 구하라 그리하면 받으리니 너희 기쁨이 충만하리라"(요한복음 16:24)고 말씀하셨습니다. 우리는 "새롭고 산 길"(히브리서 10:20)이신 예수 그리스도를 통해 하나님의 존전에 나아갈 수 있습니다. 예수님께서는 "내가 곧 길이요"(요한복음 14:6)라고 말씀하셨습니다. 디모데전서 2:5에 보면, "하나님은 한 분이시요 또 하나님과 사람 사이에 중보도 한 분이시니 곧 사람이신 그리스도 예수라"고 말씀하였습니다. 하나님께서 우리의 기도를 들으시고 응답해 주시기를 바란다면 예수님의 이름으로 기도해야 합니다.

두 번째로, 하나님의 뜻대로 기도해야 합니다. 요한은 말합니다. "그를 향하여 우리의 가진바 담대한 것이 이것이니 그의 뜻대로 무엇을 구하면 들으심이라. 우리가 무엇이든지 구하는 바를 들으시는 줄을 안즉 우리가 그에게 구한 그것을 얻은 줄 또한 아느니라"(요한일서 5:14-15). 예수님께서는 "내 원대로 마옵시고 아버지의 원대로 되기를 원하나이다"(누가복음 22:42)라고 기도하셨는데, 우리의 태도 역시 이와 같아야 합니다. 하나님께서는 "하늘에 계신 우리 아버지"(마태복음 6:9)이십니다. 하나님 아버지께서는 우리를 지극히 사랑하시며 우리에게 가장 좋은 것이 무엇인지를 알고 계십니다. 우리 아이들이 아버지인 내게 뭐를 달라고 할 때면 많은 경우 나는 "좋아" 하고 청을 들어줍니다. 그런데 때때로 내가 보기에 유익하지 못한 것을 달라고 할 때가 있습니다. 그럴 때는 "안 돼"라고 말합니다. 그들을 사랑하며 그들에게 가장 좋은 것을 주기 원하기 때문입니다. 그리고 어떤 경우에는 아직 적절한 때가 아니기에 "기다려라" 하고 말할 때도 있습니다. 하나님의 응답도 이와 같습니다. 그분은 "좋아," "안 돼," 혹은 "기다려라" 하고 말씀하십니다.

세 번째로, 하나님의 크신 능력을 믿고 구해야 합니다. 하나님께서는 우리에게, "너는 내게 부르짖으라. 내가 네게 응답하겠고, 네가 알지 못하는 크고 비밀한 일을 네게 보이리라"(예레미야 33:3)고 말씀하십니다. 오래 전 나는 네비게이토의 창시자인 도슨 트로트맨에게 큰 도전을 받은 적이 있습니다. 그는 이렇게 질문하였습니다. "여러분은 하나님께 무엇을 구하고 있습니까? 대륙입니까? 아니면 장난감입니까?" 우리의 '작은' 기도 때문에 하나님께 그분의 능력을 나타내실 기회를 드리지 않을 때가 너무도 많습니다. 하나님께 큰 것을 구하십시오. 그리고 하나님으로부터 큰 것을 기대하십시오.

네 번째로, 기도는 구체적이어야 합니다. 예수 그리스도께서는 놀라운 약속을 해주셨습니다. "너희가 내 이름으로 무엇을 구하든지 내가 시행하리니, 이는 아버지로 하여금 아들을 인하여 영광을 얻으시게 하려 함이라. 내 이름으로 무엇이든지 내게 구하면 내가 시행하리라"(요한복음 14:13-14). '모든 일'에 구체적으로 기도하십시오. "아무것도 염려하지 말고 오직 모든 일에 기도와 간구로 너희 구할 것을 감사함으로 하나님께 아뢰라. 그리하면 모든 지각에 뛰어난 하나님의 평강이 그리스도 예수 안에서 너희 마음과 생각을 지키시리라"(빌립보서 4:6-7).

다섯 번째로, 지속적으로 기도해야 합니다. 예수님께서는 제자들에게 항상 기도하고 낙망치 말라고 말씀하시면서, 한 과부의 이야기를 들려주셨습니다(누가복음 18:1-8). 과부가 재판관에게 했듯이, 하나님을 '번거롭게'(5절) 하십시오. 끈질기게 강청하십시오. 또 야곱은 하나님과 씨름하며 "내게 축복하지 아니하면 가게 하지 아니하겠나이다"(창세기 32:26)라고 했습니다. 하나님께서는 이처럼 자기에게 매달리며 부르짖는 자의 간절하고 열정적인 기도를 들으십니다.

성경은 또한 기도 응답을 막는 세 가지 장애물에 대해 말합니다. 첫 번째 장애물은 우리 그리스도인의 삶 가운데 있는 '자백하지 않은 죄'입니다. 시편 기자는 이렇게 말합니다. "내가 내 마음에 죄악을 품으면 주께서 듣지 아니하시리라"(시편 66:18). 사도 요한도 "무엇이든지 구하는 바를 그에게 받나니, 이는 우리가 그의 계명들을 지키고 그 앞에서 기뻐하시는 것을 행함이라"(요한일서 3:22)고 이야기합니다. 하나님과의 교제가 끊어진 상태에서 하나님께 기도한다는 것은 어려운 일입니다. 죄는 자백하고 버려야 합니다(요한일서 1:9, 잠언 28:13 참조).

두 번째 장애물은 '불신'입니다. 주님께서는 "너희가 기도할 때에 무엇이든지 믿고 구하는 것은 다 받으리라"(마태복음 21:22)고 말씀하셨고, 야고보도 "오직 믿음으로 구하고 조금도 의심하지 말

라. 의심하는 자는 마치 바람에 밀려 요동하는 바다 물결 같으니, 이런 사람은 무엇이든지 주께 얻기를 생각하지 말라"(야고보서 1:6-7)고 했습니다. 하나님께서는 믿음의 기도를 기쁘게 응답해 주십니다.

세 번째로 기도에 장애가 되는 것은 '말씀을 소홀히 하는 것'입니다. "사람이 귀를 돌이키고 율법을 듣지 아니하면 그의 기도도 가증하니라"(잠언 28:9). 예수님께서도 제자들에게 말씀해 주셨습니다. "너희가 내 안에 거하고 내 말이 너희 안에 거하면 무엇이든지 원하는 대로 구하라. 그리하면 이루리라"(요한복음 15:7).

지금까지 살펴본 기도의 원리, 경고, 그리고 기도의 지침들은 우리의 기도 생활에 거침돌이 아니라 디딤돌이 되도록 제시한 것입니다. 기도를 통해 하나님의 능력을 체험하도록 도와줍니다. 하나님께서는 우리가 기도하기를 원하십니다. 우리가 기도하기를 기다리고 계십니다. 그러므로 히브리서 기자의 권면대로, 우리는 긍휼하심을 받고 때를 따라 돕는 은혜를 얻기 위하여 은혜의 보좌 앞에 담대히 나아가야 합니다(히브리서 4:16).

우리의 모범이신 그리스도

삶의 모든 영역에서 그러하듯이 주 예수님께서는 기도에서도 가장 좋은 모범이 되십니다. 따라서 참으로 기도를 배우기 원한다면 예수님께서 어떻게 기도하셨는가를 살펴보는 것이 좋습니다.

첫째로, 예수님께서는 홀로 기도하셨습니다. "새벽 오히려 미명에 예수께서 일어나 나가 한적한 곳으로 가사 거기서 기도하시더니"(마가복음 1:35). 성경은 우리에게 "쉬지 말고 기도하라"(데살로니가전서 5:17)고 권고합니다. 홀로 하나님 앞에 무릎을 꿇고 기도하는 삶을 통해 우리는 세계에 영향을 미칠 수 있습니다. 기도는 기도의 대상을 변화시킵니다. 세상을 변화시키며, 환경을 변화시키며, 사람을 변화시킵니다. 그리고 기도하는 그 사람 자신을 변화시킵니다. 그룹 기도, 공중 기도, 가족 기도 등 함께 하는 기도도 그 나름대로 유익점이 있습니다. 그러나 그 어느 것도 혼자 개인적으로 하는 기도를 대신할 수는 없습니다.

둘째로, 예수님께서는 중요한 결정을 내리실 때 기도하셨습니다. "이때에 예수께서 기도하시러 산으로 가사 밤이 맞도록 하나님께 기도하시고, 밝으매 그 제자들을 부르사 그중에서 열둘을 택하여 사도라 칭하셨으니"(누가복음 6:12-13). 이처럼 중요한 일을 결정하시기에 앞서 예수님께서는 밤새도록 기도하셨습니다. 자신이 감당하기에 벅찬 문제나 매우 중요한 결정을 앞두고 우리는 어디에 도움을 청합니까? 정기적으로 기도하는 시간을 내는 것도 필요하지만, 중요한 결정을 내려야 하는 일이 있을 때는 그 일을 위해 특별히 시간을 내어 기도하는 것이 필요합니다.

셋째로, 주님께서는 바쁜 일정 가운데서도 기도하셨습니다. "예수의 소문이 더욱 퍼지매 허다한 무리가 말씀도 듣고 자기 병도 나음을 얻고자 하여 모여 오되, 예수는 물러가사 한적한 곳에서 기도하시니라"(누가복음 5:15-16). 많은 사람들이 예수님께 몰려들었습니다. 너도나도 예수님의 관심과 시간을 요구했습니다. 그러나 예수님께서는 이 여러 바쁜 일들 가운데서 진정으로 중요한 것, 진정으로 우선되어야 할 것이 무엇인지를 아셨고, 시간을 내어 그것을 행하셨습니다. 그것은 바로 기도하는 것이었습니다. 예수님께서는 기도에 최우선순위를 두고 행하셨던 것입니다. 너무 바쁘다는 말은 종종 기도하지 않는 것에 대한 변명일 뿐입니다. 기도는 일을 하며, 일이 일어나게 합니다. 그러나 기도는 그 자체가 일이기도 합니다. 기도하는 것은 어렵습니다. 우리의 육신은 거룩하신 하나님의 존전에 나아가는 것을 거스릅니다. 그러나 우리는 기도해야 합니다. 쉬지 말고 기도해야만 합니다(데살로니가전서 5:17, 사무엘상 12:23 참조).

기도의 종류

성경을 읽어 보면 여러 종류의 기도가 나옵니다. 그것을 크게 다섯 가지로 나누어 볼 수가 있습니다.

첫째는 '자백'입니다. "만일 우리가 우리 죄를 자백하면 저는 미쁘시고 의로우사 우리 죄를 사하시며 모든 불의에서 우리를 깨끗케 하실 것이요"(요한일서 1:9). '자백'이라는 말은 헬라어로 homologeo인데, '똑같은 것'이라는 뜻의 homoios와 '내가 말한다'는 뜻의 lego가 합쳐진 것입니다. 즉, 자백한다는 것은 하나님께서 죄라고 말씀하시는 것을 나도 똑같이 죄라고 말하는 것입니다. 그것은 죄에 대해 하나님께서 가지고 계시는 것과 똑같은 태도를 가지는 것입니다.

제2차 세계대전 중 나는 남태평양에서 해병대에 복무했었습니다. 어느 날 한 열대 섬 해안을 거니는데 큼지막하고 반듯하게 생긴 돌들이 눈에 들어왔습니다. 그중 한 개를 뒤집어 보니 놀랍게도 이상하게 보이는, 진흙투성이의 벌레 같은 것들 수백 마리가 새까맣게 우글거리며 반사적으로 다른 돌덩이 밑으로 숨어들었습니다. 그것들은 빛을 꺼리고 어두움을 좋아했습니다. 자백은 우리 마음속에 있는 돌덩이들을 들추어 우리의 죄를 하나님께서 해결해 주시도록 하나님의 빛에 드러내는 것과 같습니다.

자백에는 죄를 버리는 것까지도 포함됩니다. 성경은, "자기의 죄를 숨기는 자는 형통치 못하나, 죄를 자복하고 버리는 자는 불쌍히 여김을 받으리라"(잠언 28:13)고 말합니다.

둘째는 '찬양'입니다. 시편 기자는 "할렐루야, 우리 하나님께 찬양함이 선함이여, 찬송함이 아름답고 마땅하도다"(시편 147:1)라고 했습니다. 선지자 이사야도, "여호와여, 주는 나의 하나님이시라. 내가 주를 높이고 주의 이름을 찬송하오리니"(이사야 25:1)라고 말했습니다. 나의 삶에서도 내가 처한 상황을 보면 너무 절망적이라 기도조차 할 수 없을 것같이 보였던 때가 여러 번 있었습니다. 그때마다 나는 잠시 멈추어 주님께로 눈을 돌려 주님을 찬양하곤 했습니다. 주님께서 하늘과 땅의 창조주가 되심을 찬양했습니다. 또한 비할 바 없이 크신 능력과 놀라우신 은혜를 인하여 주님을 찬양했습니다. 주님의 무궁한 사랑과 자비와 선하심을 찬양했습니다. 그리고 나면 이내 어두운 먹구름이 걷히고, 내 영혼은 새 힘을 얻어 다시 독수리처럼 하늘 높이 날아올라가는 것을 경험하곤 했습니다. 혹시 너무도 기가 막혀 기도하기조차 곤란한 상황에 있습니까? 하나님을 찬양하십시오.

겸손은 그리스도인의 최고의 덕목 가운데 하나입니다. 그것은 찬양의 자연스런 열매입니다. 겸손의 반대는 교만인데, 이 교만이라고 하는 죄 때문에 천사가 마귀로 변했습니다. 사탄은 본래 능력이 많고 영광스러운 천사의 무리 중 하나였습니다. 그런데 어느 날 교만이 그 마음에 들어와 "내가 나의 보좌를 높이리라"(이사야 14:13 참조)고 하였고, 결국 하나님 앞에서 쫓겨나고 말았습니다.

교만은 쓴 열매를 맺는 죄입니다.

교만은 우리를 다른 사람에게 둔감하게 합니다. 오로지 자기 자신만 생각하고 다른 사람은 생각지 않습니다. 교만은 우리의 사역을 방해합니다. 하나님의 영광을 자기가 차지하는 것이기 때문입니다. "나는 여호와니, 이는 내 이름이라. 나는 내 영광을 다른 자에게, 내 찬송을 우상에게 주지 아니하리라"(이사야 42:8). 교만하면 주님께서 대적하십니다. 주님의 축복을 받지 못합니다. "하나님이 교만한 자를 대적하시되 겸손한 자들에게는 은혜를 주시느니라"(베드로전서 5:5).

시간을 내어 자주 하나님의 속성과 성품을 깊이 묵상해 보기 바랍니다. 하나님의 능력, 공의, 사랑… 등등. 주님께서는 우리를 사랑하셔서 자기를 낮추사 하늘 보좌를 버리시고 이 땅에 오셨고, 우리 죄를 위해 십자가에서 죽으시기까지 자신을 내어주셨습니다. 주님을 묵상하다 보면 우리는 외치지 않을 수 없습니다. "오, 주님, 제가 누구관대 이토록 저를 축복해 주시나이까!" 우리는 진정으로 겸손한 마음으로 주님 발 앞에 엎드려 감사와 찬양을 드려야 마땅합니다.

하나님께서는 우리가 '하나님 앞에서' 살아가기를 간절히 원하십니다. 하나님과 아름다운 교제를 나누면서 말입니다. 하나님 앞에 서면 우리의 영혼은 헌신의 마음과 찬양으로 가득 차게 됩니다. 그러기에 찬양의 삶이란 온통 하나님으로 '꽉 차 있는' 삶입니다. 하나님의 선물이나 하나님께서 우리를 위해 해주신 것에 사로잡혀 있는 삶이 아니라 하나님 자신으로 충만해 있는 삶입니다. 찬란한 영광 중에 계시는 하나님을 뵈옵노라면 우리 영은 어느새 경외감에 사로잡히게 됩니다.

세 번째는 '감사'입니다. "감사로 하나님께 제사를 드리며, 지극히 높으신 자에게 네 서원을 갚으며, 환난 날에 나를 부르라. 내가 너를 건지리니 네가 나를 영화롭게 하리로다"(시편 50:14-15). 바울도 이렇게 말했습니다. "모든 것을 너희를 위하여 하는 것은 은혜가 많은 사람의 감사함으로 말미암아 더하여 넘쳐서 하나님께 영광을 돌리게 하려 함이라"(고린도후서 4:15). "범사에 감사하라. 이는 그리스도 예수 안에서 너희를 향하신 하나님의 뜻이니라"(데살로니가전서 5:18).

"아무것도 염려하지 말고 오직 모든 일에 기도와 간구로 너희 구할 것을 감사함으로 하나님께 아뢰라. 그리하면 모든 지각에 뛰어난 하나님의 평강이 그리스도 예수 안에서 너희 마음과 생각을 지키시리라"(빌립보서 4:6-7). 이 세상에서 우리는 항상 감사하는 삶을 힘써야 합니다. 감사는 이따금 하는 일회성 행위가 아니라, 우리의 생활 방식이 되어야 합니다. 거기에는 넘치는 기쁨과 축복이 있습니다. 그러기에 우리는 지금 여기서 살아가는 매일 매일을 감사로 가득 채워야 합니다. 감사의 삶이 쉬운 것은 아닙니다. 하지만 이보다 더 좋은 삶이 없습니다.

감사와 찬양은 어떻게 다릅니까? 예수 그리스도를 주님으로 모신 사람의 특징은 감사할 줄 아는 것입니다(골로새서 2:6-7). 주님은 감사할 줄 모르는 사람을 싫어하십니다. 예수님께 고침받은 열 명의 문둥병자를 기억하십니까? "그중에 하나가 자기의 나은 것을 보고 큰 소리로 하나님께 영광을 돌리며 돌아와, 예수의 발아래 엎드리어 사례하니, 저는 사마리아인이라. 예수께서 대답하여 가라사대, '열 사람이 다 깨끗함을 받지 아니하였느냐? 그 아홉은 어디 있느냐?'"(누가복음 17:15-17). 로마에 보낸 바울의 편지에서도 경건치 못한 사람들의 특징으로 우상 숭배와 부도덕한 삶과 함께 '감사치 아니하는 것'(로마서 1:21, 디모데후서 3:2 참조)을 듭니다. 감사는 그리스도인의 생활 방식이 되어야만 합니다. 감사는 그리스도인에게는 선택이 아니라 필수입니다.

찬양은 하나님께서 어떠한 분이신가를 알 때 우리 마음에서 흘러나오는 자연스러운 반응입니다. 하나님의 광대하심, 영광, 위엄, 사랑, 능력, 은혜, 오래 참으심, 자비, 거룩하심… 등을 기리고 드높이는 것입니다. 시편 기자는 "할렐루야, 내 영혼아, 여호와를 찬양하라. 나의 생전에 여호와를 찬양하며 나의 평생에 내 하나님을 찬송하리로다"(시편 146:1-2)라고 했습니다. 찬양의 삶에는 많은 특권이 있습니다. 그중 하나가 우리도 천사들처럼 날마다 하나님 존전에서 하나님을 뵙고 경배하며 노래할 수 있다는 것입니다. 이 얼마나 귀한 특권입니까! 천사들은 하나님의 보좌를 둘러싸고 쉬지 않고 하나님을 찬양합니다. "거룩하다. 거룩하다. 거룩하다. 주 하나님 곧 전능하신 이여"(요한계시록 4:8). 찬양은 하나님의 성품과 능력을 떠올리게 합니다. 하나님의 거룩하심과 능력을 생각할 때 우리 자신이 얼마나 죄악 되고 약한 존재인지가 드러납니다. 이때 우리 자신을 온전히 주님께 맡기지 않을 수 없습니다.

기도의 다음 종류는 '중보'입니다. 다시 말해, 다른 사람을 위한 기도입니다. 바울이 그의 친구 에바브라에 대해 이야기한 바를 살펴봅시다. "그리스도 예수의 종인 너희에게서 온 에바브라가 너희에게 문안하니, 저가 항상 너희를 위하여 애써 기도하여 너희로 하나님의 모든 뜻 가운데서 완전하고 확신 있게 서기를 구하나니"(골로새서 4:12). 참으로 영향력 있고 의미 있는 삶을 사는 한 가지 강력한 수단이 바로 다른 사람을 위해 기도하는 것입니다.

굶주린 사람에게는 음식이, 목마른 사람에게는 마실 물이, 추위에 떨고 있는 사람에게는 따뜻한 난로나 입을 옷이, 집이 없는 사람에게는 집이, 일자리가 없는 사람에게는 일자리가 필요합니다. 이런 식으로 세상의 필요는 끝이 없기 때문에 우리가 주어야 하는 도움도 끝이 없습니다. 그러나 여기 우리가 다른 사람에게 베풀 수 있는 가장 효과적이고 의미 있는 도움이 있습니다. 물질만능주의에 물든 이 세속적인 시대에 흔히들 간과하고 있는 것입니다. 그것은 바로 기도 즉 그를 위한 중보 기도입니다.

우리는 어려운 처지의 사람들에게 많은 것을 약속하곤 하지만, 사실 아무 소용도 없습니다. 일자리를 얻기 위해 면접을 보러 가던 사람에게 그의 친구가 이렇게 말했습니다. "틀림없이 그 일자리를 얻게 될 걸세. 내가 분명히 약속하네." 그는 진짜로 그 일자리를 얻게 되었고, 다시 그 친구를 찾아와 말했습니다. "지금껏 많은 약속을 들어 봤지만, 자네 약속이 최고였네."

불행하게도 기도를 이런 식으로 생각하는 사람들이 있습니다. 그들이 생각하는 기도는 단지 상대에 대한 관심과 호의를 에둘러 나타내는 희망의 표현일 뿐, 정작 그 능력을 믿지는 않습니다. 그러나 기도는 능력이 있습니다. 왜냐하면 믿음의 기도 뒤에는 절대로 변하지 아니하는 하나님의 약속이 있기 때문입니다. 선지자 사무엘은 이스라엘 백성에게, "…너희가… 여호와를 좇는 데서 돌이키지 말고 오직 너희 마음을 다하여 여호와를 섬기라. 돌이켜 유익하게도 못하며 구원하지도 못하는 헛된 것을 좇지 말라. 그들은 헛되니라"고 경고했습니다(사무엘상 12:20-21). 그리고 나서는, 다음과 같이 단호하게 말했습니다. "나는 너희를 위하여 기도하기를 쉬는 죄를 여호와 앞에 결단코 범치 아니하고, 선하고 의로운 도로 너희를 가르칠 것인즉"(사무엘상 12:23). 사무엘은 경고의 말을 한 직후 그들을 위해 쉬지 않고 기도하겠다고 약속한 것입니다. 기도는 '유익'합니다. 중보 기도는 헛되지 않습니다. 다른 사람들을 도울 수 있습니다.

사납고 야만적인 종족 가운데서 주님을 섬기는 어느 선교사 이야기를 책에서 읽은 적이 있습니다. 그 종족 중에서도 가장 거칠기로 소문난 사람들이 그 선교사를 죽이기로 모의하고 어느 날 밤 행동을 개시했습니다. 그들은 그의 집을 향해 몰래 다가갔습니다. 그런데 그의 집 앞에서 갑자기 혼비백산하여 줄행랑을 쳤습니다. 나중에 이들은 그리스도를 믿게 되었고, 그때 있었던 일을 그 선교사에게 이야기했습니다. 그들 앞에 갑자기 환한 빛을 발하며 여덟 명의 사람들이 칼을 빼들고 나타나 그 집을 호위하더라는 것입니다. 그 선교사는 이 이야기를 듣고 물론 놀랐습니다. 그런데 나중에 알게 된 사실은, 습격을 당하던 바로 그날 밤 미국에서는 여덟 명의 사람들이 집에 모여서 그의 안전과 보호를 위해 기도하고 있었다는 것입니다. 시편 말씀에 비추어 생각해 보십시오. "저가 너를 위하여 그 사자들을 명하사 네 모든 길에 너를 지키게 하심이라"(시편 91:11).

신약성경에는 다른 사람들을 위한 기도가 자주 나오는데, 그중에서도 사도 바울의 기도는 우리의 중보 기도에 많은 도움을 줍니다. 그 기도 속에는 다른 사람들을 향한 바울의 넓은 마음과 깊은 관심이 잘 나타나 있습니다. 일례로 골로새 성도들을 위한 기도를 살펴봅시다. "이로써 우리도 듣던 날부터 너희를 위하여 기도하기를 그치지 아니하고 구하노니, 너희로 하여금 모든 신령한 지혜와 총명에 하나님의 뜻을 아는 것으로 채우게 하시고, 주께 합당히 행하여 범사에 기쁘시게 하고, 모든 선한 일에 열매를 맺게 하시며, 하나님을 아는 것에 자라게 하시고, 그 영광의 힘을 좇아 모든 능력으로 능하게 하시며, 기쁨으로 모든 견딤과 오래 참음에 이르게 하시고, 우리로 하여금 빛 가운데서 성도의 기업의 부분을 얻기에 합당하게 하신 아버지께 감사하게 하시기를 원하노라"(골로새서 1:9-12). 이 기도는, 바울의 다른 서신에 나와 있는 기도들과 더불어, 다른 사람을 위해 어떻게 기도해야 하는지 우리에게 많은 영감과 교훈을 줍니다.

기도의 마지막 종류는 '간구'입니다. 자기 자신을 위해 기도하는 것입니다. 좋은 예가 주기도문에 있습니다. "오늘날 우리에게 일용할 양식을 주옵시고"(마태복음 6:11).

내가 주님을 믿고 나서 한창 의욕적으로 성장에 힘쓰던 시절의 이야기입니다. 많은 그리스도인들처럼 나도 진정으로 주님을 따르는 삶을 살고 싶었습니다. 기도를 주제로 한 설교를 들으면서 하나님께 마음을 쏟아 놓을 줄 아는 사람이 되라는 도전을 받기도 하고, 또 기도에 관한 책들을 읽을 때면 매일 몇 시간씩이나 하나님 앞에서 무릎을 꿇고 보낸 마르틴 루터나, 조지 뮐러와 같은 사람들의 삶에 크게 감명을 받기도 했습니다. 그래서 나는 머리에는 방대한 정보, 가슴에는 뜨거운 열망으로 단단히 무장하고서 무릎을 꿇었습니다. 나는 생각이 미치는 모든 것에 대해 있는 힘을 다해 간절한 마음으로 열심히 기도한 후 뿌듯한 마음으로 자리에서 일어났습니다. 하나님께서는 틀림없이 이 새로운 기도의 거인을 주목하셨을 것이라 자부했습니다. 그런데 시계를 보고는 깜짝 놀란 나머지 주저앉을 뻔하였습니다. 3분도 채 안 지났던 것입니다.

성경은 우리 자신을 위해서도 기도하도록 가르칩니다. 동부에 있는 어느 큰 대학에서 전도와 양육 프로그램을 이끌 때 나는 이 '자기 자신을 위한' 기도에 대해 깊이 생각해 볼 수 있는 기회가 있었습니다. 우리의 전도를 통해 수많은 젊은이들이 그리스도께로 나왔고, 우리는 말씀과 기도로 그들을 양육했습니다. 우리는 그들의 기도 생활을 도와주는 과정에서 자기 자신을 위한 기도도 가르쳐 주었습니다. 어느 날 교목이 나에게 자기 사무실에 잠깐 들러 달라고 해서 다음 날 아침 찾아가 만났습니다. 몇 마디 대화를 나눈 후 그는 이렇게 말했습니다. "젊은이, 나는 자네가 학생들을 지도하면서 자기 자신을 위해서도 기도해야 한다고 가르치고 있다는 것을 알게 되었네." 나는 그것이 가르치고자 하는 전부는 아니지만 그렇게 가르치고 있다고 인정했습니다. 그는 매우 진지하고 엄숙한 눈길로 나를 바라보며, "나는 자네가 그것을 그만뒀으면 싶네. 나는 우리가 결코 자기 자신을 위해 기도해서는 안 되고, 오직 다른 사람들을 위해서만 기도해야 한다고 믿네. 자기 자신을 위해 기도하는 것은 이기적이고 자기중심적인 태도일세."

나는 그가 뭘 강조하려고 하는지 이해가 되었고, 다른 사람들을 위한 그의 관심과 희생적인 태도가 놀랍다는 생각이 들었습니다. 그러나 한 가지 잘못이 있었습니다. 그의 생각은 성경적이지 않다는 것이었습니다. 나는 미소를 띠며 말했습니다. "목사님, 성경을 한 구절 같이 읽어 봐도 될까요?"

"그렇게 하지"라고 그가 대답했습니다. 나는 성경을 펴서 마태복음 6:11을 읽었습니다. "오늘날 우리에게 일용할 양식을 주옵시고." 나는 성경을 덮고는 그의 대답을 기다렸습니다.

그는 다소 놀라는 듯 보였고 미소를 지으며 "알았네"라고 했습니다. 그 문제는 그렇게 해결되었습니다. 우리는 결국 좋은 친구가 되었습니다. 그는 우리의 캠퍼스 사역을 적극적으로 지원하는 든든한 후원자가 되었습니다.

성경 말씀은 너무도 분명합니다. "환난 날에 나를 부르라. 내가 너를 건지리니, 네가 나를 영화롭게 하리로다"(시편 50:15). "너희 염려를 다 주께 맡겨 버리라. 이는 저가 너희를 권고하심이니라"(베드로전서 5:7). 주님께서는 우리를 불러 명하십니다. "네 삶에 이런저런 필요가 있느냐? 언제든지 나를 불러라. 네 마음을 나와 나누어라." 하나님 앞에 나아가 자신의 필요를 아뢰기를 두려워하지 마십시오. 개인적인 문제든, 가족의 문제든, 학교나 직장의 문제든, 더 나아가 다른 어느 누구와도 나누기 어려운 깊은 문제까지도 전부 하나님과 나누십시오. 당신을 사랑하시는, 하늘에 계신 하나님 아버지께서는 바로 이러한 것들을 듣기 원하십니다. 그분은 자기 자녀들이 자기의 이름을 부르며, 상하고 멍든 마음을 다 털어놓고 나누기를 원하십니다. 그리고 끊임없이, 우리의 기도를 들으시고 응답해 주시겠다고 약속하십니다. "너희가 내 이름으로 무엇을 구하든지 내가 시행하리니, 이는 아버지로 하여금 아들을 인하여 영광을 얻으시게 하려 함이라. 내 이름으로 무엇이든지 내게 구하면 내가 시행하리라"(요한복음 14:13-14). 기도에 대한 이러한 주님의 약속들은 우리에게 기도 응답에 대한 확신을 주며, 이 같은 확신은 우리가 쉬지 않고 주님의 얼굴을 찾는 데 큰 동기를 줍니다.

주님께서는 우리의 기도를 들으시고 응답해 주실 것을 약속하셨습니다. 성경은 우리 자신을 위해 무엇을 기도해야 할 것인가를 가르쳐 줍니다. 매일의 필요, 삶 가운데서 당하는 여러 어려움, 주의를 요하는 결정에 필요한 지혜, 죄로부터의 보호와 승리, 말씀에 대한 깨달음, 장래의 인도, 경건한 삶과 생각… 등을 위해 주님 앞에 나아가 무릎을 꿇어야 합니다. 기도는 우리가 하나님을 얼마큼이나 의뢰하는 삶을 살고 있는지를 나타내 주는 가장 좋은 지표이자 척도가 됩니다. 기도하지 않는 것은 하나님 없이도 살 수 있다고 하나님으로부터 독립을 선언하는 것과 같습니다.

기도와 전도

스코틀랜드와 잉글랜드 방문을 주님의 은혜 가운데 잘 마치고 헝가리에 들른 나는 다시 헝가리 항공사 소속 제트 여객기로 부다페스트를 출발해서 레바논의 베이루트로 직행하고 있었습니다. 베이루트에서 열리는 전도 집회에 참석하기 위해서였습니다. 나는 거기서 말씀을 전하기로 되어 있었습니다. 비행기 안에 영어를 할 수 있는 사람이 거의 없어서, 나는 꽤 많은 시간을 혼자 생각하며 보냈습니다. 저녁을 먹은 후, 나는 주님께 나아가 기도하였습니다. 기도해야 할 것이 많았기 때문입니다. 비행의 안전, 집에 두고 온 가족들의 영육 간의 건강, 내가 막 떠나온 스코틀랜드와 잉글랜드에서의 지속적이고 풍성한 선교의 열매 등 기도할 게 참 많았습니다. 그런데 기도를 하노라니 마음에 있던 한 가지 큰 짐이 시간이 갈수록 점점 더 무거워지는 것을 느꼈습니다. 나는 그 전도 집회를 통해 회교도 중에서 한 명이 회심하고 예수님을 믿게 되는 놀라운 역사가 일어나게 해주시도록 간절히 기도하기 시작했습니다. 자신의 생애를 다 바쳐 중동에서 열심히 선교를 했지만 단 한 명의 회교도도 그리스도께로 이끌지 못한 선교사들을 나는 알고 있었습니다. 나는 이 기도의 짐이 주님께로부터 온 것임을 알았습니다

다. 그래서 그것을 간절한 기도 제목으로 삼았습니다.

회교도들은 복음을 받아들이기가 세계에서 가장 어려운 사람들입니다. 성령께서는 몇 성경 구절을 내 마음에 떠올려 주셨습니다. "나는 여호와요 모든 육체의 하나님이라. 내게 능치 못한 일이 있겠느냐?"(예레미야 32:27). "슬프도소이다, 주 여호와여. 주께서 큰 능과 드신 팔로 천지를 지으셨사오니 주에게는 능치 못한 일이 없으시니이다"(예레미야 32:17). "너는 내게 부르짖으라. 내가 네게 응답하겠고, 네가 알지 못하는 크고 비밀한 일을 네게 보이리라"(예레미야 33:3).

밤하늘을 날아가면서 이 말씀들 외에도 또 다른 말씀들이 계속해서 내 마음에 떠올랐고, 나는 말씀으로 충만해졌습니다. 나는 또 전도 집회를 책임 맡은 형제가 보낸 편지 한 통을 읽고 큰 격려가 되었습니다. 편지 내용 중에 이런 말이 있었습니다. "우리가 준비를 어떻게 하고 있는지 아십니까? 지금 20명의 사람들이 전도 집회를 위해서, 그리고 말씀을 전하는 당신을 위해서 하루 한 시간씩, 그리고 특히 토요일에는 두 시간씩을 기도하는 데 바칩니다. 전도 집회를 준비하며 한 달 반 동안 계속하려고 합니다." 집회에 앞서 6주 동안이나 열정적으로 기도하는 20명의 사람들이 있다는 것입니다. 하나님께서는 내게, 하나님께서 놀라운 일을 행하시리라는 확신을 주셨습니다.

드디어 전도 집회가 열렸고 나는 가는 곳마다 성령을 힘입어 복음을 선포하고 나의 간증을 했습니다. 어느 날 밤 집회가 끝난 후 우리는 회교도 한 명이 믿게 되도록 간구한 그 기도가 응답된 것을 알게 되었습니다. 그리스도를 영접한 사람 중에 25세 된 회교도 한 명이 있었던 것입니다. 그는 다음 날 저녁 한 대학교에서 열린 집회에서 나를 찾아왔습니다. 그는 새로이 갖게 된 신앙에 대한 감사와 흥분으로 얼굴이 발갛게 상기되어 있었습니다. 집회 결과 많은 사람들이 구원의 복음을 듣고 주님을 영접했습니다. 이 모든 일의 열쇠는 기도였습니다.

린다라는 그리스도인이 있었습니다. 린다는 어느 날, 당시 미국에서 한창 인기를 누리고 있던 인기 가수 그룹 멤버 한 명을 위해 기도의 짐을 느끼게 되었습니다. 이 그룹은 수많은 사람들에게 사랑을 받고 있었고, 내놓은 음반마다 대히트를 쳐서 백만 장 이상 팔린 음반만도 손으로 꼽을 수 없을 정도였고, 수많은 인기곡으로 출연하는 곳마다 구름 같은 인파가 모여 들었습니다. 여러 해 동안 포기하지 않고 꾸준히 린다는 그 가수가 그리스도께 돌아오도록 기도하였습니다. 마침내 그 가수는 그리스도를 믿게 되었고, 오늘날 공연차 미국 전역을 여행하면서 자기의 간증을 나누며 그리스도를 증거하고 있습니다. 이 사람의 회심에 결정적 역할을 한 것은 바로 린다의 충성스러운 기도였다고 나는 확신합니다.

사도 바울은, "형제들아, 내 마음에 원하는 바와 하나님께 구하는 바는 이스라엘을 위함이니 곧 저희로 구원을 얻게 함이라"(로마서 10:1)고 했습니다. 당신은 구세주를 필요로 하는 사람들을 많이 알고 있을 것입니다. 그들의 이름을 적어 보십시오. 그런 다음 이름을 불러 가며 그들의 구원을 위해 신실하게 기도하십시오. 응답이 즉시 오지 않더라도 실망하지 마십시오. 계속적으로 간절히 기도하십시오. "우리가 선을 행하되 낙심하지 말지니, 피곤하지 아니하면 때가 이르매 거두리라"(갈라디아서 6:9). 하나님께서는 사람들의 구원에 대하여 당신보다도 더 깊은 관심을 가지고 계십니다. "주의 약속은 어떤 이의 더디다고 생각하는 것같이 더

딘 것이 아니라, 오직 너희를 대하여 오래 참으사, 아무도 멸망치 않고 다 회개하기에 이르기를 원하시느니라"(베드로후서 3:9). 하나님께서는 우리를 기다리고 계십니다. 그분의 존전에 나아와 기도하기를!

묵상과 적용

1. 이 장에서 배운 가장 큰 교훈은 무엇입니까? 그것을 어떻게 삶에 적용하겠습니까?

2. 응답받는 기도의 조건과 방해물을 복습하십시오. 당신의 기도가 응답되기 위해 필요한 것이 있습니까? 있다면, 어떻게 하면 되겠습니까?

3. 예수님의 기도 생활에서 찾아볼 수 있는 세 가지 특징 중 당신에게 특히 도전이 되는 것은 무엇입니까? 이를 본받기 위해 어떻게 하겠습니까?

4. 당신의 기도 생활을 평가해 보고, 발전이 필요한 부분이 있으면, 이를 위한 계획을 세워 보십시오.
   1) 자백

   2) 찬양

   3) 감사

   4) 중보

   5) 간구

제 4 장

하나님과의 관계가 깊어짐

무엇을 해야 할지를 아는 것은 중요합니다. 어떻게 해야 할지를 아는 것도 마찬가지로 중요합니다. 무엇을 해야 할지는 알지만, 어떻게 해야 할지를 모른다면, 곧 좌절에 빠지기가 쉽습니다. 마땅히 해야 할 바를 알면서도 하지 않거나 소홀히 하면 결국은 실패와 패배를 맛볼 수밖에 없습니다.

우리가 마땅히 해야 할 바 가운데 하나가 살아 계신 하나님과 역동적인 관계를 유지하고 발전시키는 것입니다. 그것은 우리의 힘의 원천이기 때문입니다. 지금쯤이면 당신은 말씀과 기도에 점점 더 많은 시간을 드리고 있을 것입니다. 그러면서 '어떻게 하면 하나님 아버지와의 관계를 더 발전시키며 더 깊게 할 수 있을까?' 하고 생각할 것입니다.

이 장에서는 하나님과의 관계에 깊이를 더하는 것과 연관하여 하나님께서 가르쳐 주신 교훈과 유용한 방법을 몇 가지 나누고자 합니다.

4. 하나님과의 관계가 깊어짐

성경 전체에서 가장 놀라운 진리 하나가 골로새서에 나옵니다. 사도 바울은 그것을 '비밀'(골로새서 1:26)이라 부릅니다. 그 비밀은 '만세와 만대로부터 옴으로 감취었던 것'(26절)입니다. 우리는 이런 말씀을 읽게 되면 자연히 호기심이 발동하며, 그 비밀을 알고 싶어집니다. 27절에서 그 비밀이 무엇인가를 이야기합니다. "이 비밀은 너희 안에 계신 그리스도시니 곧 영광의 소망이니라."

그 비밀은 온 우주의 창조자시요, 세상의 소망이시며, 만왕의 왕이시요, 만주의 주가 되시고, 모든 사람이 무릎을 꿇고 경배해야 할 하나님이신 주 예수 그리스도입니다. 그런데 놀라운 사실은 이 주님께서 모든 그리스도인 안에 사신다는 것입니다. 바울은 "믿음으로 말미암아 그리스도께서 너희 마음에 계시게 하옵시고"(에베소서 3:17)라고 기도했습니다. 이 위대한 사실이 우리에게 실제로 어떤 가치가 있습니까?

구원의 확신 - 어떻게 확신을 가질 수 있는가

주님을 믿고는 있으면서도 구원의 확신이 없는 그리스도인들이 오늘날 수없이 많습니다. 그들을 보면, 그리스도인이라면 마땅히 행하거나 믿어야 할 것은 다 행하고 있고 믿고 있습니다. 그런데 자신이 하나님의 가족의 일원이 되었다는 사실은 여전히 확신하지 못합니다. 어쩌면 당신이 그런 사람일지도 모르겠습니다. 사탄은 이 사실이 당신에게 영원히 숨겨져 있기를 원합니다. 이를 위해 당신과 하나님과의 관계를 의심하게 합니다.

그리스도인이라면 누구나 구원의 확신을 가질 수 있습니다. 바울은 "성령이 친히 우리 영으로 더불어 우리가 하나님의 자녀인 것을 증거하시나니"(로마서 8:16)라고 말합니다. 이 말은 당신이 하나님의 자녀라는 것을 알 수 있다는 사실을 보여 줍니다. 성경은 구원의 증거 두 가지를 보여 주고 있는데, 두 가지가 한꺼번에 즉시 나타나야 할 필요는 없습니다. 한 가지가 먼저 나타나고, 나머지 한 가지는 서서히 나타날 수도 있습니다. 그러므로 만약 당신의 삶 속에 둘 중 어느 한 가지만 있다 해도 그것으로 기뻐하십시오. 걱정할 게 없습니다.

하나는, 하나님께 순종하고자 하는 진지한 마음입니다. 요한은 "우리가 그의 계명을 지키면 이로써 우리가 저를 아는 줄로 알 것이요, 저를 아노라 하고 그의 계명을 지키지 아니하는 자는 거짓말하는 자요 진리가 그 속에 있지 아니하되"(요한일서 2:3-4)라고 했습니다. 이 말이 무슨 일에 있어서나 항상 즉각적으로 완벽하게 순종하는 삶을 살고 있어야 한다는 뜻은 아닙니다. 당신의 삶 가운데 기본적으로 하나님께 순종하고자 하는 마음이 있어야 한다는 것입니다. 마음속에 하나님의 순종하는 자녀가 되고자 하는 마음이 자라 가고 있으면 됩니다. 물론 실수도 하고 넘어지기도 할 것입니다. 그러나 주님의 길을 따라 살며 주님의 명령을 행하고자 갈망하는 마음이 있다면, 이것이야말로 당신의 삶 속에서 성령께서 역사하고 계시다는 확실한 증거가 됩니다.

또 하나는, 다른 그리스도인들을 향한 진실한 사랑입니다. "누구든지 하나님을 사랑하노라 하고 그 형제를 미워하면 이는 거짓말하는 자니, 보는바 그 형제를 사랑치 아니하는 자가 보지 못하는바 하나님을 사랑할 수가 없느니라. 우리가 이 계명을 주께 받았나니 하나님을 사랑하는 자는 또한 그 형제를 사랑할지니라"(요한일서 4:20-21). 이 말씀 역시 당신 삶 가운데서 매 순간마다 온전하고 완벽하게 실천할 수 있는 것은 아닙니다. 다시 말해 모든 그리스도인을 항상 완전한 사랑으로 사랑할 수는 없습니다. 그렇게 할 수 있는 사람은 아무도 없습니다. 그러면 사도 요한이 말하는 바는 무엇일까요? 다음과 같은 의미라고 생각합니다.

당신은 하나님의 자녀로서, 이제 점점 그리스도 안에서 한 가족이 된 형제 자매들과 함께하는 시간은 늘려 가고, 옛 친구들과 함께하는 불경건한 자리나 활동은 멀리하고 싶을 것입니다. 그리스도인들과 함께하는 교제와 활동을 통해 더욱 큰 기쁨을 맛봅니다. 그리스도인들과 함께 모여 시간을 보내는 것이 즐겁고 유익하다는 사실을 깨닫게 됩니다. 모임이 끝나고 나면 마음에 큰 만족감이 있습니다. 어떤 사람이 내게 이런 말을 했습니다. "예수님을 믿기 전에는 친구들과 함께 웃고 떠들다가도 헤어지고 나면 늘 마음이 공허했는데, 이제는 모임이 끝나고 나도 허전하지 않을 뿐 아니라, 다음 날 아침이 되면 기분이 더 좋아집니다." 이처럼 구원받은 사람은 자연스럽게 그리스도를 섬기는 삶에 더 큰 관심을 갖게 되며, 주님을 따르는 형제 자매들과의 교제 안에서 더 큰 기쁨과 즐거움을 발견하게 됩니다.

마음속에 그리스도 안의 형제 자매들에 대한 사랑이 거의 없거나 전혀 없는 사람, 또한 그리스도인들과 함께하기를 좋아하지 않는 사람, 그리고 아직도 형제 자매들보다 옛 친구들을 더 좋아하고 그들과 함께하는 것을 더 즐기는 사람은 하나님 앞에서 자기 자신의 신분을 심각하게 생각해 보아야 합니다. 하나님을 사랑하는 사람은 또한 그 형제를 사랑합니다.

이 두 가지 증거는 어떤 그리스도인들에게는 빠르게 나타나지만, 어떤 사람들에게는 희미한 불꽃으로 시작해서 수개월 혹은 수년에 걸쳐 서서히 나타납니다. 그러므로 이 둘 가운데 어느 하나라도 있으면 안심하기 바랍니다. 성령께서 당신의 영과 더불어 당신이 하나님의 자녀인 것을 증거하심으로 구원의 확신을 주시도록 기도하십시오. 구원의 확신은 당신이 신실한 그리스도인으로 성장하는 데 꼭 필요합니다.

이제 분명한 것은, 내가 하나님께 순종하고 다른 그리스도인들을 사랑할 수 있으려면 내가 마땅히 해야 할 바를 알아야 한다는 것입니다. 하나님께서 내게 원하시는 것을 모르고서는 순종도 사랑도 할 수가 없습니다. 그래서 하나님의 말씀을 배우는 삶을 훈련해야만 하는 것입니다. 예수님께서는 "나의 멍에를 메고 내게 배우라"(마태복음 11:29)고 말씀하셨습니다. 우리가 어떻게 예수님께 배울 수 있습니까? 성경 말씀을 통해서입니다. 성경은 예수님에 대하여 증거하고 있기 때문입니다. "…이 성경이 곧 내게 대하여 증거하는 것이로다"(요한복음 5:39). 그러므로 우리는 성경을 읽고, 공부하고, 암송하고, 묵상함으로써 하나님의 말씀을 매일 섭취해야 합니다(제2장 참조).

성장 - 어떻게 영적으로 성장하는가

그리스도인의 모임에서 말씀을 전하고 나면 내게 와서 이렇게 말하는 젊은 형제 자매들을 자주 만나게 됩니다. "선생님, 저도 성숙한 그리스도인이 되고 싶습니다. 어떻게 하면 빨리 성장할 수 있는지 그 비결을 가르쳐 주십시오. 저는 어물어물할 시간이 없습니다." 이럴 때면 나는 대개 자리에 앉아서 그들에게 즉각적인 성장을 가져다주는 특효약이나 비법은 없다는 것을 설명하느라 애를 씁니다. 인스턴트식품과 인스턴트커피는 있으나 인스턴트 성장은 없습니다. 인스턴트 성장을 하려고 버둥거리거나, 초조해하거나, 염려해 봐야 아무 소용이 없습니다. 어느 누구든 성장하기 위해서 꼭 해야 할 것이 하나 있습니다. 곧, 성장의 조건을 갖추는 것입니다. 성장의 조건만 갖추면 성장은 자연스럽게 일어나게 되어 있습니다. 멈추거나 막을 수가 없습니다.

우리 아들 랜디가 태어난 며칠 후 병원에서 집으로 데려오던 날이 기억납니다. 그 아이는 걷지도 못하고, 혼자서는 먹지도 못하고, 눈에는 초점도 없었습니다. 그가 어른으로 성장하기까지는 20년이나 걸렸습니다. 오늘 아침 랜디는 혼자서 아침을 먹고, 자기 발로 차로 걸어가, 자기 손으로 운전대를 잡고 집을 나섰습니다. 그 20년 동안 그는 빨리 자라려는 시도를 한 번도 하지 않았습니다. 다른 아이들처럼 그도 자기 방 벽에 키 재는 곳을 정해 놓고는 때때로 등을 대고 얼마나 자랐는지 표시하기는 했지만, 그가 성장한 것은 오직 성장의 조건을 갖추었기 때문입니다.

사도 베드로는 모든 그리스도인에게 "오직 우리 주 곧 구주 예수 그리스도의 은혜와 저를 아는 지식에서 자라 가라"(베드로후서 3:18)고 명합니다. 이 명령을 이행하기 위해서는 '내적 태도'와

'외적 실행'의 면에서 조건을 만족시켜야 합니다.

내적 태도와 관련하여 첫째 조건은 '기쁨'입니다. 아침 식사 하러 오면서 잔뜩 찡그리고 못마땅한 얼굴을 하는 사람이라면 빌립보서 4:4 말씀을 암송할 필요가 있습니다. "주 안에서 항상 기뻐하라. 내가 다시 말하노니 기뻐하라." 이 말씀대로 항상 기뻐할 수 있도록 주님께 기도하십시오. 명랑한 아침 인사와 함께 밝은 미소로 식탁 앞에 앉는다면 틀림없이 모든 음식 맛이 훨씬 더 좋을 것이며, 당신뿐 아니라 다른 식구들도 다 그럴 것입니다.

또 다른 조건은 '감사'입니다. "범사에 감사하라. 이는 그리스도 예수 안에서 너희를 향하신 하나님의 뜻이니라"(데살로니가전서 5:18). '범사에'라는 단어를 주의해서 보십시오. 모든 일에 감사하라는 것입니다. 그것이 과연 가능할까요? 로마서 8:28 말씀을 믿는다면 가능합니다. "우리가 알거니와 하나님을 사랑하는 자 곧 그 뜻대로 부르심을 입은 자들에게는 모든 것이 합력하여 선을 이루느니라."

인생의 역경 앞에서 우리는 올바른 반응을 나타낼 줄 알아야 합니다. 우리의 인생길에는 햇빛만 있는 것이 아니라 비바람이 몰아칠 때도 있습니다. 정원의 식물도 자라서 열매 맺기 위해서는 햇빛뿐 아니라 비도 필요합니다. 각 사람의 필요를 가장 잘 아시는 하나님께서는 각 사람에게 가장 적당한 분량의 햇빛과 비를 주셔서 "그 아들의 형상을 본받게"(로마서 8:29) 하십니다.

기쁨과 감사라는 내적 자질과 더불어 두 가지 외적 자질을 갖춰야 하는데, 첫째가 '훈련'입니다. 영적 성장이란 말 그대로 영적으로 자라는 것임을 기억하십시오. 따라서 자라기 위해서는 성장의 조건들을 갖추어야 합니다. 그중에 하나가 양분입니다. 자라기 위해서는 양분 섭취가 필요한 것입니다. 당신의 육체가 음식물을 필요로 하듯이 영혼도 영적 양식을 섭취해야 합니다. 당신의 영혼을 위한 양식은 바로 하나님의 말씀입니다. 따라서 하나님의 말씀을 섭취하는 훈련을 해야 합니다. "예수께서 대답하여 가라사대, '기록되었으되 사람이 떡으로만 살 것이 아니요 하나님의 입으로 나오는 모든 말씀으로 살 것이라 하였느니라' 하시니"(마태복음 4:4). "갓난 아이들같이 순전하고 신령한 젖을 사모하라. 이는 이로 말미암아 너희로 구원에 이르도록 자라게 하려 함이라"(베드로전서 2:2). 하나님의 말씀이 당신 속에 풍성히 거하게 하십시오(골로새서 3:16 참조). 말씀을 섭취할 때는 반드시 규칙적으로 해야 합니다.

또한 훈련과 더불어 '질서'가 있어야 합니다. 만약 우리의 일상생활이 무질서하다면, 혼돈과 혼란 속에서 살게 될 것입니다. 이런 장면을 상상해 보십시오. 집에 돌아와서, 외투를 구석에 벗어 던지고, 잡지와 신문들을 아무렇게나 흩어 놓고, 마음 내킬 때만 양치질을 하고, 밖에서 입던 옷을 그대로 입은 채로 자며, 청소는커녕 이부자리도 개지 않습니다. 많은 그리스도인들의 영적 삶이 이런 식입니다. 당신은 성경공부와 기도를 위해 정기적으로 시간을 가집니까? 성경 암송을 위한 계획은 있습니까? 주님과 교제하는 경건의 시간은 갖고 있습니까? 영적으로 성장하기를 원한다면 반드시 영적 생활에 훈련과 질서가 있어야 하는 것입니다.

하나님의 뜻 - 어떻게 하나님의 뜻을 발견하는가

그리스도인의 삶을 살다 보면, '이런 경우 하나님의 뜻이 무엇일까?' 하고 궁금해하는 경우가 자주 있습니다. 인생을 살면서 부닥치는 크고 작은 일들에서 우리는 하나님의 뜻이 무엇인지를 발견하기 원합니다.

네비게이토 선교회 국제 본부가 있는 글렌에리에서 수양회를 할 때 87세나 되는 할머니로부터 전화를 받은 적이 있습니다. 이 할머니는 수양회에 꼭 참석하고 싶은데 차를 몰고 가기가 힘들다고 했습니다. 그래서 나는 할머니에게 사람을 보내 모셔 오겠다고 말했습니다. 그러자 할머니는 "내가 참석하려는 것은 하나님의 뜻을 발견하는 방법을 알고 싶어서라오. 그 주제로 공부하는 시간이 있다고 들었어요. 난 어릴 적부터 그리스도를 믿었지만 지금도 하나님의 뜻에 대해서는 늘 확신이 없다오"라고 이야기하는 것이었습니다. 전화를 받고 난 뒤에 '이 얼마나 큰 비극인가!' 하는 생각이 들었습니다. 80년 동안이나 주님을 믿었으면서도 아직까지도 자신의 삶을 위한 하나님의 뜻을 발견하는 방법을 모르고 있다니 말입니다!

안타깝게도 이 할머니와 같은 사람들이 참 많습니다. 많은 그리스도인들이 하나님께서 그들을 위한 계획을 가지고 계시며, 또 그 계획을 알려 주고 싶어 하신다는 사실을 모릅니다.

1950년대 초기에 도슨 트로트맨은 내게 전임 사역자로서 함께 할 생각이 있는지 물어 왔습니다. 사실 그 즈음 하나님께서는 내 마음 가운데 전임 사역자로서 일하고자 하는 마음을 불러일으켜 주셨습니다. 도슨은 미국 동부의 일곱 곳을 알려 주면서, 주님께서 어느 길로 인도하시는지 기도해 보라고 했습니다. 나는 이 문제를 주님께 가지고 나아가 오랜 시간 동안 기도했습니다. 사실 밤새워 기도했습니다. 주님께서는 목록에 있던 도시들 중 피츠버그를 내 마음에 얹어 주셨습니다. 나는 도슨에게 가서 알렸고, 그는 나를 피츠버그로 보냈습니다.

그곳에 도착한 후 나는 어떻게 사역을 시작해야 할지 가르쳐 주시도록 주님께 간절히 구했습니다. 하나님과 단둘이 3주간을 보내며 기도하고 말씀을 읽으면서 하나님의 음성에 귀를 기울였습니다. 어느 날 주님께서는 나에게 사무엘상 14장에서 몇 말씀을 주셔서 주님의 뜻을 보여 주셨습니다. 주님께서는 한 치의 오차도 없이 너무도 시기적절하게 나의 한 걸음 한 걸음을 인도해 주셨습니다. 주님께서는 사역의 초점을 대학 캠퍼스에 맞추도록 말씀해 주셨습니다. 그리고 학생들에게 효과적으로 복음을 전하기 위해서는 캠퍼스 여기저기에 있는 학생회관들을 이용하는 게 좋겠다는 아이디어를 주셨습니다.

그 후 얼마 되지 않아 CCC의 빌 브라이트가 그곳에 사역을 개척하기 위해 왔습니다. 네비게이토 선교회에서는 내게 CCC가 그곳에서 시작하는 사역을 돕도록 했습니다. 나는 하나님께서 빌을 서해안 지역에서 크게 사용하고 계신다는 것을 알고 있었습니다. 내 마음 가운데는 물어보고 싶은 게 가득했습니다. 그는 나의 여러 질문에 자상하게 대답해 주었고, 본을 통해 가르쳐 주었습니다. 그에게서 배운 교훈은 값으로 따질 수 없을 만큼 귀한 것이었으며, 지금까지도 큰 도움이 됩니다.

1년 후 주님께서는 일련의 환경을 통해 다른 대학에서도 복음을 전하도록 문을 열어 주셨습니다. 펜실베이니아 주립대학, 인디애나 대학, 메릴랜드 대학, 그 밖의 몇 대학들로 복음은 전파되어 나갔습니다. 피츠버그 사역을 돌이켜 볼 때 하나님께서 나에게 그분의 뜻을 나타내는 데 사용하신 방법들을 알 수 있었습니다. 기도, 말씀, 경건한 상담, 환경 등을 통해서였습니다. 오늘날도 마찬가지입니다. 하나님께서는 그와 같은 방법들을 사용하셔서 우리에게 그분의 길을 보여 주십니다. "너는 마음을 다하여 여호와를 의뢰하고 네 명철을 의지하지 말라. 너는 범사에 그를 인정하라. 그리하면 네 길을 지도하시리라"(잠언 3:5-6).

적용 - 하나님의 말씀을 삶에서 실천함

영적으로 어린 시절에 익힌 단순한 습관 하나가 오랜 세월 동안 두고두고 내게 영감과 도움을 주는 풍부한 원천이 되고 있습니다. 매일 아침 나는 성경, 노트, 필기도구를 들고 조용한 장소를 찾았습니다. 그곳에서 나는 그날 읽기로 정해 놓은 부분을 펴 놓고는 주님께서 나의 마음에 말씀해 주시도록 먼저 간절히 기도했습니다. 그러고 나서 성령께서 말씀해 주실 때까지 그 구절들을 천천히 읽으며 묵상했습니다. 그 다음, 성령께서 들려주시는 말씀을 노트에 기록했습니다. 그러고 난 후 다시 기도했습니다. 하나님께서 말씀해 주신 것을 하나님께 다시 아뢰는 기도였습니다.

이 습관은 바로 하나님과 단둘이 교제하는 경건의 시간입니다. 하나님과의 교제는 일방통행이 아니라 쌍방향 의사소통으로 이루어집니다. 앞에서 이야기했듯이, 하나님께서는 하늘 보좌에서 성경 말씀을 통하여 성령으로 나에게 말씀하십니다. 그러면 나는 그 말씀을 듣고, 다시 기도로 내 생각을 은혜의 보좌 앞에 아룁니다. 이로써 비로소 하나님과의 교제가 완성됩니다. 당신도 이런 식으로 해보기 바랍니다. 큰 도움이 될 것입니다.

하나님께서 당신에게 해주신 말씀을 기초로 기도를 계속하되, 당신의 심령이 그 말씀의 내용으로 불타오를 때까지 하십시오. 그런 다음 노트에다 하나님께서 마음에 얹어 주신 것을 행동으로 옮기기 위한 구체적인 계획을 적으십시오. 기록할 때에 주님께서 은혜와 능력을 주셔서 마땅히 해야 할 일들을 실천할 수 있게 해달라고 기도하십시오. 하나님께서 당신에게 해주시는 말씀 중에는, 순종해야 할 명령, 따라야 할 본, 버려야 할 죄, 또는 주장해야 할 약속 등 여러 가지가 있을 것입니다. 적용을 할 때는 개인적인 적용이 되도록 하십시오. 적용은 많은 영적 축복을 가져다줍니다. 하나님과의 관계를 더욱 깊게 해주고, 다른 그리스도인들과의 관계를 좋게 할 뿐 아니라 불신자들과의 관계까지도 좋게 해줍니다. 적용을 기록할 때는 당신이 하려고 하는 것을 구체적으로 명확히 기록하십시오. 관련 구절을 암송하기로 적용할 수도 있습니다. 암송을 하면 그 말씀을 통해 성령께서는 당신에게 계속 적용 내용을 생각나게 하실 것입니다. 또, 누군가에게 감사 편지를 쓰는 것일 수도 있고, 잘못한 일에 대하여 사과하는 것일 수도 있습니다. 어떤 적용을 하든 적용은 개인적이고, 구체적이고, 실천 가능한 것이어야 합니다.

만약 성경을 대할 때 인간적 능력만을 의지한다면 당신이 얻는 것은 인간적 수준에 머물 것입니다. 그러나 만일 성령을 의지한다면, 성령께서는 당신을 하나님의 진리 가운데로 인도하실 것입니다. 예수님께서는 이렇게 약속하셨습니다. "그러하나 진리의 성령이 오시면 그가 너희를 모든 진리 가운데로 인도하시리니, 그가 자의로 말하지 않고 오직 듣는 것을 말하시며 장래 일을 너희에게 알리시리라"(요한복음 16:13). 당신의 머리만으로는 문제를 해결하기보다 오히려 문제를 더 만들어 내며, 좌절하고 당황할 수밖에 없습니다. 하지만 성령을 의지하면 성령께서는 당신에게 필요한 바로 그것을 당신이 필요로 하는 그때에 생각나게 해주실 것입니다. "보혜사, 곧 아버지께서 내 이름으로 보내실 성령, 그가 너희에게 모든 것을 가르치시고 내가 너희에게 말한 모든 것을 생각나게 하시리라"(요한복음 14:26).

적용이란 하나님의 진리를 매일의 삶에서 실천하는 것입니다. 주님과 단둘이 교제하는 시간을 가질 때 분명한 결과는 점점 더 그리스도의 형상을 본받는 삶을 살게 된다는 것입니다.

교제 - 주님의 이름으로 함께 모임

그리스도가 중심이 되시는 삶을 사는 데 꼭 필요한 것 또 하나는 그리스도인의 교제입니다. 하나님의 자녀들은 함께 모여 서로의 삶을 통하여 격려를 받고 힘을 얻게 됩니다. 성경에서는 "네 혼자서 하라"고 하지 않습니다. 우리는 서로를 필요로 하는, 그리스도의 몸의 지체들입니다. 나는 같은 믿음을 가진 형제 자매들과의 교제를 무시하면서도 성공적인 그리스도인의 삶을 사는 사람을 본 적이 없습니다. 성도들이 함께 모여 주 예수 그리스도를 중심으로 놀라운 교제를 나누는 것은 얼마나 기쁜 일입니까! 다윗은 이런 기쁨을 누렸습니다. "사람이 내게 말하기를, '여호와의 집에 올라가자' 할 때에 내가 기뻐하였도다"(시편 122:1).

당신과 내가 그리스도께 연결되었을 때, 우리는 서로 연결되었습니다. 성경에 보면, "너희는 그리스도의 몸이요, 지체의 각 부분이라"(고린도전서 12:27)고 말씀합니다. 또한 "몸은 하나인데 많은 지체가 있고 몸의 지체가 많으나 한 몸임과 같이 그리스도도 그러하니라"(고린도전서 12:12)고 말씀합니다. 주님께서는 왜 우리가 서로 지체가 되도록 하셨을까요? 한 가지 이유는, 서로 의지하도록 하기 위해서입니다. 우리는 서로를 필요로 합니다. 우리에게는 서로의 기도, 격려, 조언, 권면이 필요합니다.

그리스도의 몸의 지체로서 우리는 각기 맡은 일이 있습니다. 성경은, 우리가 주님을 섬기는 방법은 다르더라도, 같은 주님을 섬기는 것이라고 말씀합니다(고린도전서 12:4-6). 우리 각 사람이 그리스도의 몸이라는 유기체 안에서 감당해야 할 필수적인 역할이 있는 것입니다. 그리스도의 몸은 거대한 모자이크와 같습니다. 이 모자이크는 각자가 하나님께서 놓아두신 위치에서 하나님께서 불러 명하신 일들을 하나님께서 원하시는 방법으로 해나갈 때 비로소 완성이 됩니다.

나는 추운 겨울밤 가족들과 함께 벽난로 앞에 둘러앉아 이야기꽃을 피우면서 탁탁 소리를 내며 타오르는 장작 불꽃을 지켜보길 좋아합니다. 정말 환상적입니다! 이런 비슷한 경험은 누구나 있을 것입니다. 그런데 활활 타던 나뭇조각 하나가 장작더미에서 떨어져 나와 벽난로 구석으로 굴러가게 되면 어떻게 되는지 주목해 보셨습니까? 곧 빛을 잃고 불이 꺼지더니 이내 식어 버립니다. 나는 이 나뭇조각같이 되는 사람들을 많이 보았습니다. 교제에 나오지 않고, 예배에도 더 이상 참석하지 않으며, 성경공부나 기도 모임에도 나오지 않더니, 끝내는 불꽃이 사그라들고 꺼져 버립니다. 뜨거웠던 열심이 사라지고 차갑게 식어 버리는 것을 봅니다.

그리스도인의 따뜻한 교제 안에 있을 때 우리는 그리스도와 동행하고 그리스도를 증거하는 일을 계속 유지할 수 있습니다. 우리는 서로를 필요로 합니다. 초대 교회 성도들의 교제 모습에 대하여 성령께서 말씀하신 것을 주의해 보셨습니까? "믿는 무리가 한 마음과 한뜻이 되어"(사도행전 4:32). 신약성경에는 '한마음, 한뜻, 일심, 같은 마음, 같은 뜻, 마음을 같이하다'와 같은 단어들이 자주 반복되는 것을 봅니다.

사도행전에는 사랑이라는 단어가 한 번도 나오지 않는다는 사실을 알고 계십니까? 사도행전은 사도들의 묵상이 아니라 그들의 행동을 기록한 것입니다. 사도행전(使徒行傳, The Acts of the Apostles)이라는 제목 자체에 그런 의미가 담겨 있습니다. 그들은 한마음, 한뜻, 같은 생각, 같은 뜻으로 일치가 되어 사는 것으로써 사랑을 나타냈습니다. 그 결과는 무엇입니까? 능력 있게 그리스도를 증거하는 것입니다. "사도들이 큰 권능으로 주 예수의 부활을 증거하니 무리가 큰 은혜를 얻어"(사도행전 4:33).

나는 다른 그리스도인들과 교제를 나누는 것을 좋아합니다. 활기 있는 교제를 나누는 가장 유익한 방법 하나는 소그룹을 만들어 함께 성경공부를 하는 것입니다. 그룹의 각 멤버들이 일주일 정도의 기간에 미리 성경의 정해진 부분을 공부하고 그 후 함께 만나서 주님께서 가르쳐 주신 것들을 함께 나누는 것입니다.

활기 있는 교제를 나누는 또 한 가지 방법은 만나서 함께 기도하는 것입니다. 내 경우, 이른 아침 기도 모임에 나가 가족, 사역, 그리스도를 필요로 하는 친구들, 그리고 재정적 필요 등 일상생활에서 일어나는 모든 것을 위해 함께 기도했습니다.

또한, 나는 다른 그리스도인들과 만나 함께 전도를 위해 기도한 후 주님께서 기회를 주시는 대로 이웃에게 나아가서 그리스도를 전했습니다. 전도는 영적 전쟁터에 나가는 것과 같습니다. 영적 전쟁터에 나가 함께 싸우면서 우리의 마음은 진정으로 서로 하나가 되었습니다.

그리스도인의 교제는 우리의 영적 성장을 돕는 훌륭한 수단이며 우리의 삶에 기쁨과 쉼을 주는 원천입니다.

증거 - 그리스도를 다른 사람에게 전함

그리스도께서 우리의 중심에 계실 때 영적 축복이 넘쳐서 다른 사람들에게로 흘러 들어가는 삶을 살게 됩니다. 증거는 이러한 삶의 자연스러운 결과입니다. 다시 말하면 증거는 주님 되신 그리스도께 대한 깊은 헌신, 말씀과 기도로 주님과 가지는 매일의 교제, 주님의 음성에 순종하는 마음, 다른 그리스도인들과의 활기 있는 교제의 결과인 것입니다.

흔히들 자신의 증거하는 삶을 평가해 보고는, 더 잘해야겠다고 결심하거나, 제대로 못했다고 자책하는 경우가 아주 많습니다. 이것은 별로 유익이 없습니다. 진정한 의미에서 증거란 우리가 예수 그리스도와 동행하는 삶을 잘 살고 있는지를 보여 주는 척도입니다. 예수님께서는 우리 속에 거하시면서 우리의 전 존재의 중심이 되기를 원하십니다. 우리가 하는 모든 일의 중심이 되기를 원하십니다. 우리 마음의 보좌를 주님께 드릴 때, 성령께서는 하늘에 속한 평안과 기쁨으로 우리 삶을 가득 채워 주십니다.

묵상과 적용

1. 이 장에서 배운 가장 큰 교훈은 무엇입니까? 그것을 어떻게 삶에 적용하겠습니까?

2. 구원의 확신이 영적 성장을 위해 꼭 필요한 이유는 무엇입니까? 구원의 확신이 없을 때 그리스도인의 삶에서 어떤 일이 있게 될지 생각해 보십시오.

3. 본문에서 구원의 증거로 소개하고 있는 것은 하나님께 순종하려는 마음과 그리스도인들에 대한 사랑입니다.
   1) 당신에게 이 두 가지가 있다면 이런 증거를 주신 하나님께 감사드리십시오.

   2) 만약 없다면 그 원인과 해결책을 생각해 보십시오.

4. 본문에 제시된, 성장을 위한 네 가지 조건을 들고, 각각의 자질을 갖추는 데 발전이 있도록 구체적이고 개인적인 적용을 하십시오.

제 5 장

그리스도의 주재권(主宰權)

당신은 지금까지 자신이 하고 싶은 것을 하면서 살아 왔습니다. 어떤 의미로는 당신 자신이 바로 당신의 신(神)이었으며, 당신 마음의 보좌에 앉아 있었습니다. 당신은 자신을 섬기고, 자신을 예배하며, 자신의 목표와 이익을 추구하며 살아 왔습니다. 이제 당신은 그리스도인이 되었고 모든 것이 바뀌었습니다. 당신 마음의 보좌의 주인도 바뀌었습니다.

당신에게 새로운 삶이 시작되었지만 이전의 자기중심적 사고방식을 깨뜨리기란 쉽지 않습니다. 자아가 마음의 보좌를 악착 같이 내놓지 않으려 하기 때문입니다. 그러나 분명한 사실은, 이제 그 보좌의 주인은 예수 그리스도시라는 것입니다. 사람들이 인정하든 않든 예수 그리스도께서는 만유의 주님이시요 만왕의 왕, 만주의 주이십니다. 그러기에 매일의 삶에서도 우리의 주님이 되셔야 마땅합니다.

이 장은 그리스도의 주재권(主宰權)을 다룹니다. 당신이 그리스도를 자신의 주님으로 모시고 산다면, 나를 비롯한 수많은 성도들처럼, 그것이 고통스러운 의무가 아니라 진정으로 즐거운 일임을 알게 될 것입니다. 우리의 주인이신 주님께서는 자신이 하시는 일을 다 알고 계시며, 자신의 종들을 지극한 사랑으로 돌보아 주십니다. 이런 주인을 위하여 일하는 것은, 분명히 말씀드리건대, 참으로 가치 있고 기쁜 일입니다.

5. 그리스도의 주재권(主宰權)

성경은 예수님을 '주 예수 그리스도'라 칭합니다. '예수'라는 이름은 바로 그분이 우리의 구세주라는 뜻입니다. "이름을 예수라 하라. 이는 그가 자기 백성을 저희 죄에서 구원할 자이심이라"(마태복음 1:21). '그리스도'라는 말은 '메시야' 즉 '기름 부음을 받은 자'라는 뜻입니다. 예수님께서 '기름 부음을 받은, 하나님의 거룩한 자'이시며 '하나님의 아들'이심을 의미합니다. '주님'이라고 부른다는 것은 우리의 순종을 전제로 합니다. 예수님께서는 "너희는 나를 불러 '주여, 주여' 하면서도 어찌하여 나의 말하는 것을 행치 아니하느냐?"라고 묻고 계십니다(누가복음 6:46). 또한 "너희가 나를 선생이라 또는 주라 하니 너희 말이 옳도다. 내가 그러하다"(요한복음 13:13)고 선언하십니다. 예수님께서는 "만유의 주"(사도행전 10:36)이십니다. 그분은 우리의 주인이시요, 우리의 선생이시며, 우리의 주님이십니다. 그러므로 우리는 마땅히 그분께 순종해야 합니다.

그리스도의 주재권을 인정함

어느 날 예수님과 제자들이 작은 배로 갈릴리 바다를 건너가고 있었습니다(마가복음 4:35-41). 그 사이 예수님께서는 배의 고물에서 베개를 베시고 잠이 드셨습니다. 그때 큰 폭풍이 휘몰아치더니 큰 물결이 배 안으로 덮쳐 배가 가라앉을 지경이 되었습니다. 제자들은 주무시고 계시는 예수님을 깨우며, "선생님이여, 우리의 죽게 된 것을 돌아보지 아니하시나이까?"(38절) 하고 소리쳤습니다. 예수님께서는 잠에서 깨어나셔서 바람을 꾸짖으시며 바다에게 말씀하셨습니다. "잠잠하라. 고요하라!"(39절). 그러자 바람이 그치고 바다는 아주 잔잔하여졌습니다. 제자들은 심히 두려워하며 서로 말했습니다. "저가 뉘기에 바람과 바다라도 순종하는고?"(41절). 예수님은 정말 누구십니까? 그분은 자연의 모든 것을 다스리시는 주인이십니다.

또 한번은, 나사로의 집에서 예수님께 전갈이 왔습니다(요한복음 11:1-44). "주여, 보시옵소서. 사랑하시는 자가 병들었나이다"(3절). 예수님께서는 나사로가 병들었다는 소식을 들으시고 그 계시던 곳에 이틀을 더 머무신 다음 나사로의 집으로 향하셨습니다. 그 사이 나사로가 죽었습니다. 예수님께서 가서 보시니 나사로는 무덤에 있은 지 이미 나흘이나 되었습니다. 예수님께서 무덤에 가셔서 큰 소리로 외치셨습니다. "나사로야, 나오라!"(43절). 그러자 어떤 일이 일어났습니까? 그 즉시, 죽은 자가 손발을 베로 동인 채로 나오는데 그 얼굴은 수건에 싸여 있었습니다. 예수께서는 "풀어 놓아 다니게 하라"(44절)고 하셨습니다. 예수님께서는 죽음을 다스리시는 능력을 가지고 계십니다! 예수님은 누구십니까? 바로 생명의 주인이십니다.

또 한번은 예수님께서 귀신 들린 사람을 만나셨습니다(마가복음 5:1-20). 그는 공동묘지에서 살고 있었는데 아무도 그를 묶어둘 수가 없고 쇠사슬마저 소용이 없었습니다. 여러 번 쇠고랑과 쇠사슬에 묶였으나 그것들을 끊고 부수었으며, 아무도 그의 힘을 당해 내지 못했습니다. 그는 밤낮 공동묘지와 산 속을 돌아다니며 소리 지르고 돌로 제 몸을 상하곤 하였습니다. 예수님께서 그에게 "네 이름이 무엇이냐?" 하고 물으시자, 그는 "군대입니다. 우리 수가 많기 때문입니다" 하고 대답했습니다. 여기에 사탄의 손아귀에 사로잡힌 사람, 즉 지옥에 속한 수천의 귀신들에게 사로잡힌 사람이 있습니다. 예수님께서는 그를 불쌍히 여기시고 귀신들을 내쫓아 그를 자유롭게 해주셨습니다. 그분은 귀신들을 다스리는 능력을 가지고 계십니다. 예수님은 누구십니까? 영적 세계까지도 지배하시는 주인이십니다.

그렇습니다. 예수님께서는 온갖 병을 고치실 뿐 아니라 귀신들을 쫓아내시고 바람과 바다를 잔잔케 하시며 죽은 자를 살리시는 분이십니다. 사도 베드로는 이 모든 사실을 한 마디로 요약하여 "만유의 주 되신 예수 그리스도"(사도행전 10:36)라고 했습니다. 예수 그리스도는 만유의 주님이십니다!

그러나 문제의 핵심은 만유의 주님이신 예수 그리스도께서 '나의 주님'이신가 하는 것입니다. 예수 그리스도께서 지금 나의 삶의 주인이십니까? 나는 그분의 뜻에 굴복하고 있습니까? 예수님께서는 자기를 따르는 제자들에게, "아무든지 나를 따라오려거든 자기를 부인하고 날마다 제 십자가를 지고 나를 좇을 것이니라"(누가복음 9:23)고 말씀하셨습니다. 이 말씀은 지금 우리에게도 똑같이 적용됩니다. 바울은 우리 자신의 모든 권리를 포기한다는 것이 어떤 것인지를 잘 설명해 줍니다. "그리스도의 사랑이 우리를 강권하시는도다. 우리가 생각건대 한 사람이 모든 사람을 대신하여 죽었은즉 모든 사람이 죽은 것이라. 저가 모든 사람을 대신하여 죽으심은 산 자들로 하여금 다시는 저희 자신을 위하여 살지 않고 오직 저희를 대신하여 죽었다가 다시 사신 자를 위하여 살게 하려 함이니라"(고린도후서 5:14-15).

우리는 오직 '우리를 대신하여 죽었다가 다시 사신' 주님을 위해 살아야 합니다. 우리 자신을 위하여 살아서는 안 됩니다. 죄와 쾌락, 세상의 헛된 영광과 칭찬, 잠시 있다 사라질 세상에 속한 것들을 위하여 살아서는 안 됩니다. 사도 요한은 이렇게 말했습니다. "이 세상이나 세상에 있는 것들을 사랑치 말라. 누구든지 세상을 사랑하면 아버지의 사랑이 그 속에 있지 아니하니, 이는 세상에 있는 모든 것이 육신의 정욕과 안목의 정욕과 이생의 자랑이니, 다 아버지께로 좇아 온 것이 아니요, 세상으로 좇아 온 것이라. 이 세상도 그 정욕도 지나가되 오직 하나님의 뜻을 행하는 이는 영원히 거하느니라"(요한일서 2:15-17). 또한 바울은 이렇게 말했습니다. "그러므로 너희가 그리스도와 함께 다시 살리심을 받았으면 위엣 것을 찾으라. 거기는 그리스도께서 하나님 우편에 앉아 계시느니라. 위엣 것을 생각하고 땅엣 것을 생각지 말라. 이는 너희가 죽었고 너희 생명이 그리스도와 함께 하나님 안에 감춰었음이니라"(골로새서 3:1-3).

우리가 하나님의 나라에 태어났다면 우리를 다스리시는 한 왕이 계십니다. 예수 그리스도께서 바로 그 왕이십니다. 그분은 만왕의 왕이시요, 만주의 주이십니다.

그리스도께서 나의 삶의 주님이신지 어떻게 알 수 있습니까? 한 가지 방법은 나의 금전출납부를 살펴보는 것입니다. 나는 돈을 어디에 사용하고 있는가? 나 자신을 위해서만 사용하고 있는가? 시간 사용은 어떻게 하고 있는가? 나는 어떤 것을 즐기고 있는가?

주님으로부터 멀어지게 하는 세상적인 것들은 아닌가? 말씀과 기도를 통한 주님과의 교제에 대해서는 어떤 태도를 가지고 있는가? 죄에 대하여는? 사람들이 나를 좋아하며 받아들이게 하려고 죄에 대하여 관대한 태도를 취하고 있지는 않은가?

만약 그리스도께서 실생활에서 당신의 주님이 아니시라면 하나님 앞에서 회개의 기도를 할 필요가 있습니다. 만일 우리가 우리 죄를 자백하면, 하나님께서는 우리 죄를 사하시며 모든 불의에서 우리를 깨끗케 해주십니다(요한일서 1:9). 당신을 아무 대가 없이 용서하시는 주님께 감사하십시오. 당신은 깨끗케 하심을 받아 완전히 새롭게 된 상태에서 시작할 수 있습니다. 오늘 당장 예수 그리스도를 당신의 삶의 주님으로 모시기 바랍니다. 예수님을 따르고, 순종하며, 신뢰하고, 사랑하는 것을 삶의 목표로 삼으십시오. 이 시간 주님께 헌신하는 기도를 하기 바랍니다. 다음과 같이 기도하십시오. "주 예수님, 오늘 이 시간부터 예수님을 저의 주인과 주님으로 인정하며 살겠습니다. 제 자신을 주님께 드립니다. 제 삶을 주님께 바칩니다. '내 아들아, 네 마음을 내게 다오'(잠언 23:26 참조) 하시는 주님의 음성을 따라 제 마음을 주님께 드립니다."

예수님께는 하나님 아버지께 대한 순종이 너무도 자연스러운 생활방식이었습니다. 예수님께서는 "내가 하늘로서 내려온 것은 내 뜻을 행하려 함이 아니요, 나를 보내신 이의 뜻을 행하려 함이니라"(요한복음 6:38-39)고 말씀하셨고, 이 땅에서의 사역을 끝마치실 무렵 제자들에게 "아버지께서 나를 보내신 것같이 나도 너희를 보내노라"(요한복음 20:21)고 하셨습니다. 순종을 자기의 생활방식으로 삼은 사람에게 예수님께서는 이렇게 약속하십니다. "나의 계명을 가지고 지키는 자라야 나를 사랑하는 자니, 나를 사랑하는 자는 내 아버지께 사랑을 받을 것이요, 나도 그를 사랑하여 그에게 나를 나타내리라"(요한복음 14:21). 예수님께서 그 사람을 사랑하십니다. 그 사람에게 자신을 나타내 주십니다. 얼마나 놀라운 약속입니까! 사랑은 사랑에 응답합니다. 시편 기자는 하나님의 말씀을 지키는 자가 복이 있다고 했습니다(시편 119:2). 하나님의 말씀에 순종할 때, 그 말씀이 우리의 생각을 올바른 길로 인도하며, 우리의 영혼으로 생기가 넘치게 하고, 우리의 대화가 경건해지도록 도와줍니다. 말씀을 사랑하며 말씀에서 보여 주신 하나님의 뜻을 행하는 사람에게는 그 마음에 큰 평안이 있습니다(시편 119:165 참조).

더욱 예수님을 닮아 감

요즘은 많이 들어 보지 못하는 옛날 찬송가 중에 이런 찬송이 있습니다.

> 예수님 닮기 원해.
> 이것이 나의 노래.
> 집에서나 밖에서나.
> 예수님 닮기 원해.
> 하루 온종일.
> 예수님 닮기 원해.

이 가사를 쓴 사람은 틀림없이 올바른 길을 가고 있었을 것입니다. 로마서 8:29을 보면, "하나님이 미리 아신 자들로 또한 그 아들의 형상을 본받게 하기 위하여 미리 정하셨으니, 이는 그로 많은 형제 중에서 맏아들이 되게 하려 하심이니라"고 말씀합니다. 우리를 향한 하나님의 목적은 '그 아들의 형상을 본받는' 것입니다.

또한 고린도후서 3:18에서는 "우리가… 주의 영광을 보매 저와 같은 형상으로 화하여 영광으로 영광에 이르니 곧 주의 영으로 말미암음이니라"고 말씀합니다. 하나님께서는 우리가 주님과 같은 형상으로 변화하기를 원하십니다. 여기에 두 가지 중요한 교훈이 있습니다. 하나는, 우리의 삶 가운데서 이 변화를 이루시는 분은 성령이시라는 사실입니다. 다른 하나는, 이 변화가 일회적 사건이 아니라 점진적 과정이라는 사실입니다. 우리가 하나님의 가족으로 태어났을 때는 마치 어린아이와 같습니다. 어린아이에게도 있을 건 다 있습니다. 양발에 각각 다섯 발가락, 두 개의 귀, 두 개의 눈, 열 개의 손가락 등 다 갖추고 있습니다. 모든 기관을 다 갖추고 있긴 하지만 반드시 성장이 필요합니다. 영적으로 성장할수록 우리는 점점 더 그리스도의 형상을 닮게 됩니다.

역사적으로 볼 때, 지금 이 세대는 그리스도의 생명에서 나오는 막강한 영향력이 그 어느 때보다 더 절실하게 필요한 때입니다. 하나님을 찬양합시다. 당신과 나는 그 영향력을 소유할 수 있습니다. 그 비결은 예수님을 닮아 가는 것입니다. 사실, 그것이 당신의 삶에서 힘써야 할 가장 중요한 일입니다. 이를 위해 당신이 할 수 있는 일은 무엇입니까? 예수님께서는 "내게 배우라"(마태복음 11:29 참조)고 말씀하셨습니다. 예수님께 배운다는 것은 실제적으로 무슨 의미입니까? 만약 당신이 계획을 세워 앞으로 몇 달 동안 실행한다면 어떤 일을 하겠습니까?

일례로, 특별히 얼마 동안 집중적으로 4복음서에 푹 잠기는 계획을 세울 수 있습니다. 마태복음, 마가복음, 누가복음, 요한복음을 여러 번 반복해서 읽는 것입니다.

첫 번째로 읽을 때는 죽 읽어 나가면서 예수님의 기도의 삶에 대해 배운 것을 모두 기록하십시오. '예수님께서는 언제 기도하셨는가? 얼마나 오랫동안 기도하셨는가? 또 무엇을 위해 기도하셨는가?' 등등. 기록해 나가면서 이러한 일들이 당신 삶 속에서도 이루어지도록 간구하십시오.

두 번째로 읽을 때는, 예수님께서 사람들에게 하늘에 계신 하나님 아버지에 대하여 어떻게 말씀하셨는가를 찾아보고 기록하십시오. '예수님께서는 천국에 대하여 무엇이라고 말씀하셨는가? 그곳에 갈 수 있는 길은 무엇인가? 지옥은 있는가?' 등등.

그 다음에 읽을 때는 하나님의 말씀에 대해 예수님께서 어떤 태도를 가지고 계셨으며, 그 말씀을 어떻게 사용하셨는가를 찾아보십시오. '예수님께서는 말씀에 대하여 어떤 확신을 가지고 계셨는가? 예수님께서는 말씀을 어떻게 사용하셨는가? 예수님께서는 성경 말씀을 어떻게 인용하셨는가?' 등등

읽을 때마다 이렇게 주제를 달리하여 4복음서를 집중적으로 반복해서 여러 번 읽는 것입니다. 앞에서 말씀드린 것들은 당신이 이용할 수 있는 몇 가지 아이디어일 뿐입니다. 주제는 당신의 관심과 필요에 따라 스스로 정하시기 바랍니다.

집중적인 4복음서 읽기를 마쳤으면, 이제 성경의 다른 부분도 골고루 읽으시기 바랍니다. "모든 성경은 하나님의 감동으로 된 것으로 교훈과 책망과 바르게 함과 의로 교육하기에 유익"(디모데후서 3:16)하기 때문입니다. 성경 말씀은 다음과 같은 면에서 유익을 줍니다.

- 교훈- 믿거나 주장해야 할 것.
- 책망- 버리거나 그만두어야 할 행동.
- 바르게 함- 개선하거나 더 잘해야 할 것.
- 의로 교육함- 행하기 위해 배워야 할 것.

신약성경에는 주 예수님에 대한 아주 값진 지식들로 가득 차 있는데, 이러한 지식들은 오늘날 우리에게도 그대로 적용할 수 있는, 보배와 같은 진리들입니다. 이를테면, 다른 사람이 당신을 비판할 때, 당신은 그 비판에 대하여 어떤 반응을 나타냅니까? 화를 냅니까? 자신의 행동을 정당화하거나 열을 내어 언쟁을 하며 변명을 합니까? 예수님께서는 어떻게 하셨습니까? 베드로전서 2:23을 봅시다. "욕을 받으시되 대신 욕하지 아니하시고, 고난을 받으시되 위협하지 아니하시고, 오직 공의로 심판하시는 자에게 부탁하시며." 예수님께서는 대항하지 않으셨습니다. 오직 하늘에 계신 아버지께 그 문제를 맡기셨습니다.

어느 날, 나는 로드 싸전트의 사무실에서 몇 가지 일을 처리하고 있었습니다. 당시에 로드는 네비게이토 선교회의 부회장이었습니다. 그때 어떤 사람이 들어오더니 사역 중에 생긴 어떤 문제를 가지고 그 문제와는 전혀 무관한 로드를 부당하게 비난하기 시작했습니다. 그는 쉴 새 없이 비난을 퍼부어 댔습니다. 한참을 그러더니 끝내는 화를 버럭 내면서 사무실에서 나가 버리고, 우리 둘만 남게 되었습니다.

나는 로드를 쳐다보면서 왜 참고만 있었느냐고 물어보았습니다. 로드에게는 그 문제에 대한 책임이 없다는 것을 우리 두 사람 다 잘 알고 있었기 때문입니다.

로드는 미소를 지으며, "그건 말이야, 리로이. 하나님께서는 다 알고 계신다네. 하늘나라에 가면 다 해결되지"라고 말했습니다. 그는 그 사람과 맞서 비판하지 않고 하나님께 그 문제를 맡겼던 것입니다.

처음에 나는 단순히 '로드는 참 훌륭한 사람이구나' 하고 생각했습니다. 그러나 곰곰이 생각해 봤을 때, '로드는 예수님께서 하신 일을 했구나'라는 것을 깨닫게 되었습니다. 참으로 아름다운 모습이었습니다. 그는 예수님의 본을 따르고 있었습니다. "애매히 고난을 받아도 하나님을 생각함으로 슬픔을 참으면 이는 아름다우나, 죄가 있어 매를 맞고 참으면 무슨 칭찬이 있으리요? 오직 선을 행함으로 고난을 받고 참으면 이는 하나님 앞에 아름다우니라. 이를 위하여 너희가 부르심을 입었으니, 그리스도도 너희를 위하여 고난을 받으사 너희에게 본을 끼쳐 그 자취를 따라오게 하려 하셨느니라"(베드로전서 2:19-21).

그리스도의 삶의 다른 일면을 살펴보도록 하겠습니다. '섬김'에 대해서 예수님께서는 어떤 생각을 가지고 계셨습니까? 예수님께서는 자신이 이 땅에 오신 목적을 다음과 같이 말씀하셨습니다. "인자의 온 것은 섬김을 받으려 함이 아니라 도리어 섬기려 하고, 자기 목숨을 많은 사람의 대속물로 주려 함이니라"(마가복음 10:45). 만왕의 왕이 우리 가운데 계셨습니다. 주님께서는 왕으로서의 권리를 요구하셨습니까? 전혀 그렇지 않았습니다. 섬김을 받기보다는 도리어 섬기는 삶을 사셨습니다. 그리고 제자들에게도 섬기는 자가 되라고 하셨습니다. "예수께서 제자들을 불러다가 가라사대, '이방인의 집권자들이 저희를 임의로 주관하고 그 대인들이 저희에게 권세를 부리는 줄을 너희가 알거니와, 너희 중에는 그렇지 아니하니, 너희 중에 누구든지 크고자 하는 자는 너희를 섬기는 자가 되고, 너희 중에 누구든지 으뜸이 되고자 하는 자는 너희 종이 되어야 하리라'"(마태복음 20:25-27).

날씨가 후덥지근할 때라면 자리에서 일어나 다른 사람을 섬기기보다는 오히려 다른 사람이 시원한 냉수라도 한 잔 가져다주기를 바라지 않습니까? 어떻게 하면 이런 태도가 바뀔 수 있을까요? 말씀과 기도로 예수님과 교제할 때 바뀔 수 있습니다. 주님과 함께 많은 시간을 보내십시오. 누군가와 오랜 시간을 함께 보내게 되면 자연스럽게 그의 태도와 말과 행동을 보고 배우며 닮게 되기 때문입니다.

올바른 마음의 태도를 가짐

당신은 그리스도의 높은 수준에 너무나 미치지 못하는 자신을 보면서 마음속으로 이런 한탄을 할지도 모릅니다. '나 같은 사람을 하나님께서 어떻게 쓰실 수가 있을까? 죄를 지은 지 얼마나 되었다고 또다시 같은 죄를 짓다니! 내 자신이 정말 싫다. 모든 것을 포기하고 싶다.' 당신은 이렇게 느껴 본 적이 있습니까? 더욱이 시편 119:3에 보면, "실로 저희는 불의를 행치 아니하고 주의 도를 행하는도다"라는 말씀이 있는데, 이런 구절을 볼 때면, 다리에 힘이 풀려 거의 그로기 상태에 빠진 권투선수와 같이 포기해 버리고 싶은 심정이 되지는 않습니까?

나도 그런 심정이 되어 거의 포기할 뻔한 때가 있었습니다. 정말이지 내 자신에 대해 진저리가 났고, "실로 저희는 불의를 행치 아니하고"와 같은 말씀들을 보면, '혹시 내가 그리스도인의 삶을 살지 못할 사람은 아닐까?' 하는 의혹까지도 생겼습니다. 다른 사람들은 그리스도인의 삶을 잘 살고 있는 것 같은데 그것이 내게는 불가능해 보였습니다. 남들은 모두 그리스도와 열심히 동행하며 승리하는 삶을 사는 것 같아 보이는데 나는 그렇지 못했던 것입니다. 나에게 근본적으로 무슨 잘못이 있는 것일까? 내가 알고 있는 그리스도인의 삶은 이런 것이 아니었습니다. 분명 그 이상의 뭔가가 있었습니다.

주님께서는 나의 잘못을 깨우쳐 주셨습니다. 바로 성경 말씀에 대한 나의 이해에 문제가 있었던 것입니다. 앞에서 말한 시편 119:3이나, 요한일서 3:7-9과 같은 구절들을 잘못 이해하고 있었습니다. "자녀들아, 아무도 너희를 미혹하지 못하게 하라. 의를 행하는 자는 그의 의로우심과 같이 의롭고, 죄를 짓는 자는 마귀에게 속하나니,… 하나님께로서 난 자마다 죄를 짓지 아니하나니…"(요한일서 3:7-9).

주님께서는 한 성경 교사를 통해 이 구절들을 올바로 이해할 수 있게 해주셨는데, 정말로 나에게 큰 도움이 되었습니다. 이 구절들은 단지, 하나님께서 제시하신 길을 따라 살아가고자 하는 사람이 가져야 할 마음의 태도를 묘사하고 있었던 것입니다. 이를테면, 그는 죄를 위해서 살지 않습니다. 죄를 기뻐하지도 않습니다. 계속 죄 가운데 거하지도 않습니다. 죄에 물든 삶을 살지 않는 것입니다. 물론 때로는 바른 길에서 벗어날 경우도 있습니다. 그것이 양의 본성입니다. 하나님 보시기에 우리가 바로 그런 양입니다. 그분은 선한 목자이시고, 우리는 그분의 양인 것입니다.

예수님께서 자신에 대해 이렇게 말씀하셨습니다. "자기 양을 다 내어 놓은 후에 앞서 가면 양들이 그의 음성을 아는 고로 따라오되… 나는 선한 목자라. 선한 목자는 양들을 위하여 목숨을 버리거니와… 내 양은 내 음성을 들으며, 나는 저희를 알며, 저희는 나를 따르느니라. 내가 저희에게 영생을 주노니 영원히 멸망치 아니할 터이요, 또 저희를 내 손에서 빼앗을 자가 없느니라"(요한복음 10:4,11,27-28).

양은 매우 우둔하고 고집 센 동물로 제멋대로 곁길로 빠져 길을 잃고 방황하길 잘합니다. 그래서 선한 목자의 인도가 반드시 필요합니다. 만약 주님께서 우리를 교활한 여우라고 하셨다면 이야기는 달라졌을 것입니다. 우리는 간사하고 꾀 많은 여우가 아니라, 변덕스럽고 고집 센 양입니다. 우리는 다 양 같아서 그릇 행하여 각기 제 길로 가기를 좋아합니다(이사야 53:6). 따라서 성공적인 삶을 살기 위해서는 우리의 삶 자체를 단순하게 만들 필요가 있습니다. 우리는 양인 까닭에 삶이 그렇게 복잡할 필요가 없습니다. 선한 목자이신 주님의 인도를 단순히 믿고 따라가기만 하면 됩니다. 그러면 양의 모든 필요는 목자가 다 채워 줍니다. 하나님께서는 이렇게 말씀하십니다. "나에게 순종하라. 만일 그렇게 하지 못한 때가 있거든 자책하지 말고 잘못을 뉘우치라. 너의 죄를 자백하고 바른 길로 돌아와서 나를 따르라." 선한 목자 되신 주님께서는 자기 백성을 안전한 우리로 이끌어 들이시며, 돌보시고, 보호하시며, 사랑하시고, 그들을 위해서 목숨을 바치십니다. 선한 목자와 그 목자를 따르는 양, 얼마나 아름다운 모습입니까?

선한 목자이신 예수님을 따르면 의의 길을 걷는 삶을 살게 됩니다. 왜 그렇습니까? 주님께서 자기 이름을 위하여 우리를 '의의 길'로 인도하시기 때문입니다(시편 23:3). 그러므로 거룩하고 순결한 삶을 살기 위해 혼자서 고군분투하는 함정에 빠지지 마십시오.

혼자 버둥거린다고 해결되는 문제가 아닙니다. 전적으로 주님께 굴복하고 따를 때 주님께서 의의 길로 인도해 주시는 것이지 혼자 씨름한다고 되는 것이 아닙니다. 선한 목자이신 주님의 도우심이 있어야 합니다. 날마다 예수님과 교제하면서 예수님과 동행하십시오. 분명 의의 길로 인도해 주실 것입니다. 당신의 행복에 대해서 당신 이상으로 관심을 가지고 계시기 때문입니다.

목자의 음성을 듣고 따라감

성지를 방문했을 때 우리는 예루살렘의 양문에서부터 양을 파는 시장까지 걸어간 적이 있습니다. 참으로 볼 만한 광경이었습니다. 양을 사고파는 사람, 양 떼를 구분하기 위해 오가는 사람, 서로 교제를 즐기는 사람, 힘센 백마 위에 앉아 지난 200년간의 군마(軍馬)의 족보를 줄줄 꿰는 사람… 등 다양한 사람들이 있었습니다. 우리가 그곳을 떠나려고 할 때 매우 이상한 광경이 눈에 들어왔습니다. 수백 마리의 양이 얌전하게 목자를 따라가고 있었으나, 유독 한 마리가 발을 구르며 뛰어 오르고 목에 맨 밧줄을 끊고 달아나려고 몸부림치고 있었습니다. 다른 양들은 순순히 목자의 뒤를 따랐지만, 이 양만은 그렇지가 않았습니다. 돌 벽에 몸을 부딪치고 몸부림치면서 따라가지 않으려고 발버둥을 쳤습니다.

안내자는 우리더러 그 광경을 잘 보라고 하면서 "저 양이 왜 그러는지 아십니까?" 하고 물었습니다. 우리는 그 이유를 알 수가 없었습니다. 그런데 알고 보니 그 이유는 간단했습니다. 그 안내자의 대답은 성경에 있는 것이었습니다. "타인의 음성은 알지 못하는 고로 타인을 따르지 아니하고 도리어 도망하느니라"(요한복음 10:5).

목자는 그 양을 바로 조금 전에 샀습니다. 그래서 그 양은 생판 모르는 사람이 자기를 끌어가려고 한다고 생각하고는, 낯선 목자를 따라가려 하지 않았던 것입니다.

오늘날 그리스도인들에게 '타인의 음성'이 도처에서 들려옵니다. 바른 길 즉 '좁은' 길을 떠나서, 세상의 길 즉 멸망으로 인도하는 '넓은' 길을 가라고 부추기고 유혹합니다(마태복음 7:13-14 참조). 성경은 "어떤 길은 사람의 보기에 바르나 필경은 사망의 길이니라"(잠언 16:25)고 가르칩니다. 세상과 육신과 마귀의 길을 좇았더니 결국에는 좌절과 죄책감, 침체와 하나님으로부터 멀어짐, 불행과 삶의 공허감만 경험했다는 사람들을 나는 많이 만났습니다.

흔히 양은 우둔하다고들 합니다. 그러나 자기가 알지 못하는 목자를 따라가지 않으려고 발버둥 치던 그 양을 보고 그런 점에서는 양이 매우 영리한 동물이라는 사실을 깨달았습니다. 양은 자기가 알고 있고 신뢰하는 목자만 따라갑니다. 당신이 만약 길을 잃었다면 해야 할 일은 두 가지입니다. 먼저 해야 할 일은, 바른 길로 되돌아오는 것이며, 그 다음에는 그 길을 계속 가는 것입니다. 많은 사람들이 자주 이런 질문을 합니다. "리로이 씨, 당신은 어떻게 그렇게 오랫동안 한 길을 걸어올 수 있었습니까? 어떻게 하면 평생을 다른 길로 빠지지 않고 바른 길을 갈 수 있을까요?"

그 대답은 간단합니다. 평생 바른 길을 가는 비결은 바로 '오늘' 예수님을 따라가는 것입니다. 오늘이야말로 당신이 가지고 있는 전부입니다. 어제는 이미 지나가 버렸습니다. 내일은 결코 오지 않습니다. 그러므로 바로 오늘 주님과 함께 걸으며, 말씀 안에 거하며, 늘 깨어 기도하는 삶을 사십시오. 자신의 뜻대로 하기보다 자기를 부인하며, 진리의 말씀에 따라 행하십시오. 바나바가 안디옥의 그리스도인들에게 한 권면을 따르십시오. "예루살렘 교회가…바나바를 안디옥까지 보내니, 저가 이르러 하나님의 은혜를 보고 기뻐하여 모든 사람에게, '굳은 마음으로 주께 붙어 있으라' 권하니"(사도행전 11:22-23). 굳센 마음으로 주님께 붙어 있으십시오!

'불타는 떨기나무'

성지에 살고 있는 사람들은 그곳에서 자라고 있는 어떤 관목의 진가를 알고 있습니다. 그 관목은 키가 작아서 땅에 바싹 붙어 자라며, 가까이서 보면 철망처럼 생겼습니다. 안내인은 주민들이 그것을 땔감으로 사용한다고 했습니다. 빵 굽는 오븐에 불을 지피는 데 그 나무를 사용합니다. 어디에서나 잘 자라고 열량도 많으며 오래 타기 때문에 땔감으로 참 좋습니다. 또 작은 짐승을 가두어 두는 울타리를 만들 때도 씁니다.

나는 그 나무를 자세히 살펴보다가 안내인에게 그 나무의 이름을 물었는데, '불타는 떨기나무'라고 부른다는 말을 듣고는 깜짝 놀랐습니다. 그때 나의 머릿속에는 모세의 떨기나무가 떠올랐습니다. 모세는 불이 붙었으나 타서 사그라지지 않는 떨기나무를 보았습니다. 이 광경을 보고 그는 "내가 돌이켜 가서 이 큰 광경을 보리라. 떨기나무가 어찌하여 타지 아니하는고?"(출애굽기 3:3)라고 했던 것입니다.

나는 모세가 본 떨기나무와 같은 사람들을 알고 있습니다. 아내는 매주 한 그룹의 자매들과 함께 성경공부를 하고 있는데, 그중에 앤이라는 자매가 있습니다. 앤은 8년 전에 시력을 잃었지만 그 누구보다 명랑하고 승리하는 삶을 살고 있습니다. 당뇨병을 앓고 있고, 일주일에 세 번씩이나 신장 투석을 해야 하며, 인체 내의 칼륨 수치가 자주 위험치까지 올라가 심장 박동이 멈추었던 때도 있습니다. 죽음의 가장자리를 맴돌며 무시무시한 육체적인 고통을 참아야 했지만, 명랑하고 밝은 앤의 태도는 많은 의사와 간호사의 주목을 받았습니다. 여러 해 동안 끊이지 않는 고통과 고난의 불길을 꿋꿋하게 견뎌 낸 앤의 불굴의 정신에 그들은 경탄을 금치 못했습니다.

나의 어머니도 그런 정신의 소유자이셨습니다. 어머니는 생애의 대부분을 가난하게 사셨습니다. 어머니는 새 옷을 사신 적이 한 번도 없었습니다. 한 아들은 여러 해 동안 뇌성마비를 앓다가 30대 후반에 죽었습니다. 수많은 날들을 어머니는 남편과 아들들이 일하러 갈 때 도시락으로 절인 양배추 샌드위치를 싸주어야만 했습니다. 그러나 어머니에 대해서 내가 지금도 기억하고 있는 것은 늘 밝고 쾌활하셨다는 것입니다. 어머니가 굽는 빵은 그 일대에서 언제나 제일 맛있다고 소문이 자자했습니다. 빵을 구울 때면 꼭 한두 개 정도 더 구워 봉지에 넣은 다음 어려운 친구들에게 갖다 주라고 하시며, "꽤 좋아할 걸" 하고 말씀하시곤 했습니다.

오랜 세월을 어머니는 가난과 시련의 불길을 견뎌 내셨습니다. 그러나 어머니는 그 불에 타 사그라지지 않으셨습니다. 사실 어머니는 늘 다른 사람들에게 어떻게 하면 기쁨과 행복을 나누어 줄 수 있을까 생각하며 사셨습니다. 비록 자그마한 체구를 가진 연약한 여자이셨지만 진실로 크신 분이었습니다. 사람의 크기를 그를 넘어뜨리는 데 소용되는 힘의 크기로 볼 때 그렇다는 말입니다. 내가 믿기로는 코끼리 떼로도 어머니를 넘어뜨릴 수 없었을 것입니다. 어떻게 해야 그 같은 사람이 될 수 있을까요?

나는 그것이 삶에 대한 기본적인 태도와 관계가 있다고 생각합니다. 사람은 누구나 자신을 위해 살거나 아니면 다른 사람을 위해 삽니다. 자기 자신에 사로잡혀 있는 사람은 생각이 온통 자기 자신을 향합니다. 그는 칠레에서 일어난 지진보다는 면도하고 난 후에 바르는 로션에 더 관심이 있습니다. 솔직히 말해서, 예수님만이 그 사람의 태도를 변화시킬 수 있습니다. 예수님께서는 처음부터 다른 사람들을 위해 사셨기 때문입니다. 예수님께서는 하늘 영광을 다 버리시고 이 땅에 오셔서 세상의 죄와 슬픔을 몸소 짊어지셨습니다. 예수님께서는 선을 행하는 일에 자신의 모든 삶을 투자하셨습니다. 겟세마네 동산의 고뇌와 채찍과 가시 면류관을 견디셨습니다. 마침내 다른 사람들의 죄를 위하여 십자가 위에서 죽으셨습니다. 그리고 오늘도 다른 사람들을 위한 중보자로서 하나님 우편에 앉아 계십니다(로마서 8:34, 히브리서 7:25, 요한일서 2:1 참조).

예수님과 긴밀히 연합된 삶을 살아가십시오. 그것이 고난과 아픔 속에서도 밝게 빛나는 삶을 사는 비결입니다. 주님께서는 이렇게 말씀하셨습니다. "자기 생명을 사랑하는 자는 잃어버릴 것이요, 이 세상에서 자기 생명을 미워하는 자는 영생하도록 보존하리라. 사람이 나를 섬기려면 나를 따르라. 나 있는 곳에 나를 섬기는 자도 거기 있으리니, 사람이 나를 섬기면 내 아버지께서 저를 귀히 여기시리라"(요한복음 12:25-26).

순종의 기쁨

행복한 사람은 순종하는 사람입니다. 하나님께 순종하는 사람입니다. 하나님의 말씀에 불순종하는 사람의 삶에는 자유가 없고 오히려 재앙과 고통과 문제와 수고가 있을 따름입니다. 하나님의 법을 지키는 것이 사람들이 만든 도덕과 관습을 지키는 것보다 훨씬 큰 유익을 줍니다. 사람들은 두 가지 면에서 오류를 범합니다. 규칙이 없이 사는 것과 잘못된 규칙을 따라 사는 것입니다. 행복은 오직 하나님의 규칙을 따라 살 때만 옵니다.

어떤 사람들은 "법은 내가 만들겠다"고 말합니다. 자기가 준수할 법과 규칙, 자기가 따를 기준과 원칙을 자기 임의로 정하겠다는 것입니다. 하지만 거기에는 중대한 문제가 있습니다. 각 사람이 자기 마음대로 법을 만들게 되면 혼란과 무질서에 빠지게 될 것입니다. 그러한 생각은 혼돈과 재난으로 이끌 뿐입니다.

달리기 시합을 하려고 선수들이 출발선에 서 있습니다. 막 경주를 시작하려고 하는데 선수가 심판에게 묻습니다. "경주 거리가 얼마입니까? 200미터입니까? 400미터입니까?"

심판이 "모르겠소"라고 대답합니다.

선수가 다시 묻습니다. "결승선은 어디죠?"

"뛰고 싶은 대로 아무 쪽으로나 달리시오"라고 심판이 대답합니다.

이런 경주가 있을 수 있습니까? 그런데 우리를 이런 식으로 살라고 부추기는 사람들이 있습니다. 규칙도 없고, 절대적인 원칙도 없이 그냥 하고 싶은 대로 하라고 합니다.

예수님께서는 이렇게 말씀하셨습니다. "내게 나아와 내 말을 듣고 행하는 자마다 누구와 같은 것을 너희에게 보이리라. 집을 짓되 깊이 파고 주초를 반석 위에 놓은 사람과 같으니, 큰물이 나서 탁류가 그 집에 부딪히되 잘 지은 연고로 능히 요동케 못하였거니와, 듣고 행치 아니하는 자는 주초 없이 흙 위에 집 지은 사람과 같으니, 탁류가 부딪히매 집이 곧 무너져 파괴됨이 심하니라"(누가복음 6:47-49).

하나님께 순종하는 삶을 살아야 할 세 가지 이유가 있습니다.

1. 교제를 위해 필요합니다. 순종이 없이는 윗사람과 정상적인 교제가 이루어질 수 없습니다. 교관이 "앞으로~ 가!" 하고 구령을 내렸는데, 훈련병이 "마음대로 떠들어 보시지" 하면서 들은 척도 않는다면, 그들 사이의 관계는 엉망이 되고 정상적인 교제란 불가능할 것입니다. 그 훈련병은 아마 벌을 받게 될 것이며, 최악의 경우 영창에 들어갈 수도 있습니다. 성경은 이렇게 말합니다. "만일 우리가 하나님과 사귐이 있다 하고 어두운 가운데 행하면 거짓말을 하고 진리를 행치 아니함이거니와, 저가 빛 가운데 계신 것같이 우리도 빛 가운데 행하면 우리가 서로 사귐이 있고 그 아들 예수의 피가 우리를 모든 죄에서 깨끗하게 하실 것이요"(요한일서 1:6-7).

2. 효과적인 기도의 삶을 위하여 필요합니다. "무엇이든지 구하는 바를 그에게 받나니, 이는 우리가 그의 계명들을 지키고 그 앞에서 기뻐하시는 것을 행함이라"(요한일서 3:22).

3. 하나님께 영광이 되기 때문입니다. 우리 삶의 주목적이 무엇입니까? 하나님을 영화롭게 하는 것입니다. "이같이 너희 빛을 사람 앞에 비춰게 하여 저희로 너희 착한 행실을 보고 하늘에 계신 너희 아버지께 영광을 돌리게 하라"(마태복음 5:16).

'엘라 골짜기'

성지 방문 기간 동안 나는 엘라 골짜기에서 그리스도의 주재권에 대한 또 다른 중요한 교훈을 배웠습니다. 그곳 목자들은 지금까지도 물매에 쓸 매끈한 차돌을 찾아 골짜기 개울로 내려가곤 합니다. 목자들은 물매를 사용해 놀라울 정도로 정확히 목표물을 맞힙니다. 그때그때 사용하는 돌이 다른데, 이를테면 곰에게는 큰 돌을, 자고새에게는 작은 돌을 씁니다. 나는 허리를 굽혀 개울에서 돌멩이 하나를 집어 들면서 다윗을 생각했습니다.

"사울과 이스라엘 사람들이 모여서 엘라 골짜기에 진치고 블레셋 사람을 대하여 항오를 벌였으니, 블레셋 사람은 이편 산에 섰고 이스라엘은 저편 산에 섰고 사이에는 골짜기가 있었더라"(사무엘상 17:2-3). 그때 블레셋의 거인 골리앗이 나와 싸움을 걸며 도전장을 던졌습니다. "내가 오늘날 이스라엘의 군대를 모욕하였으니 사람을 보내어 나로 더불어 싸우게 하라"(사무엘상 17:10). 마침 소년 목동 다윗이 자기 형들에게 양식을 갖다 주러 전쟁터에 왔다가 이 무례한 도전의 말을 듣고 분개하여, 나가서 그 거인과 싸우겠다고 자원했습니다.

"다윗이 사울에게 고하되, '그를 인하여 사람이 낙담하지 말 것이라. 주의 종이 가서 저 블레셋 사람과 싸우리이다.'… 또 가로되, '여호와께서 나를 사자의 발톱과 곰의 발톱에서 건져 내셨은즉 나를 이 블레셋 사람의 손에서도 건져 내시리이다.' 사울이 다윗에게 이르되, '가라. 여호와께서 너와 함께 계시기를 원하노라.'… 손에 막대기를 가지고 시내에서 매끄러운 돌 다섯을 골라서 자기 목자의 제구 곧 주머니에 넣고 손에 물매를 가지고 블레셋 사람에게로 나아가니라.… 블레셋 사람이 다윗에게 이르되, '네가 나를 개로 여기고 막대기를 가지고 내게 나아왔느냐?' 하고 그 신들의 이름으로 다윗을 저주하고,… 다윗이… 이르되, '…또 여호와의 구원하심이 칼과 창에 있지 아니함을 이 무리로 알게 하리라. 전쟁은

그리스도의 주재권(主宰權) 133

여호와께 속한 것인즉 그가 너희를 우리 손에 붙이시리라'… 다윗이… 손을 주머니에 넣어 돌을 취하여 물매로 던져 블레셋 사람의 이마를 치매 돌이 그 이마에 박히니 땅에 엎드러지니라. 다윗이 이같이 물매와 돌로 블레셋 사람을 이기고 그를 쳐 죽였으나 자기 손에는 칼이 없었더라"(사무엘상 17:32-50).

　이 이야기에서 두 가지 중요한 교훈을 얻을 수 있습니다. 하나는 믿음에 대한 교훈입니다. 이 싸움은 근본적으로 영적 싸움이었습니다. 블레셋 사람이 그 신들의 이름으로 다윗을 저주하자, 다윗은 "나는 만군의 여호와의 이름…으로 네게 가노라;… 온 땅으로 이스라엘에 하나님이 계신 줄 알게 하겠고"(사무엘상 17:45-46)라고 외쳤습니다. 우리 모두는 이 교훈을 배울 필요가 있습니다. 우리의 삶 속에 있는 '거인들,' 즉 매일같이 우리에게 찾아와 싸움을 걸고 도전해 오는 두려움, 의심, 교만, 근심의 거인들을 하나님의 능력으로 물리칠 수 있습니다. 하나님의 이름과 능력을 힘입어 앞으로 나아가야만 합니다.

　또 다른 중요한 교훈은 우리의 재능에 관한 것입니다. 우리는 너무 자주, '내게 저 사람이 가진 능력, 이 사람이 가진 재능만 있으면 하나님을 위하여 뭔가 위대한 일을 할 수 있을 텐데'라고 생각합니다. 자신의 무능을 탓하면서 주님을 위해 좀 더 열심히 자신을 드리지 못하는 것을 변명합니다. 그러나 엘라 골짜기의 다윗은 달랐습니다. 그는 영원히 남을 놀라운 본을 우리에게 보여 주었습니다. 그는 자기가 가지고 있는 것을 가지고 자기가 할 수 있는 일을 했습니다. 단지 보잘것없는 물매와 시내에서 주운 돌멩이 몇 개였지만, 그는 적을 격퇴하기 위해 주저 없이 그것을 사용했습니다. 주님께서는 이와 똑같은 일을 하도록 우리 모두를 부르셨습니다. 성령께서는 각 사람에게 그에게 필요한 은사를 허락하셨습니다. 우리는 우리가 받은 것으로 최선을 다해야 합니다. 그리고 우리가 그렇게 할 수 있는 때는 오직 그리스도께서 우리 삶에서 주님이 되실 때입니다.

묵상과 적용

1. 이 장에서 배운 가장 큰 교훈은 무엇입니까? 그것을 어떻게 삶에 적용하겠습니까?

2. 당신의 삶의 모든 영역(예, 시간 사용, 돈 사용, 장래 계획, 직업, 결혼, 인간관계 등)을 그리스도께서 다스리고 계신지 평가해 보십시오. 아직 그리스도께 헌신하지 못한 영역이 있습니까? 기도하고 어떻게 순종해야 할지 적어 보십시오.

3. 하나님께 순종하는 것은 기쁜 일입니다. 더 순종을 즐기기 위해서 필요한 것이 있다면 적고 실행에 옮기십시오.

4. 당신이 하나님을 위하여 살려고 할 때 직면하게 되는 골리앗과 같은 것으로는 어떤 것이 있습니까? 이를 이기기 위한 구체적인 방법은 무엇입니까?

제 6 장

제자의 삶: 그리스도의 주재권 아래 사는 삶

그리스도인은 삶으로 말합니다. 평안도 없고 목표도 없이 슬픈 인생을 살아가는 세상 사람들에게는 기쁨과 평안과 만족이 넘치는 삶은 참으로 아름답고 크나큰 매력입니다. 예수님께서는 "이같이 너희 빛을 사람 앞에 비취게 하여 저희로 너희 착한 행실을 보고 하늘에 계신 너희 아버지께 영광을 돌리게 하라"(마태복음 5:16)고 말씀하셨습니다.

세상 친구들의 눈에 비치는 당신의 모습은 당신의 입으로 외치는 소리보다 더 크게 울려 퍼집니다. 주님의 제자로 성장해 갈 때 당신의 삶은 주위 사람들의 주목을 받게 되며, 그들은 당신의 삶을 보고 하나님께 나아오게 됩니다. 사람들이 하나님께 나아오도록 하는 일에 하나님께서 당신의 삶을 사용하시는 것입니다.

어떻게 하면 이런 아름답고 매력적인 삶을 살 수 있습니까? 그 비결은 주님의 성품을 닮아 가는 것입니다. 주님께서는 당신 안에 주님의 성품이 계발되기를 원하십니다. 당신의 내적인 모습이 외적인 모습을 결정합니다. 당신이 외적으로 어떤 사람으로 나타나느냐는 당신의 내적인 모습에 달려 있는 것입니다. 우리의 속사람이 주님을 닮아 가고 있지 않으면, 겉모습이 아무리 그럴듯해 보여도 천박하고 무의미할 뿐입니다. 주님과 동행하는 삶을 살아가면서, 당신은 갈수록 이 사실을 뼈저리게 느낄 것입니다. 주님을 닮은 인격을 드러내는 삶, 이것이 진정한 의미의 제자의 삶입니다.

6. 제자의 삶: 그리스도의 주재권 아래 사는 삶

앞장에서 우리는 그리스도의 주재권이 의미하는 바를 살펴보았습니다. 이 장에서는 그리스도의 주재권이 우리의 삶에 어떤 영향을 미쳐야 하는가를 알아보기로 하겠습니다. 그리스도의 주재권 아래 사는 사람에게는 누구나 알아볼 수 있는, 눈에 띄는 특성이 있습니다.

훈련

그리스도의 주재권 아래 사는 사람에게 나타나는 중요한 특성 하나는 아마 '훈련'일 것입니다.

어느 여름, 나는 아나폴리스에 머물면서 여름 훈련 계획을 진행하고 있었습니다. 이 훈련 프로그램에 참석하는 사람 중에 장교 세 명이 있었습니다. 두 명은 해군사관학교 졸업생이었고, 한 명은 공군사관학교 졸업생이었습니다. 내가 그들을 안 지는 여러 해 되었습니다. 그들은 그곳의 한 아파트에서 함께 생활하고 있었고, 나는 그 세 사람이 사는 집을 한번 방문해 보기로 했습니다.

예고 없이 그들의 아파트를 방문했을 때 이 친구들은 나를 보고서는 소스라치게 놀라며 "아니, 갑자기!" 하고 소리쳤습니다. 사관학교에서 4년이라는 기간 동안 이들은 최고 수준의 훈련을 받았습니다. 언제나 단정하고 줄이 잘 잡힌 제복을 입어야 했으며, 내무반은 청결하고 가지런한 상태를 유지해야 했습니다. 침구 정리도 엄격한 내규를 따라야 하고 의복들도 걸어야 할 자리가 정해져 있었습니다. 구두도 광이 번쩍번쩍 나도록 닦아 정위치에 놓여 있어야 했습니다. 다른 일반 대학 기숙사 분위기와는 너무나 달랐습니다. 무엇 하나 흐트러짐이 없었습니다.

그런데 이들 세 명의 사관학교 출신들이 잔뜩 긴장한 채 전에는 보지 못했던 매우 멋쩍은 표정을 짓고 서 있는 게 아니겠습니까? 난장판이 따로 없었습니다. 침대는 정돈이 되지 않은 채 엉망이 되어 있었고, 구두, 양말, 셔츠, 반바지, 내의, 코트, 양복들은 온 방안에 이리저리 굴러다니고 있었으며, 접시들이 설거지통에 잔뜩 들어 있었고, 가구와 선반 등에는 먼지가 한 자는 쌓여 있었습니다.

나는 방안을 둘러보며 말했습니다. "야, 이 친구들아! 자네들 씨름판에 끼지 못해 유감일세. 누가 이겼는가?" 내가 미소를 짓자 그들은 마음이 좀 놓인 것 같았으며, 그 후에야 교제를 좀 가질 수 있었습니다. 그들의 입장을 이해하기가 어렵지는 않았습니다. 4년 동안 매일같이 외부에서 부과된 힘든 훈련 가운데 지내다가 이제는 훈련에서 해방되어 자유를 만끽하고 있었던 것입니다. 졸업과 함께 훈련 과정이 다 끝난 지금에야 어떤 물건을 어디에 두든지 문제될 게 전혀 없었던 것입니다.

훈련(discipline)이라는 단어와 제자(disciple)라는 단어는 서로 연관성이 있습니다. 그러나 성경이 말하는 제자란 어떤 외부의 압력에 눌려 살거나 특정한 생활 방식을 따라 살도록 강요받는 사람이 아닙니다. 제자의 훈련 동기는 외부가 아니라 내부로부터 옵니다.

몇 년 전 아내는 영적으로 메마르고 곤고했던 적이 있습니다. 아내는 하나님의 임재를 느끼게 해주시며, 또한 말씀과 기도로 하나님과 단둘이 갖는 시간을 열망하는 마음을 주시도록 기도했습니다. 그 기도의 결과로 아내는 지금 이른 아침에 주님과 만나 시간을 보내는 데서 큰 기쁨과 즐거움을 누리고 있습니다. 아내는 새벽 5시에 알람이 울리면 저절로 꺼질 때까지 기다릴 수가 없습니다. 아내는 침대를 박차고 나가서는 부엌 테이블에 앉아 성경을 읽고 기도 목록을 가지고 기도하며 하나님과 2시간 반 동안이나 교제의 시간을 보냅니다. 그것은 아내가 반드시 해야 할 의무는 아닙니다. 어떤 사람도 아내에게 강요를 하지 않습니다. 아내는 외부의 어떤 인위적인 압력을 받고 있지도 않습니다. 아내는 그렇게 하기를 스스로 원하고 있습니다. 마음에는 열의로 가득 차 있습니다. 이것이 바로 그리스도의 제자의 훈련입니다.

사랑의 힘

우리는 수력이니 화력이니 원자력이니, 또는 블랙 파워니 대통령의 권력이니 하면서 힘에 대해 이야기하는 것을 많이 듣습니다. 하지만 이러한 힘들은 영원한 것이 아닙니다. 언젠가는 떨어지게 마련입니다. 그래서 그것들을 의지하다가는 오히려 비극을 맞이할 수도 있습니다. 성경은 결코 떨어지지 않는 힘의 근원에 대하여 이야기해 줍니다. 그것은 바로 사랑입니다. 사랑은 언제까지든지 떨어지지 않습니다(고린도전서 13:8).

고린도전서 13장은 이 사랑에 대해 이야기합니다. 다른 번역으로 한번 읽어 봅시다. "사랑은 오래 참습니다. 사랑은 친절합니다.

사랑은 결코 시기하지 않습니다. 사랑은 자랑하지 않습니다. 사랑은 교만하지 않습니다. 사랑은 무례히 행동하지 않습니다. 사랑은 자신만 생각지 않습니다. 사랑은 성내지 않습니다. 사랑은 나쁜 마음을 먹지 않습니다. 사랑은 불의를 기뻐하지 않습니다. 사랑은 진실만을 보고 기뻐합니다. 사랑은 모든 것을 덮어 줍니다. 사랑은 모든 것을 믿습니다. 사랑은 모든 것을 바랍니다. 사랑은 모든 것을 견딥니다. 사랑은 한없습니다. 그러나 예언은 그칩니다. 방언도 사라집니다. 지식도 없어집니다. 언제까지나 남아 있을 것은 믿음과 소망과 사랑입니다. 이 중에서도 가장 위대한 것은 사랑입니다" (고린도전서 13:4-8,13, 현대어성경). 영원한 사랑의 힘에 대한 얼마나 아름다운 표현입니까!

아들 랜디가 초등학교에 다닐 때의 일인데, 어느 날 집에 와서는 선생님께서 학생들에게 사랑의 정의를 써 오라는 숙제를 내셨다고 했습니다. 재미있는 숙제라고 여겨져 "그래, 뭐라고 썼니?" 하고 물었습니다.

랜디는 발로 마룻바닥을 비비면서 아래를 내려다보며 대답했습니다. "그런데 아빠, 별로 좋은 것은 아니에요." 그러나 뭐라고 썼는지 정말로 알고 싶어 재차 물었더니, '사랑은 주는 것이다'라고 썼다고 했습니다.

나는 깜짝 놀랐습니다. "야, 그것 참 훌륭하구나. 어디서 그런 멋진 정의를 생각해 냈니?"

랜디는 뜻밖이라는 듯이 "아빠도 요한복음 3:16을 아시잖아요" 하고 말했습니다. 그 녀석이 여간 대견해 보이는 게 아니었습니다. 바로 핵심을 알고 이야기하고 있는 것입니다. 하나님께서는 세상을 너무도 사랑하셔서 외아들을 주셨습니다.

신약성경이 기록될 당시 헬라어로 '사랑'을 뜻하는 단어가 여럿이 있었는데, 그중 '이기적 욕심을 채우거나 추구하는' 사랑을 뜻하는 단어는 성경에 나오지 않는다는 것이 매우 의미심장합니다. 신약성경에는 사랑을 뜻하는 단어가 두 개 나옵니다. 하나는 인간적 사랑을 뜻하는 단어입니다. 자신이 받은 사랑만큼 되돌려 주는 사랑입니다. 그러나 성경에 가장 자주 등장하는 단어는, 값을 따지지 않고, 보상을 기대하지 않으면서, 순수하게 자신을 주는 사랑입니다. 그것은 신적인 사랑입니다. 하나님만이 가능한 사랑입니다. 오직 하나님만이 그런 사랑을 표현할 능력을 우리에게 주실 수 있습니다. 세상 사람들이 노래하고, 글로 쓰고, 영화에서 이야기하는 그런 사랑에 해당하는 단어는 신약성경에는 나타나 있지도 않습니다. 세상에는 그런 사랑에 환멸을 느낀 사람들이 너무나 많습니다.

몇 년 전에 어느 팝송 가사에 "이 세상에 지금 필요한 건 오직 사랑. 너무도 찾아보기 힘들어"라고 한 것을 보았습니다. 만약 진정한 의미의 사랑을 이야기한 것이라면 전적으로 동감합니다. 그러나 세상에서는 사랑을, 값없이 '주는 것'이 아니라, '취하는 것'이나 '욕심을 채우는 것'의 의미로 이야기하는 경우가 너무나 많습니다. 거기에 문제가 있습니다.

이 사랑에 대해서 제일 잘 가르쳐 주는 진리의 원천이 바로 하나님의 말씀인데, 대부분의 사람들은 이를 무시합니다. 하나님은 사랑이십니다(요한일서 4:8,16). 그렇기에 진정으로 사랑을 이해하려면 하나님을 알아야만 합니다.

가르침을 잘 받는 마음

어떤 사람이 당신에게 와서, "당신 삶 가운데 그대로 방치하면 치명적인 것이 될 문제가 있기에 알려 주고 싶습니다"라고 한다면, 어떤 반응을 보이겠습니까? 많은 사람들이 대개 다음과 같이 반응할 것입니다. "당신이 뭔데 내게 와서 왈가왈부하는 거요? 나도 알 만큼은 알고, 전혀 쓸모없는 사람은 아니라고 생각하는데, 장점은 보지 않고 왜 흠만 들추어내는 거요?" 만일 이같이 반응한다면 하나님의 말씀을 살펴보십시오. "내가 주의 의로운 판단을 배울 때에는 정직한 마음으로 주께 감사하리이다"(시편 119:7). '배운다'는 말에는 누구에게나 또 어떤 상황에서나 배우겠다는 겸손의 뜻이 포함되어 있습니다. 겸손히 가르침을 잘 받는 마음은 진정으로 위대한 사람들의 특징입니다.

네비게이토의 창시자인 도슨 트로트맨이 우리에게, 마음을 열고 다른 사람들에게 배우려는 마음을 가지라고 훈계하면서 했던 말을 지금도 기억합니다. 그는 "우리는 사탄한테도 배울 수 있습니다"라고 했습니다. 나는 그 말을 듣고 적잖게 놀란 표정을 지었던 것으로 기억됩니다.

그는 말했습니다. "자, 사탄이 새로 믿게 된 한 그리스도인의 올바른 성장을 방해하는 데 얼마나 부지런한가를 생각해 보십시오. 한 사람이 그리스도를 영접했을 때 이단에 속한 자들이 유달리 자주 그를 찾아오거나, 옛날 여자 친구가 나타나거나, 하필이면 성경공부 모임 시간에 급한 일이 생겨 가봐야 하거나 하지 않습니까?"

우리는 어리석은 행동을 하고 나서는 잘못을 인정하고 그것을 통해 배우려고 하기보다는 얼마나 자주 정당화하거나 변명하기에

급급했는가 생각해 보십시오.

교만하기 때문에 흔히 저지르는 잘못은, 자신의 잘못을 인정하려 들지 않거나, 어떤 일을 처리하는 데 있어 더 나은 방법이나 다른 사람의 아이디어를 받아들이려 하지 않고 자신의 생각만을 고집하려 드는 것입니다. 교만한 사람은 결코 예수 그리스도의 진정한 제자가 될 수 없습니다. 제자란 '배우는 사람'이기 때문입니다. 모든 것을 알고 있다고 생각하는 사람이나, 권면과 훈계와 책망의 말이나 바르게 고쳐 주려고 하는 말에 화를 내는 사람은 배우기를 멈춘 사람입니다.

어떤 사람이 당신에게 권면을 하는데 그 권면을 무시하거나 싫어하는 것으로 느껴지면 아마 다시는 권면을 하려고 들지 않을 것이며, 당신은 배울 수 있는 좋은 기회를 놓치게 됩니다. 어떤 사람이 당신에게 있는 문제를 지적하거나 계발이 필요한 점들을 알려 주면 기쁨과 감사로 받으십시오. 우리는 자신의 결점을 볼 수 없을 때가 많기 때문에 이 면에서 다른 사람의 인도와 도움이 필요합니다. 나이는 70대의 노인이지만 지적 호기심이 대단하여 두 눈을 크게 뜨고 하나라도 놓칠세라 열심히 배우며 매일 매일을 역동적으로 살아가는 사람들이 있는가 하면, 학교 졸업과 동시에 배우는 삶에서는 영영 멀어져 버린 사람들도 있습니다. 배움이 없는 삶은 비극입니다. 배우기를 멈춰 버린 사람은 죽은 사람과 다를 바 없습니다.

겸손히 배우려는 마음을 가지십시오. 배울 수 있는 모든 기회를 적극 활용하십시오. 배움의 문을 활짝 열어 놓으십시오.

곤경 속에서도 누리는 기쁨

나는 공항에 갇혀 있어야 했던 적이 두 번 있습니다. 1974년 여름 런던 히드로 공항과, 1975년 봄 시카고 오헤어 공항에서였습니다. 결코 즐거운 경험은 아니었습니다. 승객들은 분통을 터뜨리며 항의를 해봤지만 아무 소용이 없었습니다. 모두들 답답해하며 우왕좌왕하고 있었습니다. 빨리 목적지까지 가긴 해야 하는데 달리 뾰족한 방도가 없었고, 그렇다고 딱히 할 일도 없었습니다. 그럴 때는 별스러운 일들을 많이 보게 됩니다.

런던에서는 항공기 급유 담당 기술자들이 문제를 일으켰습니다. 예고도 없이 파업을 하고 근무지를 이탈했던 것입니다. 그때는 휴가철이 절정에 이른 기간이라 수천 명이 한꺼번에 공항으로 밀려들었는데, 비행기를 타고 공항을 빠져나간 사람은 극소수였습니다.

시카고에서는 때 아닌 봄눈 때문에 문제가 되었습니다. 공항 역사상 세 번째로 전면 폐쇄되어서 24시간 동안 비행기가 한 대도 내리거나 뜨지 못했습니다. 사람들은 신경이 극도로 날카로워져 있었습니다. 뭘 좀 먹으려고 간이매점에 들렀을 때 계산대 뒤에서 일하고 있던 남자가 한 종업원에게 소리치는 것이 들렸습니다. "나를 두고 이러쿵저러쿵 하지 마. 다시 한 번 더 그 따위로 얘기하면 그냥 두지 않겠어." 그는 제정신이 아니었습니다.

나는 비어 있는 전화를 찾으려고 공항 호텔로 걸어갔습니다. 한 전화기 앞에서 어떤 남자가 전화기에 대고 큰 소리로 욕을 퍼붓고 있었습니다. 그는 겉모습으로는 돈도 많고 영향력도 있고 꽤 지체 높은 사람처럼 보였지만, 여느 사람들과 다를 바가 하나도 없이 무력했습니다. 그가 가진 돈이나 영향력은 아무런 도움도 되지 못했습니다. 할 수 있는 일이란 그저 욕을 퍼붓는 것뿐이었습니다.

사람들은 의자든 공항 청사 바닥이든 수화물 찾는 곳이든 여기저기 할 것 없이 자리만 있으면 어디에서나 잠을 자고 있었습니다. 어떤 사람은 자기 호텔방에는 17명이 함께 머무르고 있다고 말했습니다.

그런 와중에서도 좀 색다른 광경이 눈에 들어 왔습니다. 한 남자가 노래를 흥얼거리며 걸어가고 있는 것이었습니다. 분노와 좌절과 욕설이 넘쳐나고 신경이 날카로울 수밖에 없는 환경 가운데서도 이 사람에게는 행복이 있고 기쁨이 있어 보였습니다. 나는 그에게 다가가 말을 건넸습니다. "행복해 보이시는군요. 이런 와중에서도 행복하고 기쁠 수 있는 비결이라도 있으신지요?"

"그럼요. 전 예수님을 알고 있거든요. 그분이 저의 주님이시죠. 그것만으로도 행복합니다."

나는 미소를 지으며, "저도 그렇게 생각합니다"라고 대꾸했습니다. 이렇게 하여 우리는 주님 안에서 함께 교제를 갖게 되었습니다.

그리스도인으로서 자신의 삶에 기쁨이 없다면, 당신은 말씀, 기도, 교제, 증거의 삶 등이 등한시되고 있지나 않은지 점검해 보아야 할 것입니다. 왜냐하면 이것들은 기쁨을 누리는 수단으로 은혜의 주님께서 우리에게 주신 것들이기 때문입니다.

영적인 면과 육적인 면의 균형

삶의 여러 영역에서 균형을 잃게 되면 우리 삶에는 반드시 문제가 발생합니다. 어렸을 때 우리는 가축 방목장에 들어가서 술래잡기를 하곤 했습니다. 가축우리의 칸막이벽 위를 따라서 뛰어다니

기도 하고, 문짝을 그네처럼 타기도 하며, 벽 위에 걸쳐 있는 대들보에 매달려 한쪽에서 다른 쪽으로 가기도 하며 매우 재미있게 놀았습니다. 그러다가 균형을 잃고 땅에 떨어지면 술래가 되며, 술래가 된 사람은 다른 사람을 잡으러 쫓아다녀야 했습니다.

결승전에서 마지막 한 번의 슛으로 승패를 가르는 기회를 잡은 농구 선수가 슛을 할 때 균형을 잃는다면 그 슛이 성공할 확률은 거의 없습니다. 권투에서도 균형은 필수적입니다. 선수가 균형을 잃으면 몸을 제대로 가누기조차 불가능합니다. 대부분의 경기에서 균형은 경기를 잘할 수 있는 열쇠입니다.

이것은 그리스도인의 삶에서도 마찬가지입니다. 성경은 우리에게 예수님의 어린 시절에 대해 흥미 있는 사실을 보여 줍니다. "예수는 그 지혜와 그 키가 자라 가며 하나님과 사람에게 더 사랑스러워 가시더라"(누가복음 2:52). 우리 주 예수님께서는 네 가지 영역에서 성장해 가셨습니다. 즉 지적, 신체적, 영적, 사회적인 영역입니다.

지적 영역은 어려서부터 귀가 따갑도록 들어 왔습니다. 부모님이나 선생님, 할머니, 할아버지, 친척들, 또는 주위 어른들로부터 공부 열심히 하라는 말을 많이 들었을 것입니다. 글자를 배우기 시작하여 처음으로 자기 이름을 읽고 쓸 수 있게 되었을 때를 기억하십니까? 정말 대단한 사건이었습니다. 성경은 분명 지적인 면의 계발을 이야기하고 있습니다. 잠언 가운데서 많은 부분이 지혜, 지식, 명철의 의미와 또 그것을 얻는 방법을 가르쳐 주고 있습니다.

그리고 사회적인 영역에서도 성장해 가야 합니다. 예수님께서는 "사람에게 더 사랑스러워" 가셨습니다. 사회성, 인간관계, 인격 등의 계발이 필요합니다. 갓 그리스도인이 되었을 때 나는 그리스도인들 사이에서 쓰는 용어, 찬송가, 행동 규범을 잘 몰라 쩔쩔맨 적이 많았습니다. 이때 은혜의 주님께서는 두 성경 말씀을 주셨습니다. "마음의 즐거움은 양약이라도 심령의 근심은 뼈로 마르게 하느니라"(잠언 17:22). "여러 친구를 가진 사람은 친절하게 보여야 하나니, 형제보다 더 가까운 친구도 있느니라"(잠언 18:24, KJV). 나는 이 두 말씀을 암송하고, 몇 달 동안 이를 가지고 기도했습니다. 주위 사람들과 잘 어울리는 명랑하고 친절한 사람이 되게 해달라고 간절히 구했습니다. 그 말씀들은 서서히 효력을 나타냈습니다.

신체적인 면에서 건강과 활력을 유지하는 것도 꼭 필요합니다. 피로와 스트레스가 쌓이면 몸은 건강과 활력을 잃기가 매우 쉽습니다. 적당한 휴식, 식사, 운동이 건강관리의 열쇠가 됩니다. 대부분의 사람들은 하루 약 8시간의 수면을 필요로 합니다. 늦은 시간에 잠자리에 들게 되면 두 가지 면에 영향을 받게 됩니다. 다음 날 아침 하나님과의 교제 시간이 지장을 받게 되고, 하루 종일 몽롱한 상태로 지내게 될 것입니다. 네비게이토 선교회의 국제 회장이었던 론 쎄니는 취침 시간을 철저하게 지켰는데, 전도할 때 외에는 결코 예외를 두지 않았습니다.

적절한 식사로 단백질과 지방, 탄수화물을 골고루 섭취하는 것이 또한 중요합니다. 지나치게 많은 칼로리를 섭취하는 것이 문제가 되는 것도 사실이지만, 영양학자들의 말을 들어 보면, 우리의 가장 큰 적은 과식이 아니라 꼭 섭취해야 할 영양소를 충분하게 섭취하지 않는 데 있다고 합니다.

한때 나는 거의 매일같이 두통과 씨름했고 늘 온몸이 피곤하고 나른했습니다. 감기나 독감 등 유행하는 병이란 병은 도맡아 놓고 걸렸던 것 같습니다. 몸 어느 부분에 이상이 있는지 도무지 알 수가 없었습니다. 어떤 사람한테서 들은 이야기도 있고 해서, 사탄이 나를 공격하고 있는 것은 아닌가 하는 의심도 들었습니다. 어느 날 한 친구가 실내 체육관에 함께 운동하러 가자고 했습니다. 2차 대전 때 다친 왼쪽 무릎 때문에 운동은 아예 생각도 하지 못하고 있던 참이었습니다. 발로 뛰는 야구, 축구, 농구 같은 것만 운동이라고 생각했기에, 이런 운동을 할 수 없게 되자 운동은 모두 물 건너갔다고 여겼던 것입니다. 그러나 친구는 체육관에 가면 나처럼 무릎을 다친 사람도 운동을 할 수 있는 운동기구들이 있다고 했습니다. 나는 그의 제안을 받아들여 함께 체육관에 갔습니다.

친구의 말대로 나는 곧 내가 할 수 있는 좋은 운동을 찾아냈고 상쾌한 기분이 되어 집에 돌아올 수 있었습니다. 이렇게 계속 꾸준히 운동을 하자 놀라운 일이 일어났습니다. 두통이 사라졌습니다. 감기나 독감도 잘 걸리지 않았습니다. 또한 일도 더 열심히, 더 오래, 더 집중적으로 할 수 있게 되었습니다. 말씀과 기도에 드리는 시간이 점점 더 향상되었습니다. 이를 통해 나는 건강상의 문제가 삶의 다른 영역에 크게 영향을 미친다는 것을 알 수 있었습니다. 사실 우리는 영적, 감정적, 육체적인 면이 긴밀하게 서로 연관되어 있기 때문에, 어느 한 부분에 문제가 있으면 다른 부분도 영향을 받게 되어 있습니다.

사도 바울은 이 문제에 대하여 재미있는 사실을 언급하고 있습니다. "내가 내 몸을 쳐 복종하게 함은 내가 남에게 전파한 후에 자기가 도리어 버림이 될까 두려워함이로라"(고린도전서 9:27). 그가 신체적인 면을 영적인 면과 어떻게 연관시키고 있는가를 주의해 보십시오. 그는 부지런히 자기의 몸을 훈련하였는데, 이는 자기의 몸이 영적인 면에 악영향을 미쳐 자기가 도리어 버림을 당하는 일이 생기지나 않을까 두려워해서였습니다. 얼마나 놀라운 일입니까!

지적, 신체적, 사회적, 영적인 영역에서 균형 잡힌 성장을 해나갈 때, 우리는 더욱 성숙한 주님의 제자가 될 것입니다. 더욱 주님의 인격과 삶을 닮게 되고, 주님께서 쓰시기에 더욱 유용한 사람이 될 것입니다.

근면

아침에 잠자리를 박차고 쉽게 잘 일어납니까, 아니면 일어나지 못하고 30분간이나 이리 뒹굴 저리 뒹굴 하는 편입니까? 오늘 하기로 한 일을 오늘 합니까, 아니면 내일로 미루는 경향이 있습니까? 자신의 게으른 버릇을 어찌하지 못하고 이로 인해 괴로워하고 있다면 당신은 정상인입니다. 시편 기자의 말을 주목하십시오. "주께서 주의 법도로 명하사 우리로 근실히 지키게 하셨나이다"(시편 119:4).

성경은 '근면'이라는 주제에 대하여 많은 것을 이야기해 주고 있습니다. 성경에는 게으른 사람에 대한 경고와 부지런한 사람에게 대한 축복이 약속되어 있습니다. 어떤 것은 좋은 결과를, 또 어떤 것은 나쁜 결과를 약속하고 있습니다. 우리가 해야 할 일은 어떤 말씀을 붙들고 주장할 것인가 하는 것입니다. 예를 들면, 다음과 같은 말씀들이 있습니다. "게으른 자여, 네가 어느 때까지 눕겠느냐? 네가 어느 때에 잠이 깨어 일어나겠느냐? 좀 더 자자. 좀 더 졸자. 손을 모으고 좀 더 눕자 하면, 네 빈궁이 강도같이 오며 네 곤핍이 군사같이 이르리라"(잠언 6:9-11). "자기의 일을 게을리 하는 자는 패가하는 자의 형제니라"(18:9). "게으른 자의 정욕이 그를 죽이나니 이는 그 손으로 일하기를 싫어함이니라"(21:25). "손을 게으르게 놀리는 자는 가난하게 되고, 손이 부지런한 자는 부하게 되느니라. 여름에 거두는 자는 지혜로운 아들이나 추수 때에 자는 자는 부끄러움을 끼치는 아들이니라"(10:4-5). 이제 어떻게 해야 할지는 알았으리라 믿습니다.

자, 이제 게으름에 대하여 말씀드리겠습니다. 게으름 때문에 고민이 되십니까? 실망하지 마십시오. 당신에게는 수많은 동료가 있습니다. 우리 대부분은 게으름과 싸우고 있습니다. 누구나 때때로 춘곤증의 수렁에 빠져 꼼짝 못할 때가 있습니다. 도무지 일이 손에 잡히지 않습니다. 이 모든 것에 대한 해결책은 무엇입니까? 내가 발견한 한 가지 해결책은 분명한 삶의 목표를 주시도록 주님께 기도하는 것입니다. 목표가 없는 삶은 게으른 삶이 됩니다. 당신의 삶에서 가장 중요한 목표는 무엇입니까?

결혼식 날의 신부를 자세히 본 적이 있는지요? 아침 일찍부터 일어나 법석을 떱니다. 마냥 기쁨과 즐거움에 들떠 하루 종일 가만 있질 못합니다. 그러던 그녀가 일 년 후에는 어떻게 변합니까? 마지못해 침대에서 느릿느릿 일어나 주방으로 갑니다. 하루 종일 눈은 초점이 없이 흐릿하고 발은 질질 끌며 다닙니다. 왜 이렇게 변했습니까? 목표도 목적도 없기 때문입니다. 정말로 자신을 드릴 만한 일이 없기 때문입니다. 다람쥐 쳇바퀴 돌리듯 판에 박은 듯한 생활의 연속일 뿐입니다. 특별한 사명이나 목표의식이 없습니다.

하나님께서 쓰시는 사람이 되는 것을 장기적인 목표로 삼았다고 합시다. 이를 위해 무엇을 할 수 있겠습니까? 막상 자신을 보면 여러 가지로 약점이 많고 말씀에 대해 아는 지식이 부족하며 기도도 잘하지 못하고 있습니다. 이 목표를 이루기 위해 매일매일 구체적인 계획을 세우는 것이 좋습니다. 매일의 성경 읽기 시간, 기도 시간과 같은 계획들은 당신으로 하여금 날마다 그리스도를 닮아 가게 함으로써 궁극적으로는 장기적인 생의 목표를 이루도록 도와줄 것입니다.

인생을 흔들의자와 같은 것이 되게 해서는 안 됩니다. 흔들의자는 움직이기는 하지만 어느 곳으로도 가지 못합니다. 하나님께서는 당신의 삶을 위한 목표와 계획을 보여 주십니다. 매일매일 그 목표와 계획을 따라 살아가도록 하십시오. 그러면 삶에는 새로운 활기가 넘치게 되고, 잠자고 있던 영혼이 깨어나 날마다 역동적으로 살아갈 수 있게 될 것입니다.

영적 관점

구름 한 점 없는 어느 날 미국의 중부지방을 제트기가 날고 있었습니다. 한 승객이 황홀한 듯이 눈 아래 펼쳐진 대지를 내려다보고 있었습니다. 이런 장관은 처음이었습니다. 11,000m 아래 펼쳐진, 네모 모양의 옥수수, 보리, 귀리, 밀, 호밀 밭은 서로 다른 초록빛을 띠고 있었으며, 초록빛 사이로 군데군데 보이는 갈색 빛 네모들은 씨를 뿌리려고 새로 일구어 놓은 밭이었습니다. 고도가 너무 높아 밭들은 아주 조그맣게 보였습니다. 한참을 내려다보던 그 승객은 여승무원을 불러, 저 아래 작은 '네모'들은 모두 뭔지 물었습니다. 여승무원은 아래를 내려다보고는 저 '네모'들은 곡식밭이라고 하면서, 차근차근 무척이나 상세히 설명해 준 후 다른 질문이 있느냐고 했습니다.

그는 궁금증이 하나도 풀리지 않은 듯이 다시 질문을 했습니다. "예, 나도 밀밭이나 옥수수밭 등은 다 알고 있습니다. 내가 알고 싶은 것은 저 아래의 갈색 빛 네모들이 무엇이냐 하는 겁니다." 두 사람이 생각하는 네모가 서로 달랐던 것입니다.

그리스도인의 삶에도 이와 비슷한 일이 있을 수 있습니다. 특히 새로이 그리스도인이 된 사람들은 전혀 새로운 세계에 적응하는 데 어려움을 겪을 수 있습니다. 하나님께서는 영적 갓난아이들에게 하나하나 구체적으로 가르쳐 주시지만, 그것들을 한 번에 다 이해하고 소화하지는 못합니다. 옛 습관을 깨뜨리기가 쉽지 않고, 새로운 습관을 들이는 데는 많은 시간과 인내가 필요합니다.

그리스도인들 사이에서만 통하는 말들도 있습니다. 어떤 사람이 믿은 지 얼마 안 되어 매일 '경건의 시간(quiet time)'을 갖도록 권면을 받았습니다. (역자 주: '경건의 시간'은 말씀과 기도로 주님과 교제를 갖는 시간을 가리키는데, 영어로는 'quiet time'이며 직역하면 '조용한 시간'임.) 그는 진심으로 그 권면에 동의를 하고 매일 오후에 'quiet time'을 갖기로 결심했습니다. 어느 날 한 친구가 그에게 'quiet time'을 잘 갖고 있느냐고 물어보았습니다.

"아주 잘 갖고 있지"라고 그가 대답했습니다. "매일 오후 2시부터 3시까지 낮잠을 자고 있거든." 그는 문자 그대로 'quiet time' 즉 '조용한 시간'을 즐기고 있었던 것입니다. 친구가 물었던 것은 성경 말씀을 읽고 기도하는 시간을 잘 가지고 있느냐는 것이었는데 말입니다. 그러나 갓 그리스도인이 된 그 사람의 생각에 'quiet time'이란 말 그대로 '조용한 시간'인 것입니다. 대부분 사람들은 잠이 들면 조용해지니까요.

내가 자란 곳은 아이오와 주 남부의 가톨릭 분위기가 강한 동네였습니다. 우리 집 맞은편에 있는 가톨릭 자선 수녀원에는 여기 저기에 조상(彫像)이 세워져 있고 촛불이 켜져 있었습니다. 그래서 나는 그리스도인이 된 후, '가족 제단'을 쌓으라는 권면을 듣고 그 수녀원처럼 하면 되겠다고 생각했습니다. 그래서 집 거실 한 구석에 제단을 만들고 수녀원에서 본 것 같은 몇 가지 성상(聖像)을 세울 준비를 했습니다. 그 일은 이루어지기 직전에 중단되었습니다. 내게 그 권면을 해주신 분은 가족들이 함께 성경을 읽고 기도하는 것을 말씀하신 것이었지만, 그것을 모르는 나는 전혀 다른 의미로 이해했던 것입니다.

오래된 그리스도인들조차도 이처럼 '관점(觀點)'과 연관해 문제가 생길 수 있습니다. 그리스의 고린도를 방문했을 때 있었던 일이 기억납니다. 솔직히 말해 나는 그 여행이 별로 내키지는 않았습니다. 왜냐하면 지난번 아테네에서 고린도까지의 자동차 여행 중에 목숨을 잃을 뻔한 사건이 있었기 때문입니다. 우리 맞은편 커브 길에서 한 트럭이 다른 트럭을 추월하려고 속도를 올려 차선을 변경하는 순간 맞은편에서 오던 우리 차와 정면으로 맞닥뜨린 것입니다. 너무도 아찔했던 순간이라 지금도 기억이 생생합니다. 그런 끔찍한 추억이 있긴 했지만 우리는 거기를 가기로 결정했습니다. 그런데 아테네를 나서자 우리 앞에는 새롭게 닦인 넓은 고속도로가 시원하게 뚫려 있었습니다. 더 이상 지저분하고 먼지가 푹푹 날리는, 좁고 위험한 낡은 도로를 달리지 않게 되어 안심이 되고 기분이 한결 좋아졌습니다. 그래서 느긋한 마음으로 마음껏 여행을 즐길 수 있었습니다.

고대 도시 고린도의 폐허를 돌아보며 몇 시간을 보내다가 아테네로 돌아오려고 그곳을 출발했습니다. 그런데 난데없이 일이 생겼습니다. 뜬금없이 운전기사가 "돌아가는 길은 구도로(舊道路)를 이용하겠습니다. 그 길이 더 좋습니다"라고 하는 것이었습니다. 나는 속으로 '더 좋다고? 그 길이 어떻게 더 좋다는 말인가? 좁고 위험한데!' 하고 의아해했습니다. 그래서 왜 그 길이 더 좋다고 하는지 물어보았습니다.

"아, 그건 말이죠. 그 길은 올리브나무 숲 사이로 지날 뿐 아니라 바다가 더 가깝기 때문입니다. 그 길로 가시면 꽃과 오래된 집들을 구경하실 수가 있습니다. 여행하기가 한결 좋은 아름다운 길이죠. 그 길이 훨씬 좋습니다."

나는 혼자 생각했습니다. '인생의 길도 이런 것이구나. 길도 보는 사람의 관점에 따라 다르구나.' 이 사람은 어렸을 때부터 이 길을 지나다녔던 사람입니다. 그에게는 이 길이 오래된 친구 같았습니다. 그는 과수원과 바다와 꽃이 있는 그 길이 마음에 들었던 것입니다.

인생의 많은 부분은 단순히 그것을 어떻게 보느냐에 달려 있습니다. 성경은 "범사에 감사하라. 이는 그리스도 예수 안에서 너희를 향하신 하나님의 뜻이니라"(데살로니가전서 5:18)고 가르치고 있습니다. 범사에? 도대체 어떻게 모든 일에 다 감사할 수 있단 말입니까? '믿음'으로 가능합니다. 즉 하나님께서는 결코 실수를 하지 않으신다는 사실을 믿는 믿음으로 감사할 수 있습니다. 하나님을 사랑하는 자에게는 모든 것이 합력하여 선을 이룬다고 약속하셨습니다(로마서 8:28). 어떤 것이든 하나님의 시야와 관점으로 보면 다르게 보입니다. 중요한 것은 누구의 시야와 관점으로 보느냐 하는 것입니다.

후히 드림

한때 우리는 경제적으로 형편이 좋지 않아 힘들었던 적이 있습니다. 아내는 병원에서 치료를 받았고, 딸아이는 안과 수술을 받았습니다. 이 병원 치료비뿐만 아니라 생각지도 않았던 300달러의 지출 항목이 발생해 우리의 믿음과 봉급은 바닥을 드러냈습니다. 또한 하루가 다르게 커나가고 있는 세 아이들에게도 옷이며, 신발이며, 치과 진료며 이런저런 비용이 많이 들어갔습니다.

얼마 동안 이러한 필요를 위하여 기도하고 난 후 아내에게 내 생각을 이야기했습니다. "여보, 우리가 해야 할 일이 한 가지뿐이라는 것을 알았소. 주님의 일에 드리는 헌금을 늘리는 일이오." 우리는 그렇게 했습니다. 몇 주일이 안 되어 부채를 모두 해결할 수가 있었습니다. 우리는 전혀 기대하지 않았던 수입을 얻었으며, 다시 한 번 예수님의 말씀은 우리의 삶 가운데서 진리로 확인이 되었습니다. "주라. 그리하면 너희에게 줄 것이니, 곧 후히 되어 누르고 흔들어 넘치도록 하여 너희에게 안겨 주리라. 너희의 헤아리는 그 헤아림으로 너희도 헤아림을 도로 받을 것이니라"(누가복음 6:38).

성경은 헌금에 관하여 분명하고도 실제적인 지침을 제시합니다. 사도 바울은 이렇게 말했습니다. "이것이 곧 적게 심는 자는 적게 거두고 많이 심는 자는 많이 거둔다 하는 말이로다. 각각 그 마음에 정한 대로 할 것이요, 인색함으로나 억지로 하지 말지니, 하나님은 즐겨 내는 자를 사랑하시느니라"(고린도후서 9:6-7).

헌금의 첫째 원리는 '후히' 드리라는 것입니다. 왜냐하면 심은 만큼 거두게 되기 때문입니다. 그러나 때로는 후히 드린다는 것이 힘에 겹고 희생을 요구하기도 합니다. 그 면에서 구약에 나오는 한 이야기는 내게 늘 도전이 되어 왔습니다. 다윗은 하나님께 제사를 드리는 장소로 사용하기 위해 아라우나의 타작마당을 사려고 했습니다. 아라우나가 다윗의 마음을 알고 그 마당을 거저 드리겠다고 하였습니다(사무엘하 24:22-23 참조). 아라우나에게 한 다윗의 대답은 우리 모두가 본받을 만한 것입니다. "그렇지 아니하다. 내가 값을 주고 네게서 사리라. 값없이는 내 하나님 여호와께 번제를 드리지 아니하리라"(24:24). 우리는 헌금을 할 때 혹시라도 '값없이' 즉 아무 희생 없이 드리는 태도로 하고 있지는 않습니까?

사도 바울이 말한 두 번째 원리는, '각각 그 마음에 정한 대로' 하라는 것입니다. 분명한 목적과 계획을 가지고 신중히 결정하여 드리라는 것입니다. 먼저 자신의 경제적인 상태를 깊이 생각하고 난 후 주님께 드릴 헌금을 어떤 수준부터 시작할 것인가를 결정해야 합니다. 우리의 믿음이 성장하고 하나님과 동행하는 삶이 깊어져 감에 따라 다른 영역처럼 이 영역에서도 발전이 있어야 할 것입니다. 십일조 즉 10분의 1을 드리는 것으로부터 시작해 주님의 인도하심을 따라 점차 늘려 가는 것이 좋습니다. 믿음이 성장하게 되면 더 많이 드릴 수 있습니다. 믿음이 약한데 후히 드릴 수는 없는 법입니다. 어느 곳에, 어떤 목적으로, 얼마나 드릴 것인가는 하나님 앞에서 결정해야 합니다. 이 세상에는 우리의 헌금을 필요로 하는 곳이 아주 많습니다. 분명한 목적을 가지고 신중하게 헌금을 하십시오.

세 번째 원리는, '즐거이' 드리라는 것입니다. 인색한 마음이나 억지로 해서는 안 됩니다. 대가나 반대급부를 바라서도 안 됩니다. 하나님께서는 우리를 사랑하셔서 값없이 독생자까지 주셨습니다(요한복음 3:16 참조). 우리 생활의 모든 영역에서 그분의 본을 따르는 것은 분명 축복이며, 헌금 면에서도 예외가 될 수 없습니다. 반드시 헌금을 해야 한다고 느끼기 때문에 의무적으로 하거나, 인색한 마음으로 하거나, 마지못해 억지로 하는 것은 바람직한 헌금이 아닙니다. 하나님의 축복 아래 더욱 값지게 쓰임받기 위해서는 헌금을 드릴 때 즐겨 드리는 마음이 수반되어야 합니다.

구약에서 하나님의 백성들은 십일조 곧 수입의 10분의 1을 드려야 했습니다. 이것은 그들이 보다 안정적으로 하나님을 예배하고 섬기며 이스라엘이라는 공동체를 유지하기 위해 필요한 조치였습니다. 그들의 관심은 '이스라엘'에 제한되어 있었습니다. 그런데 예수님께서 오셔서 더 이상 그렇게 되어서는 안 된다는 사실을 알려 주셨습니다. 주님께서는 제자들이 복음으로 세계를 정복하기를 원하셨습니다. "너희는 가서 모든 족속으로 제자를 삼으라"(마태복음 28:19). 제자들은 구원의 메시지를 가지고 이스라엘을 넘어 땅 끝까지 가서 모든 사람에게 전하도록 도전을 받았습니다. 이 메시지는 세계 곳곳에 전파되어 뿌리를 내려야 했습니다. 제자들은 즉시 이 도전에 순종했고, 구원의 복음은 곧바로 온 지구상에 퍼져 나가기 시작했습니다.

이스라엘이라는 한 민족이 안정적으로 하나님을 섬기기 위해 10분의 1이 들었다면 전 세계에 걸쳐 더욱 강력하고 활발한 선교가 이루어지도록 하기 위해서는 얼마나 들겠습니까? 10퍼센트요? 아니, 그 이상이 필요합니다! 우리가 주님과 친밀한 교제를 유지해야 하는 이유가 여기에 있습니다. 주님과의 교제를 통해 우리는 주님께서 우리에게 주신 은혜가 얼마나 크고 놀라운가를 깨닫게 되고, 주님의 은혜를 알면 알수록 주님께 더 헌신적으로 드릴 수 있기 때문입니다. "우리 주 예수 그리스도의 은혜를 너희가 알거니와 부요하신 자로서 너희를 위하여 가난하게 되심은 그의 가난함을 인하여 너희로 부요케 하려 하심이니라"(고린도후서 8:9).

은혜 안에서 자라 감

그리스도인의 삶은 처음부터 끝까지 모두 은혜로 이루어집니다. 선행은 구원의 열매입니다. 그리스도의 생명이 우리 안에 있을 때 자연스럽게 선행의 열매가 맺히게 됩니다. "너희가 그 은혜를 인하여 믿음으로 말미암아 구원을 얻었나니, 이것이 너희에게서 난 것이 아니요 하나님의 선물이라. 행위에서 난 것이 아니니, 이는 누구든지 자랑치 못하게 함이니라. 우리는 그의 만드신 바라. 그리스도 예수 안에서 선한 일을 위하여 지으심을 받은 자니, 이 일은 하나님이 전에 예비하사 우리로 그 가운데서 행하게 하려 하심이니라"(에베소서 2:8-10). 이 열매를 풍성히 맺기 위하여 우리가 할 일은 그리스도의 은혜와 그분을 아는 지식에서 자라 가는 것입니다. "오직 우리 주 곧 구주 예수 그리스도의 은혜와 저를 아는 지식에서 자라 가라. 영광이 이제와 영원한 날까지 저에게 있을지어다"(베드로후서 3:18).

그리스도인의 삶은 정결하고 순결해야 합니다. 하나님께서 날마다 우리 삶을 주장하시도록 맡길 때 비로소 그러한 삶을 살 수 있습니다. 그러므로 우리는 하나님 한 분만을 의뢰해야 합니다. 우리 자신의 노력으로는 죄로부터의 승리나 마음의 평안을 기대할 수 없으며 잃어버린 자들에 대한 관심을 유지할 수 없습니다.

하나님 말씀의 수준에 너무나 미치지 못하는 자신을 바라볼 때 낙심이 될 수 있습니다. 그러나 관건은 우리가 지금 어떠한 사람이

냐가 아니라, 우리가 어떠한 사람이 되어 가고 있느냐 하는 것입니다. 현재의 나의 모습을 보지 말고, 장차 그리스도 안에서 변화될 나의 모습을 바라보십시오. 나의 삶은 올바른 방향으로 나아가고 있는가? 성령께서 성경 말씀을 통해서 내게 말씀해 주실 때 그분의 도전과 교훈, 책망, 바르게 하심에 대해 나는 마음을 열고 있는가?

중요한 것은 발전의 정도가 아니라 태도입니다. 사랑과 거룩함에서 성장해 가는 것은 기계적인 일도 마술도 아닙니다. 이것은 매일 하나님과 교제하면서 소망, 믿음, 순종 가운데 우리 자신을 하나님께 드릴 때, 하나님께서 이루어 주시는 것입니다. 우리에게 필요한 것은, 단순히 죄로부터 피하는 소극적인 태도를 넘어서, 우리의 용량과 성품에서 그리스도의 장성한 분량이 충만한 데까지 이르도록 자라 가는, 적극적이고 발전적인 태도입니다(에베소서 4:13 참조).

앞에서 이야기한 모든 것을 듣고 실망이 됩니까? 포기하고 싶은 생각이 듭니까? 좋습니다! 그것이 처음 단계입니다. 예수님께서 말씀하신 진리를 잘 깨닫고 있는 중입니다. "나는 포도나무요 너희는 가지니, 저가 내 안에 내가 저 안에 있으면 이 사람은 과실을 많이 맺나니, 나를 떠나서는 너희가 아무것도 할 수 없음이라"(요한복음 15:5). 그리스도인 삶의 모든 자원은 그리스도 안에만 있습니다. 우리는 포도나무의 가지입니다. 가지 그 자체만으로는 열매를 맺을 수 없습니다. 우리 삶에서 맺는 열매는 우리 안에 계신 그리스도의 생명으로 말미암아 맺히는 것입니다. 사랑, 평안, 성장, 성결, 선행 등 우리가 맺기 바라는 모든 열매는 다 이 열매의 일부인 것입니다. 오직 그리스도를 힘입어 사는 것, 이것이 그리스도의 주재권 아래 사는 제자의 삶입니다.

묵상과 적용

1. 이 장에서 배운 가장 큰 교훈은 무엇입니까? 그것을 어떻게 삶에 적용하겠습니까?

2. 최근에 누군가가 당신에게 책망이나 권면을 해준 적이 있습니까? 그때 어떤 반응을 나타냈는지 생각해 보십시오. 가르침을 더 잘 받는 사람이 되기 위해 필요한 것이 있다면 실행에 옮기십시오.

3. 데살로니가전서 5:18을 묵상해 보십시오. 그리스도인들은 왜 모든 것에 감사할 수 있습니까? 최근에 감사가 되지 않았던 일을 생각해 보고, 이에 대해서도 감사하는 시간을 가지십시오.

4. 헌금의 원리를 복습해 보십시오. 드리는 삶과 관련하여 당신이 적용해야 할 것은 무엇입니까?

제 7 장

제자가 할 일

제자의 삶은 자기 것이 아닙니다. 제자는 자기 자신을 위해 살지 않습니다. 오직 주님을 위하여 삽니다. "내가 그리스도와 함께 십자가에 못 박혔나니, 그런즉 이제는 내가 산 것이 아니요 오직 내 안에 그리스도께서 사신 것이라…"(갈라디아서 2:20). "저가 모든 사람을 대신하여 죽으심은 산 자들로 하여금 다시는 저희 자신을 위하여 살지 않고 오직 저희를 대신하여 죽었다가 다시 사신 자를 위하여 살게 하려 함이니라"(고린도후서 5:15).

제자는 더 이상 자기가 하고 싶은 대로 할 수 없습니다. 자기가 가고 싶은 곳으로 갈 수 없습니다. 자기 마음대로 돈을 사용할 수 없습니다. 자기가 좋아하는 방식으로 행동할 수 없습니다. 이제는 그리스도께서 그의 삶의 주인이시기 때문입니다. 주님께서 그의 시간과 에너지를 요구하는 일들이 생길 것입니다.

제자는 다른 사람들에게 복음을 전하고, '모든 족속으로 제자를 삼으라'는 그리스도의 지상사명을 이루기 위해 자기의 시간과 물질을 사용하며, 선한 일에 열심하는(디도서 2:14 참조) 삶을 살도록 부르심을 받았습니다.

매일같이 분주한 일정과 가정과 가족의 필요, 업무와 연관된 여러 일과 책임 등 이런저런 일들이 끊임없이 시간과 관심을 요구하겠지만, 제자는 먼저 주님의 나라와 주님의 의를 구하며 열심히 주님을 섬기는 삶을 살아야 합니다.

이 장에서는 하나님 아버지의 자녀요 그리스도의 제자로서 우리가 마땅히 힘써야 할 것이 무엇인지를 집중적으로 살펴보고자 합니다.

7. 제자가 할 일

오늘날 사람들을 보면, 뭔가 바쁘게 살고 있긴 하지만, 실상 그 속을 들여다보면 질질 끌려가는 삶을 사는 이들이 많습니다. 삶은 너무 따분하고, 의미도 없고, 색깔도 없습니다. 전혀 그럴 것 같지 않은 사람이 어느 날 인생이 지겹다며 "산다는 게 이런 건가?" 하고 뜻밖의 질문을 던지는 것을 봅니다. 즐겁게만 살고 있어서 삶에 아무 고민도 없어 보이지만 알고 보면 아무 목적도 의미도 없는 삶을 사느라 진저리를 내고 있는 경우가 많은 것입니다. 그리스도의 제자는 바로 이런 사람들 속에 살고 있습니다. 그렇기 때문에 제자는 그들 앞에서 그들과는 다른 삶을 사는 것이 대단히 중요합니다. 제자는 분명한 목적과 넘치는 기쁨이 있는 삶을 살아가야 합니다.

목적과 의미가 있는 삶

큰 대학에서 장학금을 받아 공부했던 한 청년이 있습니다. 지금은 박사가 되어 명예도 얻었고 원하는 것은 뭐든지 살 수 있을 만큼 넉넉한 돈도 있지만 행복하지는 않습니다. 그가 얼마 전에 내게 전화를 했습니다. "아시다시피 저는 소보다 나을 게 없어요. 날마다 그저 일하고, 먹고, 자고, 일하고… 삶은 하나도 재미없고 따분하고 피곤할 뿐이죠. 제 삶에는 색깔이 없고, 온통 잿빛뿐이에요." 휴가를 즐기려고 캘리포니아로 가고 있던 이 청년은 신형 스포츠카를 몰고 있었고 가방은 최근에 유행하는 값비싼 옷들로 가득 채워져 있었지만, 막상 마음은 공허할 뿐 참기쁨이 없었습니다. 그에게 삶이란 산 죽음이었습니다.

어느 대학 신문에서 인생의 정의를 내리는 콘테스트를 개최했습니다. 이 콘테스트에서 입상한 것은 다음 세 가지입니다. '인생이란 하나도 우습지 않은 썰렁한 농담이다.' '인생이란 치료할 길이 없는 질병이다.' '인생이란 태어났기 때문에 하는 감옥살이다.' 어떤 의사는 이런 말을 했습니다. "제 환자의 3분의 1은 삶이 무의미하다는 것 때문에 고통을 받고 있습니다." 어떤 사람은 자기는 값비싼 보약이란 보약은 다 복용하고 별의별 진귀한 음식을 다 먹어보았지만 여전히 만족이 없었다고 했습니다. 여전히 뭔가 부족하게 느껴지기는 마찬가지더라는 것입니다.

이 세상의 물질이 주는 기쁨은 일시적일 뿐 참된 만족을 주지는 못합니다. 하지만 왜 그런지 선뜻 잘 이해가 되지 않는 사람들이 의외로 많습니다. 물질이 모든 만족을 안겨 줄 거라고 반복적으로 세뇌를 받아 왔기 때문입니다. 텔레비전에서는 거의 몇 분 간격으로 이 상품 저 상품을 선전하면서 우리에게 만족을 주는 꼭 필요한 물건이니 꼭 사라고 부추깁니다. 여행사는 세계 곳곳의 절경을 소개하며 지상낙원을 즐겨 보라고 유혹합니다.

어떤 사람은 기를 쓰고 돈을 모으지만 막상 돈방석에 앉고 나서는 실망의 쓴 잔을 마시기도 합니다. 경제적으로 크게 성공한 내 친구 하나는, 정상에 도달하고 나면 대개 파혼, 고혈압, 심장마비, 위궤양, 알코올 중독, 마약, 자살 같은 것들이 기다리고 있다고 말합니다. 그러나 대부분의 사람들은 이 말을 믿지 않습니다. 그래서 쉬지 않고 정상을 향해 필사적으로 기어오릅니다. '로렐과 하디'란 영화에서 한 사람은 구덩이를 파고 있고 다른 한 사람은 그 구덩이를 메우고 있습니다. 그들은 뼈 빠지게 고생하지만 정작 이룬 일은 아무것도 없습니다. 마치 열심히 달리고는 있으나 사실은 제자리에 있는, 쳇바퀴 속의 작은 다람쥐와 같습니다. 이게 우리의 인생일까요? 여기서 벗어날 수 없는 것입니까?

물론, 답은 있습니다. 문제는 인간이 근본적으로 영적 존재라는 것을 깨닫지 못하는 데 있습니다. 하나님께서는 흙으로 사람을 지으시고 생기를 불어넣으심으로 사람은 생령(生靈)이 되었습니다(창세기 2:7). 인간은 동물과는 차원이 다릅니다. 인간은 하나님의 형상을 따라 창조되었으며, 따라서 인간의 내면의 필요는 물질로 채워질 수 없습니다. 성경은 예수님께서 그 지혜와 그 키가 자라 가며 하나님과 사람에게 더 사랑스러워 가셨다고 말하고 있습니다(누가복음 2:52). 이 구절은 우리가 계발해야 할 네 가지 영역을 보여 줍니다. 곧, 지적, 신체적, 영적, 사회적 영역입니다. 어느 영역도 소홀히 해서는 안 되지만, 특히 영적인 영역을 소홀히 하게 되면 풍성한 삶을 살 수 없습니다. 예수님께서는 "내가 온 것은 양으로 생명을 얻게 하고 더 풍성히 얻게 하려는 것이라"(요한복음 10:10)고 말씀하셨습니다.

메릴랜드 대학교에 다니는 한 젊은 대학원생은 나에게 이런 말을 했습니다. "그리스도를 믿기 전, 제 삶은 초점이 안 맞고 흐릿한 흑백 사진과 같았습니다. 그러나 지금은 선명하고 생생한 칼라 사진과 같습니다." 그는 예수님을 마음에 모심으로 새롭게 태어났고, 새로운 생명을 얻었습니다. 그리고 위로부터 난 이 새 생명이 그에게 이처럼 아름다운 변화를 가져온 것입니다.

예수님께서는 "내가 곧 길이요 진리요 생명이니"(요한복음 14:6)라고 말씀하셨습니다. "내가 생명에 대하여 너희에게 가르쳐 주겠다"고 하시지 않았습니다. "내가 곧 생명"이라고 말씀하셨습니다. 예수님께서 바로 생명이십니다. 생명은 오직 주 예수 그리스도 안에 있습니다. 사람이 거듭나려면 생명이신 그리스도를 마음에 모셔 들여야 합니다. 예수님을 모신 사람은 누구나 생명이 있습니다. 날마다 예수님께서는 세상에 생명을 주시기 위하여 손을 내밀고 계십니다. 그리고 세상에 생명을 주는 이 일을 주님께서는 당신을 통해서 하십니다.

'너무나 놀랍고 좋은 삶'

우리가 그리스도의 제자로서의 삶을 살아갈 때 우리의 삶은 많은 불신자들에게 주목의 대상이 됩니다. 복음의 메시지가 너무도 좋은 소식인지라 오히려 믿겨지지 않아, 그게 과연 사실인지 알고 싶기 때문입니다.

대부분의 사람들은 늘 죽음을 두려워하며 살아갑니다. 그러나 구원의 확신이 있는 그리스도인은 죽음을 두려워하지 않습니다. 그에게는 영원한 생명이 있기 때문입니다. "내가 하나님의 아들의 이름을 믿는 너희에게 이것을 쓴 것은 너희로 하여금 너희에게 영생이 있음을 알게 하려 함이라"(요한일서 5:13).

대부분의 사람들은 경제적인 문제로 염려하며 살아갑니다. 그러나 그리스도인은 그렇지 않습니다. 그에게는 날마다 모든 쓸 것을 공급해 주신다는 하나님의 약속이 있기 때문입니다. "나의 하나님이 그리스도 예수 안에서 영광 가운데 그 풍성한 대로 너희 모든 쓸 것을 채우시리라"(빌립보서 4:19).

대부분의 사람들이 기도는 하지만 그 기도를 누가 듣는지 잘 모릅니다. 그러나 그리스도인은 하나님께서 그의 기도를 들으시며 응답하신다는 것을 잘 알고 있습니다. 응답에 대한 하나님의 분명한 약속이 있기 때문입니다. "너는 내게 부르짖으라. 내가 네게 응답하겠고 네가 알지 못하는 크고 비밀한 일을 네게 보이리라"(예레미야 33:3).

대부분의 사람들은 장래에 대하여 염려합니다. 그러나 그리스도인은 그렇지 않습니다. 하나님께서 그의 길을 인도하여 주시겠다고 약속하셨기 때문입니다. "너는 마음을 다하여 여호와를 의뢰하고 네 명철을 의지하지 말라. 너는 범사에 그를 인정하라. 그리하면 네 길을 지도하시리라"(잠언 3:5-6).

이 모든 게 너무 좋아서 사실로 들리지 않을지도 모릅니다. 그러나 그것은 분명한 '사실'입니다.

독일의 한 대학교 강의실에서 말씀을 나눈 적이 있었습니다. 약 30분 동안 그리스도의 복음을 전했을 때 12명가량의 학생이 관심을 보였습니다. 그들은 이렇게 말했습니다. "아임스 씨, 당신은 이상주의자입니다. 그렇게 좋은 삶이란 있을 수 없습니다. 당신이 말씀하신 것은 너무 좋아 사실 같지가 않습니다." 강의실에서 나온 우리는 학생회관으로 가서 함께 점심을 들면서 두어 시간 동안 그 문제를 가지고 토론했습니다. 그들은 고집이 셌습니다. 쉽게 마음을 열려고 들지 않았습니다. 하지만 조금은 진전이 있었습니다. 그중 몇 명이 그리스도의 복음에 대해 진지하게 생각하는 계기가 되었기 때문입니다.

아이다호 대학교에서도 비슷한 경험을 한 적이 있습니다. 복음을 전한 후에 나는 청중들로부터 질문을 받았습니다. 뒤에 앉아 있던 한 젊은 친구가 일어나서 "선생님이 하신 말씀은 다 잘 들었습니다. 하지만 선생님께선 거짓말을 하고 계시는군요. 선생님이 말씀하신 것처럼 그렇게 놀랍게 바뀐다는 것은 있을 수가 없어요"라고 말했습니다.

그러자 강의실 중앙에 있던 한 여학생이 자리에서 벌떡 일어났습니다. 그녀는 키가 크고, 비대하지 않은 체구에 골격과 근육이 잘 발달되어 있었습니다. 나중에 알고 보니 투포환 선수였습니다. 가죽조끼를 입은 그녀의 모습은 아주 당당했습니다. 그녀는 큰 소리로 말했습니다. "여보세요, 이분은 거짓말을 하고 있는 게 아니에요. 이분이 말씀하신 것은 실제로 불가능한 일이 아닙니다. 몇 달 전에 나는 내 삶 가운데 예수 그리스도를 모셔 들였어요. 그때부터 예수님께서는 놀랍게도 오늘 밤 이분이 말씀하신 것과 똑같은 삶으로 바꿔 주셨어요." 그 청년은 아무 말 없이 자리에 앉았습니다. 무척 도전적이었던 그가 이 말을 듣고 나서는 어린 양과 같이 조용해졌습니다. 그 여자 투포환 선수와 말다툼을 하고 싶은 마음이 들지는 않았나 봅니다. 그녀의 포환에 맞을까 봐 두려웠을 수도 있겠지요. 여하튼, 그녀의 간증은 매우 시기적절한 것이었습니다.

너무 좋아 사실이 아닌 것 같다고요? 인간적인 관점에서 볼 때는 틀림없이 그렇게 보일 것입니다. 그러나 하나님의 은혜와 자비(긍휼)를 가볍게 생각하거나 잊어서는 안 됩니다. 하나님께서는 우리에게 은혜와 자비를 베푸시기로 결정하셨는데, 이는 하나님께서 친히 선택하신 것입니다. 은혜와 자비는 둘 다 우리를 향한 하나님의 특별한 은총인데, 은혜는 '주시는' 것이요, 자비(긍휼)는 '주지 않으시는' 것입니다. 다시 말하면, 은혜란 받을 자격이 하나도 없는 것들을 하나님께서 우리에게 쏟아 부어 주시는 것입니다. 반면, 자비(긍휼)란 우리의 죄 때문에 우리가 당연히 받아야 할 형벌을 하나님께서 우리에게 내리시지 않는 것입니다.

하나님께서는 우리에게 이 은혜와 자비(긍휼)를 베푸시기를 간절히 원하십니다. "그러나 여호와께서 기다리시나니 이는 너희에게 은혜를 베풀려 하심이요, 일어나시리니 이는 너희를 긍휼히 여기려 하심이라. 대저 여호와는 공의의 하나님이심이라. 무릇 그를 기다리는 자는 복이 있도다"(이사야 30:18). 그 은혜와 자비(긍휼)를 얻기 위해 해야 할 일은 하나님 보좌 앞에 나아가는 것입니다. 지금 하나님께서 우리를 기다리고 계십니다. 그 존전에 나아갈 때 우리를 맞이하러 일어나실 것입니다. "그러므로 우리가 긍휼하심을 받고 때를 따라 돕는 은혜를 얻기 위하여 은혜의 보좌 앞에 담대히 나아갈 것이니라"(히브리서 4:16). 성경은 이러한 하나님의 귀한 약속들로 환하게 빛나고 있습니다.

예수님께서 우리에게 주시는 삶이 믿을 수 없을 정도로 놀랍다는 사실은 역설적으로 이 삶이 하나님으로부터 나왔다는 것을 증명하고 있습니다. 확실히 어떤 사람도 이러한 삶을 생각해 낼 수 없습니다. 또한 어떤 사람도 하나님의 능력을 떠나서는 이러한 삶을 살 수 없습니다. 그러나 이러한 삶을 살 수 있는 비결이 있습니다. 곧 우리를 만드신 분과 함께 매일 동행하는 것입니다. 그러면 너무나 놀랍고 좋은 이 삶이 바로 우리의 것이 될 것입니다.

하늘나라를 보여 주는 시각 자료

내 친구 존은 레바논의 수도 베이루트에 있는 페니키아 호텔의 지배인으로 일하고 있습니다. 그의 할 일은 매우 많았고 그 호텔은 항상 만원이었지만, 언제나 탁월한 수준을 유지하고 있습니다. 전 세계에서 온 귀빈들이 그 지역에 가게 되면 늘 그 호텔을 찾습니다. 물론 모든 사람들은 자신이 그 호텔의 유일한 귀빈처럼 대접받기를 기대합니다. 그의 사무실에는 전화벨이 쉴 새 없이 울리고, 비서들과 부지배인들이 결재를 받으려고 줄을 서 있습니다. 그를 알고 있는 모든 사람들은 그렇게도 많은 일을 무리 없이 처리해 내는 능력에 감탄을 금치 못합니다. 하지만 그보다 더욱 놀라운 사실은 그렇게 바쁜 가운데서도 그의 얼굴은 늘 웃음을 잃지 않고 있다는 것입니다. 그는 늘 평온하고 차분하며 안정되어 있습니다. 그의 삶에는 놀라운 비밀이 있었습니다.

존은 하나님의 은혜로 누리게 된 그 놀라운 삶을 친구들과 동료들도 경험하도록 돕는 일을 개인적으로 힘쓰고 있습니다. 몇 년 전에 그는 그리스도인이 되었습니다. 그는 웃는 얼굴로 친구들에게 "자네는 자신이 무엇을 잃어버렸는지를 모르고 있네"라고 말하곤 합니다. 그의 말에는 진실성이 있습니다. 사업가들이 모인 오찬석에서 그의 친구 몇 명을 만났는데, 그들 모두 그의 삶에 감명을 받고 있음을 알 수 있었습니다.

우리의 삶으로 나타나는 그리스도의 생명, 바로 이것이 우리 그리스도인들의 삶에서 흔히 결여되기 쉬운 요소입니다. 믿지 않는 사람이 일요일 아침에 차를 몰고 골프장이나 해변에 가는 길에 교회에서 흘러나오는 찬송가 소리를 들으며 혼자 생각합니다. '음, 사람들은 각기 나름대로 사는 방식이 있어. 자기만 좋다면 저런 것도 괜찮겠지 뭐.' 그의 선택은 골프와 태양과 파도와 모래사장입니다. 그가 접하는 기독교가 이런 것이 전부라면 그는 아무런 감명도 받지 못할 것입니다. 그러나 어떤 그리스도인이 주목할 만한 놀라운 삶을 사는 것을 볼 때 그는 자주 마음속으로 질문을 던지게 됩니다. '저렇게 다른 삶을 살 수 있는 비결이 무엇일까? 상황이 여의치 않은데도 불구하고 어떻게 저렇게 평안할 수 있을까? 신문을 보면 세상은 날마다 여러 가지 사건 사고가 그치질 않고 재난과 반목으로 시끄럽기 그지없는데 어떻게 저처럼 흔들리지 않는 확신 가운데 살아갈 수 있을까?'

이런 이유 때문에 하나님께서는 성경에서 다음과 같이 말씀하셨다고 확신합니다. "이 땅을 위하여 성을 쌓으며 성 무너진 데를 막아서서 나로 멸하지 못하게 할 사람을 내가 그 가운데서 찾다가…"(에스겔 22:30). '그 가운데서'라는 말에 주의하십시오. 이렇게 하나님께서는 사람들 가운데서 존과 같은 사람을 찾고 계십니다. 인류 역사의 처음부터 지금까지 하나님께서는 그런 사람을 계속 찾으셨으며, 앞으로도 계속 찾으실 것입니다.

그리스도인들이 세상에서 언제나 존과 같은 삶을 살지는 못하는 이유가 무엇입니까? 흔히 기독교를 일련의 어떤 사실을 믿거나 어떤 교리를 신봉하는 것으로만 여기도록 배웠기 때문입니다. 그러나 하나님의 나라는 말에 있지 않고 오직 능력에 있습니다(고린도전서 4:20). 자신을 어떤 교리적 틀에 집어넣는 것이 전부가 아닙니다. 사도 바울은 "내가 그리스도와 함께 십자가에 못 박혔나니, 그런즉 이제는 내가 산 것이 아니요 오직 내 안에 그리스도께서 사신 것이라"(갈라디아서 2:20)고 고백하였습니다. 지금 내 안에는 주님께서 살고 계십니다. 주님께서는 나를 통하여 주님의 삶을 사시는 것입니다. 그럴 때 우리는 매일의 삶에서 하나님의 통치하시는 능력을 경험하게 됩니다. 이것이 바로 진정한 그리스도인의 삶입니다. 물론 올바른 성경적 교리를 가지고 있는 것은 매우 중요합니다. 하지만 교리만 아는 그리스도인은 요람을 벗어나지 못한 그리스도인입니다. 하나님의 말씀이 직장에서, 가정에서, 학교에서, 또는 기타 삶의 현장에서 살아 움직이게 하는 사람이 진짜 성숙한 그리스도인입니다.

사람들에게는 하나님 나라를 보여 주는 시각 자료가 필요합니다. 시각 자료는 설명하고자 하는 내용을 잘 전달하기 위해서 사용합니다. 회사나 기관의 각종 회의, 학교의 강의 등에서 차트나 환등기나 오버헤드 프로젝터나 빔 프로젝터 등을 사용하는 것을 보았을 것입니다. 이런 것들처럼 하나님의 나라를 가장 생생하게 잘 보여 주는 시각 자료는 예수 그리스도와 교제 가운데 살아가는 우리의 삶 바로 그 자체입니다. 우리의 삶은 믿지 않는 사람들의 눈에 그대로 드러나기 때문에 큰 영향을 미칩니다. 눈앞에 생생하게 보이기 때문에 아무도 부인할 수가 없습니다.

우리가 아는 것을 말함

예수님께서는 "너희가… 내 증인이 되리라"(사도행전 1:8)고 말씀하셨습니다. 당신과 나는 우리의 삶 가운데서 역사하시는 예수 그리스도를 개인적으로 경험하고 있습니다. 예수님께서 가르치신 내용을 시험해 보았고, 그것이 진리라는 사실을 알게 되었습니다. 우리는 자신이 알고 있는 것을 말하기 때문에 확신과 권위를 가지고 이야기할 수 있습니다. 우리의 간증은 '소문'이 아니라 '역사'입니다. 소문으로 들리는 남의 이야기가 아니라, 자신이 직접 보고 듣고 경험한 생생한 역사인 것입니다. "우리가 보고 들은 바를 너희에게도 전함은 너희로 우리와 사귐이 있게 하려 함이니, 우리의 사귐은 아버지와 그 아들 예수 그리스도와 함께함이라"(요한일서 1:3).

하나님의 자녀 된 우리는 모두 예수님의 증인입니다. 어느 누구 할 것 없이 누구나 증인으로 부르심을 받았습니다. 우리가 주님의 일을 더 잘할 수 있도록 하기 위하여 하나님께서 어떤 사람들을 지명하여 부르사 은사를 주셔서 우리를 가르치고 훈련시키게 하신 것은 사실입니다. "그가 혹은 사도로, 혹은 선지자로, 혹은 복음 전하는 자로, 혹은 목사와 교사로 주셨으니, 이는 성도를 온전케 하며 봉사의 일을 하게 하며 그리스도의 몸을 세우려 하심이라"(에베소서 4:11-12). 그러나 그리스도를 증거하는 일은 그리스도인이면 누구나 해야 할 일입니다.

그리스도의 효과적인 증인이 되기 위해서는 첫째로, 반드시 '그리스도와 친밀한 교제' 가운데 있어야 합니다. 지난 가을 우리 집 식구들은 정원에 토마토, 감자, 땅콩, 완두콩 등을 심어서 재미를 봤습니다. 나는 특별히 호박을 좋아했습니다. 이 호박 덩굴들은 자라면서 사방으로 뻗어 나갔습니다. 그중의 하나가 우리 집 뒤뜰에서 길바닥을 가로질러 뻗어 나갔습니다. 그런데 어느 날 그 덩굴은 누군가의 발에 밟혀 끊어져 버렸습니다. 덩굴은 더 이상 자라지 못하고 그대로 시들어 버렸고 당연히 열매도 맺을 수 없었습니다. 우리 그리스도인의 삶도 이와 같습니다. 우리의 삶에도 열매를 맺으려면 반드시 예수님과 긴밀한 교제를 유지해야 합니다. 예수님께서는 이 사실을 분명하게 말씀하셨습니다. "나는 포도나무요 너희는 가지니, 저가 내 안에, 내가 저 안에 있으면 이 사람은 과실을 많이 맺나니, 나를 떠나서는 너희가 아무것도 할 수 없음이라"(요한복음 15:5). 예수님과의 교제는 해도 좋고 안 해도 좋은 것이 아니라 필수입니다.

둘째로, 효과적인 증인이 되기 위해 우리가 반드시 해야 할 것은 '기도'입니다. 주님을 필요로 하는 사람들의 목록을 만드십시오. 그들의 이름을 부르며 그들을 위하여 구체적으로 기도하십시오. 하나님께서 그들의 마음을 준비시켜 주시도록 기도하십시오. 그들의 마음 밭을 말씀의 씨를 받기에 '좋은 땅'으로 만들어 주시도록 간구하십시오. 낙망치 말고 응답될 때까지 끈기 있게 기도하십시오(누가복음 18:1 참조). 하나님께서 전도의 문을 열어 주셔서 하나님의 말씀을 나눌 수 있는 기회를 많이 주시도록 기도하십시오(골로새서 4:3 참조). 이를 위해 다른 그리스도인들에게도 기도 부탁을 하십시오(에베소서 6:19, 골로새서 4:3 참조). 또한 복음을 전할 때 하나님께서 그들이 착하고 좋은 마음으로 말씀을 받을 수 있게 해달라고 기도하십시오(누가복음 8:15 참조).

셋째로, '하나님의 말씀'을 나누십시오. 빌립과 바울의 예를 주목하여 보십시오. "빌립이 입을 열어 이 글에서 시작하여 예수를 가르쳐 복음을 전하니"(사도행전 8:35). "바울이 자기의 규례대로 저희에게로 들어가서 세 안식일에 성경을 가지고 강론하며"(사도행전 17:2). 우리가 기도하며 하나님의 말씀의 씨를 뿌릴 때, 성령께서는 그 말씀의 씨앗이 싹이 나게 하셔서 새 생명이 태어나게 하십니다. 예수님께서는 "들으라. 씨를 뿌리는 자가 뿌리러 나가서… 뿌리는 자는 말씀을 뿌리는 것이라"(마가복음 4:3,14)고 말씀하셨습니다. 왜 말씀을 뿌립니까? 우리는 말씀으로만 거듭날 수 있기 때문입니다(베드로전서 1:23). 어떤 사람이 거듭나는 것은 우리의 설득으로 되지 않습니다. 예수 그리스도의 복음은 창조하는 능력이 있습니다. 복음의 말씀은 새 생명을 창조합니다. "내가 복음을 부끄러워하지 아니하노니, 이 복음은 모든 믿는 자에게 구원을 주시는 하나님의 능력이 됨이라. 첫째는 유대인에게요 또한 헬라인에게로다"(로마서 1:16).

적절한 성경 말씀을 사용하여, 사람이 어떻게 그리스도를 자신의 마음과 삶 속에 영접하는가를 명확히 깨닫게 해주십시오. 예수님께서 다음과 같이 말씀하셨습니다. "좋은 땅에 뿌리웠다는 것은 말씀을 듣고 깨닫는 자니, 결실하여 혹 백 배, 혹 육십 배, 혹 삼십 배가 되느니라"(마태복음 13:23).

전도지나 전도용 소책자를 잘 활용하는 것도 복음을 명확하게 전하는 데 큰 도움이 됩니다. 대표적인 것으로 '하나님의 선물인 영생'(네비게이토)이나 '사영리'(CCC) 등을 들 수 있는데, 이런 책자들은 기독교 서점에서 구입할 수 있습니다.

지상사명(至上使命)

제자들은 예수님께서 유대 당국자들에 붙잡혀 욕을 당하시고 정죄당하시는 것을 보았습니다. 예수님께서 로마의 권력자들에게 매 맞고 재판받으시는 것도 보았습니다. 예수님께서 아무 도움도 받지 못한 채 십자가에 달리시는 것도 보았습니다. 예수님께서 죽어서 무덤으로 옮겨지는 것도 보았습니다. 그런데 그 예수님께서 무덤에서 나와 그들 앞에 서 계셨습니다. 죽음을 이기시고 다시 사신 것입니다. 부활하신 예수님께서는 승천하시기 전 그들에게 사명을 주셨습니다. 예수님의 말씀은 권세와 능력이 있었습니다. 그 말씀은 제자들이 남은 생애 동안 가야 할 길을 보여 주는 것이었습니다. 이러한 말씀이 신약성경에 다섯 차례나 기록되어 있습니다.

마태복음에서는 이렇게 기록합니다. "예수께서 나아와 일러 가라사대, '하늘과 땅의 모든 권세를 내게 주셨으니, 그러므로 너희는 가서 모든 족속으로 제자를 삼아, 아버지와 아들과 성령의 이름으로 세례를 주고, 내가 너희에게 분부한 모든 것을 가르쳐 지키게 하라. 볼지어다. 내가 세상 끝 날까지 너희와 항상 함께 있으리라' 하시니라"(마태복음 28:18-20). 여기에는 예수님께서 자기를 따르는 제자들에게 주신 지상사명의 핵심 내용이 나옵니다. 즉, 모든 족속으로 제자를 삼으라는 것입니다. 16절에 보면 그 책임이 열한 제자에게 주어진 것임을 알 수 있을 것입니다. 제자를 삼으라는 명령이 당시 제자들에게 주어졌던 이유는 제자를 삼기 위해서는 먼저 제자가 되어야 하기 때문입니다. 제자를 삼으려면 제자가 필요합니다.

마가의 기록에는 지상사명의 범위에 대한 언급이 나옵니다. 그것은 곧 '온 천하 만민'입니다. 예수님께서는 "너희는 온 천하에 다니며 만민에게 복음을 전파하라"(마가복음 16:15)고 하셨습니다. 복음의 메시지는 '온 천하 만민' 한 사람 한 사람 모두에게 전파되어야 합니다.

누가복음에서는 이 지상사명을 어떻게 수행할 것인가를 이야기해 주고 있습니다. "이에 저희 마음을 열어 성경을 깨닫게 하시고, 또 이르시되, '이같이 그리스도가 고난을 받고 제삼 일에 죽은 자 가운데서 살아날 것과 또 그의 이름으로 죄 사함을 얻게 하는 회개가 예루살렘으로부터 시작하여 모든 족속에게 전파될 것이 기록되었으니'"(누가복음 24:45-47). 회개와 예수 그리스도를 통한 죄 사함을 전파해야 합니다. 예루살렘에서부터 시작해 모든 족속에게까지 전파해야 합니다. 예수님께서는 그들에게 성경을 명확하고 깊이 있게 이해하는 데 필요한 진리들-복음, 그리스도의 고난, 죽으심, 장사되심 및 부활과, 세계 선교-을 가르쳐 주셨습니다. 이러한 위대한 교리들은 성경의 나머지를 명확하게 이해하는 열쇠가 됩니다. 복음을 명확하게 이해하고 실제 개인적으로 지상사명을 이루는 삶을 힘쓸 때 우리는 모든 성경 말씀이 새로운 의미와 무게를 가지고 우리에게 다가오는 것을 경험하게 됩니다.

요한은 이 지상사명을 성취하기 위해 치러야 할 값에 대해 말해 줍니다. "이 날 곧 안식 후 첫날 저녁때에 제자들이 유대인들을 두려워하여 모인 곳에 문들을 닫았더니, 예수께서 오사 가운데 서서 가라사대, '너희에게 평강이 있을지어다.' 이 말씀을 하시고 손과 옆구리를 보이시니 제자들이 주를 보고 기뻐하더라. 예수께서 또 가라사대, '너희에게 평강이 있을지어다. 아버지께서 나를 보내신 것같이 나도 너희를 보내노라'"(요한복음 20:19-21). 예수님께서는 자기의 손과 옆구리를 보이시면서, "아버지께서 나를 보내신 것같이 나도 너희를 보내노라"고 말씀하셨습니다. 그분의 두 손에는 못 박혀 찢어진 자국이 선명했으며, 옆구리에는 창으로 찔린 흔적이 뚜렷했습니다. 그들은 예수님의 의도를 잘 이해했습니다. 지상사명은 결코 쉽게 이룰 수 있는 일이 아니었습니다. 종이 주인보다 더 크지 못할진대 그들에게 핍박과 반대와 고난이 따를 것은 당연했습니다.

사도행전에는 주님께서 마지막으로 하신 말씀이 기록되어 있습니다. "'오직 성령이 너희에게 임하시면 너희가 권능을 받고, 예루살렘과 온 유대와 사마리아와 땅 끝까지 이르러 내 증인이 되리라' 하시니라. 이 말씀을 마치시고 저희 보는 데서 올리워 가시니, 구름이 저를 가리워 보이지 않게 하더라"(사도행전 1:8-9). 여기에는 지상사명을 성취하기 위한 선교 전략이 나와 있습니다. 예루살렘, 유대, 사마리아, 그리고 땅 끝까지 전파하는 것입니다. 사도행전을 공부해 보면 이 말씀이 어떻게 그대로 이루어졌는가를 알 수 있습니다. 맨 처음으로 예루살렘과 유대에 있는 사람들이 말씀을 들었습니다. 그 다음에 빌립이 복음을 사마리아에 전했습니다. 그리고 마지막으로 하나님께서는 사도 베드로로 하여금 로마 백부장인 고넬료에게 복음을 전하게 하심으로써 이방인들에게도 복음의 문을 여셨습니다(사도행전 10장 참조).

예수님께서는 마지막으로 이 사명을 주신 후에 승천하셨습니다. 여기서 주목해야 할 두 가지 중요한 것이 있습니다. 첫째로, 이 말씀은 주님의 마지막 말씀이라는 것입니다. 지휘관의 마지막 명령은 모든 다른 명령에 우선합니다. 따라서 그 명령을 최우선적으로 따라야 합니다. 둘째로, 예수님께서는 제자들이 보는 가운데서 올리워 가셨습니다. 그들은 예수님의 승천 과정을 처음부터 끝까지 다 지켜보았습니다. 그래서 후에 예수님과 부활을 부인하도록 강요당했을 때에도 예수님께서 영원히 살아 계시다는 그들의 확신은 조금도 흔들림이 없었습니다. 예수님께서 승천하시는 것을 두 눈으로 직접 똑똑히 보았기 때문입니다.

요한은 이렇게 말합니다. "그 안에 생명이 있었으니 이 생명은 사람들의 빛이라"(요한복음 1:4). 생명과 빛이 예수 그리스도 안에 있습니다. 예수님께서는 이렇게 말씀하셨습니다. "도적이 오는 것은 도적질하고 죽이고 멸망시키려는 것뿐이요, 내가 온 것은 양으로 생명을 얻게 하고 더 풍성히 얻게 하려는 것이라"(요한복음 10:10). 주님께서는 또한 "나는 세상의 빛이니, 나를 따르는 자는 어두움에 다니지 아니하고 생명의 빛을 얻으리라"(요한복음 8:12)고 말씀하셨습니다. 히브리서 기자는 예수님께서 죽음의 공포에 얽매어 있는 우리를 건지시기 위하여 오셨다고 말합니다. "또 죽기를 무서워하므로 일생에 매여 종노릇하는 모든 자들을 놓아주려 하심이니"(히브리서 2:15). 바울은 다음과 같이 기록했습니다. "그가 우리를 흑암의 권세에서 건져 내사 그의 사랑의 아들의 나라로 옮기셨으니"(골로새서 1:13).

당신과 나는 똑같은 특권을 부여받았습니다. 예수님의 제자가 된 우리에게 그 지상사명은 우리가 감당해야 할 사명인 것입니다. 지금도 상황은 그때와 같으며 긴박하기 그지없습니다. 수많은 사람들이 어둠 속에서 길 잃고 방황하고 있으며 그리스도를 모른 채 죽어 가고 있습니다. 전해야 할 메시지는 분명합니다. 명령 역시 분명합니다. 지상사명에 비추어 우리의 삶을 살며 우리의 일상사를 다스려 나가야 합니다.

구약성경에도 그리스도의 지상사명이 예언되어 있습니다. 구약 곳곳에 하나님의 이름을 온 세계에 알리라는 이 위대한 주제가 언급되어 있습니다. 하나님께서 요단의 물을 마르게 하셔서 하나님의 백성들이 그 약속의 땅으로 들어갔을 때, 이와 같은 기적을 통해 기대했던 결과 중의 하나는 "땅의 모든 백성으로 여호와의 손이 능하심을 알게 하는 것"(여호수아 4:24)이었습니다.

성경에 나와 있는 대결 중에 가장 유명한 것이 다윗과 골리앗의 대결입니다. 골리앗에게 도전하면서 다윗은 그의 마음속에 있는 것을 큰 소리로 외쳤습니다. "온 땅으로 이스라엘에 하나님이 계신 줄 알게 하리라"(사무엘상 17:46). 이 주제는 또한 그가 지은 시편에도 기록되어 있습니다. "홀로 기사를 행하시는 여호와 하나님 곧 이스라엘의 하나님을 찬송하며, 그 영화로운 이름을 영원히 찬송할지어다. 온 땅에 그 영광이 충만할지어다"(시편 72:18-19).

훗날 그의 아들 솔로몬이 예루살렘에 거대한 성전을 건축했습니다. 봉헌 기도에서 그는 다음과 같이 말했습니다. "주는 계신 곳 하늘에서 들으시고 무릇 이방인이 주께 부르짖는 대로 이루사, 땅의 만민으로 주의 이름을 알고, 주의 백성 이스라엘처럼 경외하게 하옵시며, 또 내가 건축한 이 전을 주의 이름으로 일컫는 줄을 알게 하옵소서"(열왕기상 8:43). 이 기도를 다 한 후에 그는 백성들을 축복했습니다. 하나님의 영감으로 된 축복 기도를 끝맺으면서 솔로몬은 다음과 같이 말했습니다. "이에 세상 만민에게 여호와께서만 하나님이시고 그 외에는 없는 줄을 알게 하시기를 원하노라"(열왕기상 8:60).

후에 히스기야 왕이 하나님의 적들에게 공격을 받았을 때, 적인 앗수르 왕 산헤립으로부터 살아 계신 하나님을 훼방하고 모독하는 편지가 왔습니다. 편지를 받고 히스기야는 그 편지를 가지고 하나님 앞에 나아가 그 앞에 펴 놓고 기도했습니다. "…이스라엘의 하나님 여호와여, 주는 천하만국에 홀로 하나님이시라. 주께서 천지를 조성하셨나이다. 여호와여, 귀를 기울여 들으소서. 여호와여, 눈을 떠서 보시옵소서. 산헤립이 사신 하나님을 훼방하러 보낸 말을 들으시옵소서.… 우리 하나님 여호와여, 원컨대 이제 우리를 그 손에서 구원하옵소서. 그리하시면 천하만국이 주 여호와는 홀로 하나님이신 줄 알리이다"(열왕기하 19:15-19).

이러한 예들은, 하나님께서는 초지일관 하나님의 이름을 온 땅에 두루 알리고자 하셨다는 것을 보여 줍니다. 그렇기에 하나님의 아들이 제자들에게 그분의 말씀을 땅 끝까지 전하라고 하신 명령은 지극히 당연하다 할 수 있습니다. 구약성경을 보면, 하나님의 능력이 언제 나타났느냐 하면, 거인이 쓰러질 때, 전투가 치열할 때, 성전이 건축될 때, 물이 양 옆으로 갈라져 벽을 이룰 때 등이었는데, 이를 통해 하나님께서는 하나님의 이름을 온 땅에 널리 알리시고자 하셨습니다. 바울의 간증을 주목해 보십시오. "내가 복음을 부끄러워하지 아니하노니, 이 복음은 모든 믿는 자에게 구원을 주시는 하나님의 능력이 됨이라. 첫째는 유대인에게요, 또한 헬라인에게로다"(로마서 1:16). 이제 하나님의 능력이 나타나는 것은 복음이 전해질 때입니다.

이 모든 일 가운데 한 가지 공통되는 점은 언제나 '헌신된 사람들'이 있었다는 것입니다. 구약에서는 목동 다윗, 군인 여호수아, 왕 솔로몬과 히스기야를 보게 됩니다. 그리고 신약에서는 어부 베드로, 의사 누가, 세리 마태를 보게 되며, 또한 하나님의 은혜로 당신과 나도 그 가운데 낄 수 있음을 발견합니다. 지상사명은 곧 우리의 사명입니다.

그리스도의 말씀을 들을 때 우리는 전 세계에 복음의 메시지를 전한다는 것이 실제로 가능한지 자문하게 됩니다. 그렇다면 잠깐 로마 제국의 계획을 생각해 보십시오. "이때에 가이사 아구스도가 영을 내려 천하로 다 호적하라 하였으니"(누가복음 2:1). 당시 로마 황제 아우구스투스가 온 천하에 호구 조사를 하라는 칙령을 내렸습니다. 모든 사람이 다 그 칙령을 듣고 따랐습니까? 계속해서 그 다음 기사를 읽어 보면 그 대답은 '예'라는 것이 분명해집니다. 심지어 멀리 유대 산지에 살고 있었던 사람들에게까지도 그 명령은 전달되었습니다.

이제 하나님의 계획을 생각해 봅시다. "내가 나를 위하여 충실한 제사장을 일으키리니, 그 사람은 내 마음 내 뜻대로 행할 것이라. 내가 그를 위하여 견고한 집을 세우리니, 그가 나의 기름부음을 받은 자 앞에서 영구히 행하리라"(사무엘상 2:35). 우리는 이 구절에서, 하나님께서 각 사람을 향하여 가지고 계신 뜻이 있다는 알 수 있습니다. 하나님의 마음에는 놀라운 계획이 있었습니다. 오늘날도 마찬가지입니다. 하나님의 마음속에는 늘 '세계'가 있습니다.

사도 바울은 하나님께서 주신 영감으로, 하나님의 원대하신 계획을 성취시킬 하나님의 기본 전략을 밝히고 있습니다. "우리가 그를 전파하여 각 사람을 권하고 모든 지혜로 각 사람을 가르침은 각 사람을 그리스도 안에서 완전한 자로 세우려 함이니, 이를 위하여 나도 내 속에서 능력으로 역사하시는 이의 역사를 따라 힘을 다하여 수고하노라"(골로새서 1:28-29). 이것은 단순한 전략입니다. 각 사람에게 복음을 전하고 가르쳐 '완전한 자'로 세워 줄 뿐 아니라, 그들 역시 계속 이 일을 해나갈 수 있도록 훈련시켜 주는 것입니다. 바울은 자신이 이 일에 동참하고 있노라고 했습니다. 그는 하나님께서 주신 모든 능력으로 평생 이 일에 힘썼습니다.

얼마나 놀랍고 신나는 아이디어입니까? 우리 모두가 이 일을 할 수 있습니다. 모든 사람에게 다 기회가 주어졌습니다. 세계를 향한 하나님의 계획은 슈퍼스타를 필요로 하지 않습니다. 우리 모두가 참여할 수 있으며 한 몫을 담당할 수 있습니다. 유일한 조건은 우리가 그리스도의 제자가 되는 것입니다. 왜냐하면 해야 할 일은 제자를 삼는 것이며, 제자를 삼기 위해서는 먼저 제자가 된 사람이 있어야 하기 때문입니다. 하나님께서는 거짓말을 사용하여 진리를 가르치시지 않습니다. 하나님께서는 빈약한 기도 생활을 하는 사람을 사용해서 어린 신자가 능력 있는 기도를 하도록 가르치시지 않습니다. 하나님께서는 말씀에 대하여 차갑고 무관심한 태도를 가진 사람을 사용하여 다른 사람이 말씀 안에 견고히 서도록 도우시지 않습니다.

제자를 삼으려면 우리 자신이 먼저 제자가 되어야 합니다. 하나님께서는 세상에서 가장 위대한 사명을 성취하는 것을 돕는 일에 우리를 사용하시길 원하십니다. 우리는 누구나, '모든 족속으로 제자를 삼으라'는 그리스도의 지상사명에 참여할 수 있는 은혜와 특권을 부여받았습니다. 천하 만민으로 그리스도를 알게 하는 일에 우리의 모든 삶을 드립시다.

동굴 속에 있는 보물

성지에 어떤 동굴이 있는데 겉보기에는 그 지역에 있는 다른 수십 개의 동굴과 다를 것이 없습니다. 그러나 이 동굴에는 많은 사람들의 발길이 끊이질 않습니다. 왜냐고요? 거기에서 놀라운 보물이 발견되었기 때문입니다. 이 발견은 전 세계 신문의 머리기사로 다루어졌습니다. 그러나 정작 그 보물을 발견한 목자는 그 가치를 전혀 몰랐습니다.

자기 염소 한 마리가 없어진 것을 알게 된 이 목자는 그 염소를 찾아서 곳곳을 헤매다가 그 동굴까지 오게 되었고, '혹시 염소가 이 동굴 속으로 떨어지지나 않았을까?' 하는 생각을 하게 되었습니다. 그래서 그는 무슨 기척이 있는지 알아보려고 그 동굴 속으로 돌멩이를 던져 넣어 보았습니다. 그런데 염소 소리는 들리지 않고 웬 항아리 깨지는 소리가 들렸습니다. 혹시 옛날 돈이 아닐까? 이 동굴 속에 보물이 있을지도 몰라. 은이나 금이라도? 이런저런 갖가지 생각이 들었습니다. 그러나 날이 어두워서 굴 안으로 들어갈 수가 없어 다음 날 아침까지 기다리기로 했습니다.

동이 터오자 그는 그 동굴로 갔습니다. 몸을 구부려 속으로 들어가 보니 흙으로 만든 항아리 몇 개가 있었습니다. 그 항아리 속에는 부서지기 쉬운 낡은 두루마리들 외에는 아무것도 없어 실망이 되고 화도 났습니다. 그는 그중 하나는 불쏘시개로 썼고, 나머지 몇 개는 가지고 나왔습니다. 잘은 모르지만 뭔가 가치가 있을 것 같았기 때문입니다. 그는 베들레헴에 돌아와서 그것을 10달러에 팔았습니다. 그것을 산 사람은 중동에 있는 어떤 대학교에 가서 살 사람을 찾았지만 아무도 없었습니다. 그래서 그것을 뉴욕으로 가져갔고 거기서 그 두루마리의 진가를 알고 있는 사람들을 만났습니다. 목자에게서 10달러를 주고 산 그 두루마리들은 75만 달러에 팔렸습니다. 이렇게 해서 성경의 사해 사본이 세상 사람들에게 알려지게 되었습니다.

처음에는 가치 없게 보였던 것이 지금은 예루살렘에 있는 박물관에 소중히 보관되어 있습니다. 수많은 사람들이 그 소박한 목자가 질그릇 속에서 찾아낸 고대의 가치 있는 그 보물을 보기 위해 옵니다. 그러나 그것을 찾아낸 그 목자는 자기가 발견한 것이 무엇인지를 전혀 몰랐습니다.

동굴에 가 있었을 때, 그리고 그 후에 박물관에서 그 두루마리들을 살펴보고 있었을 때, 떠오른 말씀이 있었습니다. "우리가 이 보배를 질그릇에 가졌으니, 이는 능력의 심히 큰 것이 하나님께 있고 우리에게 있지 아니함을 알게 하려 함이라"(고린도후서 4:7). 바울은 여기서 두 가지 보배를 이야기합니다. 하나는 '그리스도의 영광의 복음'입니다. "만일 우리 복음이 가리웠으면 망하는 자들에게 가리운 것이라. 그중에 이 세상 신이 믿지 아니하는 자들의 마음을 혼미케 하여 그리스도의 영광의 복음의 광채가 비춰지 못하게 함이니, 그리스도는 하나님의 형상이니라"(고린도후서 4:3-4). 하나님께서는 이 영광스러운 복음의 광채를 우리에게 비춰 주심으로 우리를 어두움의 권세에서 건져 내어 그분의 사랑의 아들의 나라로 옮겨 주셨습니다(골로새서 1:13 참조).

하나님께서는 그 영광스러운 복음을 우리에게 맡기셨습니다. 우리를 하나님께로 인도할 때 사용하신 그 복음을 이제는 우리가 다른 사람에게 나누도록 하신 것입니다. 우리는 하나님께서 맡기신 이 책임을 소홀히 해서는 안 됩니다. 예수 그리스도께서 복음을 통하여 사람들에게 영원한 생명을 주시기 위해 오셨다는 그 영광스런 메시지를 우리의 모든 친구와 이웃이 반드시 들어야만 합니다.

두 번째 보배는 '하나님의 영광'입니다. "어두운 데서 빛이 비취리라 하시던 그 하나님께서 예수 그리스도의 얼굴에 있는 하나님의 영광을 아는 빛을 우리 마음에 비취셨느니라"(고린도후서 4:6). 하나님께서는 그리스도 안에서 자기의 영광을 계시하십니다. 우리는 그리스도 안에서 살아 계신 하나님과 따뜻하고 친밀한 교제를 나누게 됩니다. 이 얼마나 놀라운 일입니까? 하나님의 영광을 아는 것보다 더 보배로운 일이 있을까요?

이처럼 질그릇 같은 우리 안에 귀한 '보배'가 담겨 있습니다! 우리는 이 보배를 감추어 두어서는 안 됩니다. 이 보배는 다른 사람들과 나누어 가지라고 주신 것입니다. 신앙의 자유가 없는 사회에 살고 있는 수많은 그리스도인들이 이 보배를 나누기 위해 기꺼이 많은 희생을 감수하고 있습니다. 그들의 신앙을 자유롭게 나누는 귀한 특권을 얻기 위하여 기쁜 마음으로 대가를 치르고 있는 것입니다. 당신도 아시다시피 어떤 나라들에서는, 전도하는 것이 위법으로 되어 있습니다. 성도들이 이 보배를 다른 사람에게 나누었다고 해서 매 맞고, 고문당하고, 투옥되며, 죽기까지 합니다. 사도 바울은 이렇게 말했습니다. "생각해 보십시오. 나야말로 그런 일을 할 만한 자격도 없는, 그리스도인 가운데서도 가장 쓸모없는 인간이었습니다. 그런 내가 그리스도의 헤아릴 수 없는 보화를 이방인들에게도 나누어 주신다는 기쁜 소식을 전하는 자가 되었습니다"(에베소서 3:8, 현대어성경).

지금 우리는 "측량할 수 없는 그리스도의 풍성"(에베소서 3:8) 즉 "그리스도의 헤아릴 수 없는 보화"를 소유하고 있습니다. 하나님께서는 우리 각 사람이 이 사실을 깨닫기를 원하십니다. 그리고 성령께서는 "그리스도의 헤아릴 수 없는 보화"를 간직하고 있는 우리를 사용하셔서 세계의 영적 기근을 해결하고 도덕적 붕괴를 막기를 원하십니다.

묵상과 적용

1. 이 장에서 배운 가장 큰 교훈은 무엇입니까? 그것을 어떻게 삶에 적용하겠습니까?

2. 당신이 예수님 안에서 발견한 삶의 의미와 목적은 무엇입니까? 의미와 목적이 있는 삶을 살게 해주신 주님께 감사드리는 시간을 가지십시오.

3. 예수님을 믿음으로 누리게 된 축복들을 적어 보고 그 내용을 다른 누군가와 나누는 기회를 가지십시오.

4. 예수님께서는 승천하시기 전 제자들에게 지상사명을 주셨습니다.
   1) 지상사명을 간단히 요약해 보고, 그 중요성을 묵상해 보십시오.

   2) 지상사명을 당신의 삶에서 수행하기 위해 무엇을 하겠습니까?

제 8 장

그리스도를 효과적으로 증거하는 방법

제자로서 우리의 일거수일투족은 예수 그리스도 안에 있는 새로운 삶에 대한 믿지 않는 사람들의 생각에 큰 영향을 미칩니다. 삶은 강력한 증거의 수단입니다. 우리는 이처럼 조용히 삶을 통해 증거하기도 하지만, 말로 우리의 간증을 나누거나 직접 복음을 전함으로써 적극적으로 증거를 해야 할 때도 있습니다.

우리 모두는 서로 다릅니다. 개성과 자라 온 배경이 다릅니다. 우리가 증거하는 대상도 각기 다릅니다. 그러므로 전도를 할 때마다 각기 다른 양상이 전개됩니다. 하지만 어떤 경우에나 공통적으로 나타나는 문제도 있습니다. 이런 문제를 어떻게 풀어 나가는 것이 좋은지 함께 살펴보도록 하겠습니다.

이 장에서는 그리스도를 증거하는 몇 가지 방법을 소개함으로 증거를 시작하는 당신에게 실제적인 도움을 드리고자 합니다.

8. 그리스도를 효과적으로 증거하는 방법

그리스도인들 중에, 복음 전하는 '방법'을 익혀 이 방법 저 방법으로 익숙하게 복음을 잘 설명해 주기만 하면 사람들이 듣고 주님께 돌아올 것이라고 생각하는 이들을 자주 보곤 합니다. 복음 전하는 방법을 잘 알고 있으면 하나님께서 사용하실 것이라고 잘못 생각하는 것입니다. 물론 상대방이 말씀을 듣고 깨달을 수 있도록 복음을 명확하게 전할 줄 아는 것은 중요합니다. "좋은 땅에 뿌리웠다는 것은 말씀을 듣고 깨닫는 자니"(마태복음 13:23).

그러나 열매 맺는 삶의 진정한 비결을 예수님께서는 이렇게 말씀하셨습니다. "나는 포도나무요 너희는 가지니, 저가 내 안에, 내가 저 안에 있으면 이 사람은 과실을 많이 맺나니, 나를 떠나서는 너희가 아무것도 할 수 없음이라"(요한복음 15:5). 열매 맺기 위하여 우리가 제일 먼저 해야 할 일은 예수님 안에 거하는 것입니다. 예수님 안에 거한다는 것은 예수님과 서로 친밀하고 개인적인 의사소통을 하며 교제를 나누는 것을 의미합니다. 주님께서는 성경 말씀을 통하여 우리에게 말씀하시고, 우리는 기도로 주님께 말씀드립니다. 주님 안에 거하는 삶을 살 때 그 결과 우리는 자연스럽게 과실을 많이 맺게 됩니다. 이처럼 증거란 우리 안에 있는 그리스도의 생명이 넘쳐흐르는 것입니다.

그 다음 할 일은 복음을 전해야 할 사람들을 위해 기도하는 것입니다. 주님과 단둘이 만나 교제할 때, 영적으로 굶주린 영혼들에게 우리를 보내 달라고 간절히 기도하십시오. 오늘날 수많은 사람들이 죄에 빠져 허우적거리고 있습니다. 사는 게 하나도 재미없고 지겨울 뿐 그저 그렇습니다. 사는 목적도 의미도 없습니다. 행복과 만족이 가득한 삶이란 그저 그림의 떡일 뿐입니다. '삶이 이런 게 아닌데… 뭔가 있을 텐데. 어찌하면 행복과 만족을 얻을까?…' 하고 생각해 보지만 어떻게 해야 할지를 모릅니다. 그래서 늘 아쉽게 느끼는 행복과 만족을 찾아 이곳저곳을 기웃거립니다. 오늘날 곳곳에 이상하고 위험한 이단과 신비주의, 점성술 같은 것들이 넘쳐나는 이유가 다 이 때문입니다. 그러나 정작 어디에도 행복과 만족은 없습니다. 심지어는 환각제나 알코올에 탐닉하는 사람들도 있습니다. 그리스도의 복음을 들을 때에야 그들은 비로소 자신이 찾던 것을 발견하게 됩니다. 그러나 그 복음을 듣기까지는 기다려야 하는 경우가 많습니다. 복음을 들려 줄 사람을 기다리고 있는 것입니다!

일단의 농부들이 잘 익어 추수할 때가 다 된 밭의 모퉁이에 옹기종기 서 있습니다. 어떤 농부들은 추수할 준비를 다하고 소매를 걷어붙이고 있지만 밭으로 들어가지는 않습니다. 오히려 엉뚱한 일에 열중해 있습니다. 또 어떤 농부들은 입씨름하기에 바쁩니다. 수확해야 할 이삭이 땅에 떨어져 썩고 있건만 서로 논쟁만 하고 있습니다. 그 논쟁이 끝이 나지 않기 때문에 곡식은 거둬들이지 못한 채 버려져 있게 됩니다.

또 한쪽에서 어떤 농부들은 열심히 수확할 준비를 하고 있습니다. 그러나 문제는, 수년 동안 계속 준비만 하고 있다는 것입니다.

어떤 사람이 그들에게 와서 추수를 하기 전에 먼저 구원론, 종말론, 교회론, 히브리어, 헬라어, 심리학, 고대 문학과 역사, 과학 등을 알아야 한다고 말합니다. 추수를 하려면 모든 분야에 대해 해박한 전문지식이 있어야 한다는 것입니다. 그 말을 듣고 그들은 자신들이 추수할 일꾼이 되기에는 부족한 사람처럼 느낍니다. 그러나 자세히 살펴보면 그들은 익은 곡식을 거둬들이는 데 필요한 지식은 이미 모두 갖고 있습니다.

이처럼 농부들은 들판 주위에서 뭔가 열심히 움직이고 있긴 하지만 한 가지가 빠져 있습니다. 정작 추수는 하지 않고 있는 것입니다.

간증 - 그리스도 안에서 자신이 경험한 새로운 삶을 나눔

그리스도를 증거할 기회가 있을 때 개인적인 간증 한 마디가 결정적인 역할을 한다는 것을 명심하십시오. 하버드 대학 구내에서 세 학생과 점심을 같이한 적이 있습니다. 그곳 법대에 다니는 한 형제가 친구 두 명을 초대해서 식사를 하는 자리에 내가 함께하게 된 것이었습니다. 한 사람은 갓 믿은 사람이었고 또 한 사람은 믿지 않는 사람이었습니다. 나는 그리스도를 믿지 않는 학생과 함께 하나님과 우주와 종교에 대하여 철학적인 토론을 벌이기 시작했습니다.

그러나 그런 것들이 아무 효과가 없다는 것을 깨닫고는 어떻게 해야 하나 난감해하고 있는데, 그때 믿은 지 얼마 안 되는 학생이 "글쎄요, 저는 그런 것에 대해서는 잘 모르겠습니다. 하지만 한 가지 아는 것은, 몇 주 전에 예수님을 제 마음속에 영접했더니, 하나님께서 저의 모든 죄를 용서해 주시고 새로운 삶을 주셨다는 것입니다"라고 했습니다. 나와 함께 토론을 벌이던 그 학생은 식사하던 것을 멈추고 놀란 듯이 그를 쳐다보았습니다.

"정말 그렇게 해주셨다는 말입니까?"라고 물었습니다.

"예! 나는 그분을 내 마음속에 모셔 들였는데, 그분은 정말로 내 마음속에 들어오셨고 놀라운 일이 생겼죠!"

철학적인 토론을 하고 있던 것은 잊혀졌습니다. 나의 존재도 잊혀졌습니다. 그 학생은 그 갓 믿은 그리스도인에게로 돌아앉더니, 어떻게 그러한 새 삶을 살 수 있게 되었는지 진지하게 묻기 시작했습니다. 솔직히 나는 부끄러웠습니다. 지식으로 말하자면 내가 훨씬 잘 알고 있었습니다. 그는 그리스도 안에서 새로운 삶을 시작한 지 얼마 되지 않은 사람이었습니다. 그는 자신이 암송한 몇 구절을 나누면서 그리스도 안에서 얻은 새로운 삶에 대해 이야기했습니다. 자신의 구원 간증을 나눈 것입니다. 이를 통해 그 안에 있는 그리스도의 생명이 넘쳐흘러 다른 사람의 마음과 삶 속으로 흘러들어가게 되었습니다.

바울의 간증은 우리의 믿음을 나누는 방법을 보여 주는 좋은 본보기입니다(사도행전 22,26장 참조). 그는 그리스도께서 찾아오시기 전, 즉 주님을 만나기 전의 삶, 주님을 만나게 된 경위, 주님을 만난 이후 새롭게 변화된 것을 몇 가지 이야기했습니다.

당신도 주님께서 당신에게 무엇을 해주셨는가를 언제라도 다른 사람에게 말해 줄 수 있습니다. 그리스도의 생명이 다른 사람의 삶 속으로 넘쳐흘러 들어가게 하십시오. 그리스도 안에서 당신이 누리고 있는 풍성한 삶에 대해 사실 그대로 간단명료하게 이야기할 기회를 주시도록 기도하십시오. 많은 사람들이 당신의 간증에 흥미를 느끼고 거기서 의미를 발견하는 것을 보고 놀랄 것입니다. 하나님께서는 당신의 간증을 사용하셔서 사람들에게 그리스도 안에 있는 새 생명에 이르는 길을 보여 주십니다.

당신의 간증을 나눔

어느 누구도 역사를 부정할 수 없습니다. 라이트 형제가 키티호크에서 처음으로 비행기를 타고 날았다는 사실이나, 조지 워싱턴이 미국의 초대 대통령이었다는 사실이나, 우리 딸 베키가 1952년 1월 5일에 태어났다는 사실 등은 부인할 수가 없습니다. 모두 역사적 기록의 일부입니다. 논쟁의 여지가 없습니다. 개인의 역사를 이야기할 때는 무슨 이론이나 사변이 필요하지 않습니다. 사실은 사실 그 자체입니다. 거기에 무슨 토를 달겠습니까? 그리스도인이면 누구나 하나님과의 관계에서 자신이 경험한 삶이 있습니다. 이 삶은 사실입니다. 간증이란 바로 이 사실을 이야기하는 것입니다. 따라서 이 이야기는 누구도 부인할 수 없으며 놀랄 만큼 힘이 있습니다.

사도 바울이 나눈 간증을 보면(사도행전 22장, 26장 참조), '내가,' '나는,' '내' 등의 말이 매우 자주 나옵니다. 이처럼 그의 간증은 아주 개인적인 이야기지만, 그리스도를 중심에 두고 있다는 것을 알 수 있습니다. 그는 두 번 다 근본적으로는 같은 내용을 나누고 있지만, 듣고 있는 사람들이 명확하게 이해할 수 있도록 그들에게 맞추어 이야기했습니다.

가장 효과적으로 그리스도를 증거하기 위해서는, 효과적인 의사소통의 대가이셨던 주 예수 그리스도께서 보여 주신 예를 살펴보아야 합니다. 한번은 유대 지도자들이 예수님을 체포하려고 성전 경비병들을 보냈는데 그냥 빈손으로 왔습니다. 그 이유를 물으니 이렇게 대답했습니다. "그 사람의 말하는 것처럼 말한 사람은 이때까지 없었나이다"(요한복음 7:46). 전에도 후에도 그렇게 말한 사람은 없었습니다. 그러면 주님께서는 어떤 면에서 달랐습니까? 세 성경 구절을 함께 살펴보도록 하겠습니다. 첫 번째 구절은 마가복음 1:22입니다. "뭇사람이 그의 교훈에 놀라니, 이는 그 가르치시는 것이 권세 있는 자와 같고 서기관들과 같지 아니함일러라." 서기관들은 교훈을 외워서 말하는 학생들 같았지만, 예수님께서는 하나님께로부터 보내심을 받은 자로서 말씀하셨습니다. 그분은 개인적인 확신으로 능력 있게 말씀하셨습니다. 실제 경험을 차분하고 겸손하게 이야기하면 듣는 사람들의 주의를 사로잡습니다.

두 번째 구절은 누가복음 4:22입니다. "저희가 다 그를 증거하고 그 입으로 나오는바 은혜로운 말을 기이히 여겨." 예수님께서는 은혜롭게 말씀하셨습니다. 거만하거나 무례하지 않으셨습니다. 사도 바울은 에베소 성도들에게 '사랑 안에서 참된 것'을 말하라고 권면하였습니다(에베소서 4:15). 사랑으로 말하는 진실은 성령의 손에 들린 강력한 도구입니다. 사랑의 힘은 영원토록 변함이 없기 때문입니다(고린도전서 13:8 참조).

세 번째 구절은 누가복음 4:32입니다. "저희가 그 가르치심에 놀라니 이는 그 말씀이 권세가 있음이러라." 이 권세는 바로 하늘에 계신 아버지께 영광을 돌리며 그분의 뜻을 행하고자 하는 마음에서 나온 권세였습니다. 예수님께서는 이렇게 말씀하셨습니다. "내가 아무것도 스스로 할 수 없노라. 듣는 대로 심판하노니, 나는 나의 원대로 하려 하지 않고 나를 보내신 이의 원대로 하려는 고로 내 심판은 의로우니라. 내가 만일 나를 위하여 증거하면 내 증거는 참되지 아니하되"(요한복음 5:30-31). 주님의 삶은 주님의 말씀이 권세가 있게 했습니다. 바울은 이와 연관하여 다음과 같이 말했습니다. "이는 우리 복음이 말로만 너희에게 이른 것이 아니라 오직 능력과 성령과 큰 확신으로 된 것이니, 우리가 너희 가운데서 너희를 위하여 어떠한 사람이 된 것은 너희 아는 바와 같으니라"(데살로니가전서 1:5). 이를 통해 배우게 되는 것은 개인적 경험과 확신은 권위가 있다는 것입니다. 자신의 경험과 확신을 말하되, 겸손한 태도와 하나님께 영광을 돌리려는 마음으로 말하십시오. 또한 사랑 안에서 은혜롭게 말하십시오. 그럴 때 복음은 능력 있게 상대방에게 전달됩니다.

당신의 말이 진실이라는 것을 입증하기 위해 성경 구절을 인용하십시오. 적절한 성경 말씀을 한두 구절 사용하면 간증의 효과가 아주 큽니다. 성령께서는 당신의 간증을 사용하여 상대방의 마음속에 역사하사 죄, 의, 심판에 대하여 깨닫게 하실 것입니다(요한복음 16:8 참조). 당신이 어떻게 그리스도를 만나게 되었는지를 아주 명확하게 말해 주십시오. 그리하여 어떻게 주님을 영접하는지를 그 간증을 듣는 사람들이 알게 하여 주십시오.

그리스도의 대사

대사는 그 임무를 잘 수행하기 위해 세 가지가 필요합니다. 준비, 신임장, 훈령입니다. 대사는 타국에 대하여 본국의 왕이나 정부를 대표한다는 점에서 중요한 인물입니다. 사도 바울은 우리가 그리스도의 사신 즉 대사라고 했습니다(고린도후서 5:20 참조).

당신과 나는 세상 사람에 대해, 만왕의 왕이요 만주의 주이신 예수 그리스도를 대표하는 크나큰 책임을 부여받았습니다. 이 책임은 놀라운 축복인 동시에 두렵기도 한 것입니다.

어느 대사가 어떤 사안에 대한 자국의 정책을 묻는 질문을 받고 당황하여 얼굴이 빨개져서 어디엔가 그 문건이 있을 것이라면서 서류 가방을 뒤적거리다가 끝내는 찾지 못하는 장면을 상상해 보십시오. 그리스도의 대사가 그렇게 하는 것을 본 적이 있습니까? 나는 본 일이 있습니다. 성경은 영생에 대해 말해 주는 유일한 정보의 원천인데, 성경을 잘 알지 못하는 그는 필요한 구절이 어디에 있는지 잘 몰라 성경을 뒤적거리기만 했습니다. 그는 정보의 원천인 성경을 가지고는 있었으나 그 성경을 잘 알지 못해 정작 사용하지는 못했습니다. 의(義)의 말씀인 성경에 익숙지 않아 성경을 사용하는 데 서툴렀던 것입니다.

내 친구 하나가 무디 성경학교에 다닐 때 있었던 일을 얘기해 주었습니다. 그는 거리에서 복음을 전파하는 팀에 소속되었습니다. 찬송을 한두 곡 부른 다음 짧은 간증을 나누고 복음을 전한 후, 각기 군중 속에 흩어져 개별적으로 사람을 만나 그리스도를 영접하도록 권하는 방법이었습니다. 친구는 한 건물 앞에 앉아 있는 사람에게 다가가 그리스도를 영접하겠느냐고 물었습니다. 그 사람은 영접하겠다고 대답했습니다.

친구는 깜짝 놀랐습니다. 복음을 전하는 것이 처음이었고 또 그런 반응은 예상하지도 않았습니다. 친구는 창세기에서 요한계시록까지 성경을 뒤적거려 보았지만 눈에 익은 구절을 찾지 못했습니다. 이번에는 뒤에서부터 보면 혹시 눈에 익은 구절이 보이리라 생각하면서 요한계시록에서 창세기까지 보았지만 아무것도 찾을 수가 없었습니다. 하는 수 없이 그는 그 사람을 쳐다보며 "하나님께서 당신을 축복하시기를 바랍니다"라고 말하고는 황망히 그 자리를 떠났습니다.

친구는 그날 성경을 철두철미하게 공부하리라 결심했고 그 결심을 실행에 옮겼습니다. 지금은 그와 이야기를 나누어 보면 그가 말씀으로 충만해 있는 것을 알 수 있을 것입니다.

그리스도의 대사로서 우리는 전해야 할 내용을 알아야 합니다. 우리는 복음을 명확하고 간결하게 나눌 수 있어야 합니다. 사람들이 그리스도를 영접하는 올바른 결단을 할 수 있도록 구원의 메시지를 전할 수 있어야 합니다.

다시 한 번 그리스도의 훌륭한 대사가 되는 데 필요한 세 가지 요소를 살펴보십시오. 확실한 신임장을 가지고 있습니까? 네, 있습니다. 우리는 아버지와 아들과 성령의 이름으로 나아갑니다. 우리는 그리스도의 대사입니다. 분명한 훈령이 있습니까? 네, 그것도 있습니다. "너희는 온 천하에 다니며 만민에게 복음을 전파하라"(마가복음 16:15). "너희는 가서 모든 족속으로 제자를 삼으라"(마태복음 28:19). 이것이 훈령입니다. 셋째 요건은 준비하는 것인데, 이것이 많은 사람에게 결핍되어 있습니다. 이제 우리는 우리 안에 있는 소망에 관한 이유를 묻는 모든 자에게 대답할 말을 갖기 위해서 준비해야 합니다(베드로전서 3:15 참조). 가장 훌륭한 준비는 마음속에 하나님의 말씀을 가득 쌓아 두는 것인데, 가장 좋은 방법이 성경 말씀을 암송하는 것입니다. 아직 성경 암송을 하지 않고 있다면 지금 당장 시작하겠다고 하나님과 약속하십시오. (네비게이토에서 발행한 주제별 성경 암송 시리즈를 활용하면 큰 도움이 될 것입니다.)

복음을 전함

바울은 "내가 복음을 부끄러워하지 아니하노니 이 복음은 모든 믿는 자에게 구원을 주시는 하나님의 능력이 됨이라"(로마서 1:16)고 말했습니다. 여기에 사용된 '능력'이라는 말의 헬라어에서 영어의 '발전기(dynamo),' '다이너마이트(dynamite)'라는 단어가 유래되었습니다. 세상에 충만한 하나님의 능력을 보는 한 가지 방법은 복음을 널리 전파하는 것입니다.

복음이란 말은 '복된 소식, 좋은 소식'이라는 뜻입니다. 신문을 보면 좋은 소식은 좀처럼 찾아보기 힘듭니다. 하나님께서는 좋지 않은 소식들로 가득 차 있는 세상에 전할 좋은 소식인 복음을 우리에게 주셨습니다. 복음은, 파괴적인 의미가 아니라 건설적인 의미의 다이너마이트입니다. 바울은 복음을 다음과 같이 잘 요약했습니다. "내가 받은 것을 먼저 너희에게 전하였노니, 이는 성경대로 그리스도께서 우리 죄를 위하여 죽으시고 장사지낸 바 되었다가 성경대로 사흘 만에 다시 살아나사"(고린도전서 15:3-4).

복음을 명확하게 전하기 위해서는 핵심이 되는 성경 구절 몇 개를 암송해 두는 것이 좋습니다.

1. 로마서 3:23. "모든 사람이 죄를 범하였으매 하나님의 영광에 이르지 못하더니." 완전한 사람은 하나도 없다는 단순한 진리를 말하고 있습니다. 우리는 모두 같은 처지에 놓여 있습니다. 그 누구도 하나님의 기준은 고사하고, 자기가 세운 기준에 따라서조차 살지 못합니다. 우리는 모두 죄를 범하였고, 모두 하나님의 영광에서 분리되어 있습니다.

2. 로마서 6:23. "죄의 삯은 사망이요, 하나님의 은사는 그리스도 예수 우리 주 안에 있는 영생이니라." 어느 목사님으로부터 신

약성경에 사용된 '사망'이라는 단어는 두 경우를 제외하고는 모두가 '분리'를 뜻한다는 말을 들은 적이 있습니다. 맞는 말입니다. 죄는 항상 분리시키는 역할을 합니다. 남편이 자기 아내에게 죄를 범하면 둘 사이에는 거리가 생기고 분리가 일어나게 됩니다. 반드시 법적으로 갈라서는 것은 아니라 할지라도 이미 분리가 일어난 것입니다. 어떤 사람이 자기 동업자의 몫을 가로챘다면 그 행동은 둘 사이를 갈라놓게 될 것입니다. 이전에 느꼈던 유대감이나 동료 의식을 느낄 수가 없습니다. 죄는 항상 분리시키는 일을 합니다. 구약의 이사야 선지자는 다음과 같이 말했습니다. "너희 죄악이 너희와 너희 하나님 사이를 내었고"(이사야 59:2). 죄는 우리와 하나님 사이를 갈라놓습니다. 우리를 하나님과 분리시켜 놓습니다.

3. 히브리서 9:27. "한 번 죽는 것은 사람에게 정하신 것이요, 그 후에는 심판이 있으리니." 당신의 죄는 당신이 책임을 져야 한다는 말씀입니다. 무서운 심판 날이 다가오고 있습니다. 법을 위반하여 법정에 섰을 때, 다시는 위반을 하지 않겠으니 한 번만 봐달라고 판사에게 사정해 봐야 아무 소용이 없습니다. 당신의 법규 위반은 문서에 기록으로 남겨져 있으며, 위반의 대가를 반드시 치러야 합니다. 당신의 죄가 하나님 앞에 있는 책에 기록되어 있습니다. 그 죄에 대한 책임은 당신이 져야 합니다. 이 구절은 내세에 대해 혼돈 상태에 사람들에게 이야기해 주어야 할 중요한 말씀입니다. 누구나 한 번은 죽습니다. 이 말씀을 듣고 이렇게 탄식하는 사람이 있을지 모르겠습니다. "맙소사! 지금까지 들은 소식은 하나도 좋은 건 없구나. 우리 모두가 죄인이고, 우리 죄가 우리를 하나님과 분리시켰고, 심판을 받게 된다니!" 이 모든 것이 사실입니다. 그러나 이제까지 세상에서 들어온 소식 중에 가장 좋은 소식이 다음

구절에 나타나 있습니다.

4. 로마서 5:8. "우리가 아직 죄인 되었을 때에 그리스도께서 우리를 위하여 죽으심으로 하나님께서 우리에게 대한 자기의 사랑을 확증하셨느니라." 그리스도께서 대신 형벌을 받아 주신 것입니다. 당신이 법을 어겨 판사 앞에 불려 나가서 다음과 같이 선고를 받았다고 생각해 봅시다. "벌금 100만 원에 처함." 그런데 당신은 벌금 100만 원이 없어 난처하게 되었습니다. 그런데 잠깐, 놀라움을 금치 못할 일이 벌어졌습니다. 판사 자신이 법복을 그 자리에 벗어 두고 당신 옆으로 내려와서 벌금을 대신 지불해 준 것입니다. 이것이 바로 하나님께서 우리 주 예수 그리스도, 곧 사람의 몸으로 오신 그분의 아들을 통해서 우리에게 해주신 일입니다. 당신과 내가 아직 죄인 되었을 때에 그리스도께서 우리를 위하여 죽으셨습니다.

5. 에베소서 2:8-9. "너희가 그 은혜를 인하여 믿음으로 말미암아 구원을 얻었나니, 이것이 너희에게서 난 것이 아니요 하나님의 선물이라. 행위에서 난 것이 아니니, 이는 누구든지 자랑치 못하게 함이니라." 구원은 하나님께서 주신 선물입니다. 선물은 받을 수도 있고 받지 않을 수도 있습니다. 받지 않는 것은 거절하는 것입니다. 하나님께서 그리스도 안에서 주시는 은혜의 선물은 받을 수도 있고 거절할 수도 있습니다. 심한 갈증을 느끼고 있는 당신을 보고, 누군가 물 한 컵을 권합니다. 당신은 감사한 마음으로 그 물을 받아 마셔 목마름을 해결할 수도 있고, 끝까지 고집을 부리며 받지 않고 목말라 괴로워할 수도 있으며, 이 경우 잘못하면 죽을 수도 있습니다. 물은 이미 주어졌습니다. 물이 주는 혜택을 누리려면 당신이 받아 마셔야 합니다. 받고 받지 않고는 당신에게 달려 있습니다.

6. 요한복음 1:12. "영접하는 자 곧 그 이름을 믿는 자들에게는 하나님의 자녀가 되는 권세를 주셨으니." 우리의 삶에 주님을 영접해야 합니다. 영접이 무엇입니까? 죽음을 이기시고 부활하사 살아 계신 예수님을 마음속에 모셔 들이는 것입니다. 예수님께서는 우리 죄를 사하시고 영원한 생명을 은혜의 선물로 주시려고 지금 우리 마음 문 밖에 서서 문을 두드리고 계십니다. 예수님께서는 우리가 마음 문을 열고 예수님을 모셔 들이기를 원하십니다. 예수님께서는 이렇게 말씀하십니다. "볼지어다. 내가 문 밖에 서서 두드리노니, 누구든지 내 음성을 듣고 문을 열면 내가 그에게로 들어가 그로 더불어 먹고 그는 나로 더불어 먹으리라"(요한계시록 3:20).

앞에서 나눈 구절들을 비롯한 여러 구절의 말씀을 통해 성령께서는 사람들을 주님께로 이끄십니다. 이 구절들은 복음을 명확하게 전하는 데 도움이 됩니다. 무엇보다도 그 구절들 속에는 하나님의 능력인 복음의 진리가 담겨 있습니다. 성령께서는 이 말씀들을 사용해서 참으로 추악한 죄인들의 완고한 마음을 녹이시고 그리스도 안에 있는 의로운 삶으로 인도하십니다. 성령을 의뢰하는 가운데 이 말씀들을 확신 있게 나누기 바랍니다. 그러면서 성령께서 그 말씀들을 사용하여 잃어버린 영혼들에게 생명을 주시는 것을 기쁜 마음으로 주목해 보십시오.[1]

---

1. 효과적인 전도 방법에 대해 더 자세히 알고 싶으면 네비게이토 출판사에서 발행한, '전도를 즐기는 삶,' '개인 전도의 방법,' '이렇게 전도하라,' '우리 세대를 위한 창의적 전도' 등을 참조하기 바랍니다.

중생(重生) - 새로운 탄생

전도를 할 때 반드시 알고 이해하고 있어야 할 중요한 진리는 '중생'입니다.

성지를 여행하는 길에 우리는 잠시 사해에서 즐거운 시간을 보낸 적이 있습니다. 아내는 시계나 반지에 바닷물이 튀지 않도록 하라는 주의를 두 번씩이나 받았습니다. 사해 바닷물 속에는 여러 가지 화학 물질이 다량 포함되어 있어서 물이 닿으면 쉽게 부식하기 때문이었습니다. 수면에 반짝이는 햇빛과 병풍처럼 산들로 둘러싸인 바다는 참으로 아름다웠습니다. 그러나 사해는 아무 생물도 살지 못하는 죽은 바다입니다. 그것은 마치 대단히 부유하고 아름답지만 사실은 죽어 있는 사람과도 같습니다!

성경은 "너희의 허물과 죄로 죽었던 너희를 살리셨도다"(에베소서 2:1)라고 이야기합니다. 이 말씀에 대해 깊이 생각해 본 적이 있습니까? 수많은 사람들이 영적으로 죽어 있습니다. 오직 그리스도인만이 살아 있습니다.

성경은 죽은 사람이 다시 살 수 있다고 분명하게 이야기합니다. 예수님께서는 "사람이 거듭나지 아니하면 하나님 나라를 볼 수 없느니라.… 육으로 난 것은 육이요, 성령으로 난 것은 영이니, 내가 네게 거듭나야 하겠다 하는 말을 기이히 여기지 말라"(요한복음 3:3,6-7)라고 말씀하셨습니다. 물론입니다. 이상하게 생각하지 말아야 합니다! 우리가 육체적으로 태어나야만 육적 생명을 얻는 것처럼 영적으로도 태어나야만 영적 생명을 얻게 되는 것입니다.

사도 요한도 "또 증거는 이것이니, 하나님이 우리에게 영생을 주신 것과 이 생명이 그의 아들 안에 있는 그것이니라. 아들이 있는 자에게는 생명이 있고, 하나님의 아들이 없는 자에게는 생명이 없느니라"(요한일서 5:11-12)고 했습니다. 사해 바다와 마찬가지로, 아무리 부유하고 아름다운 사람일지라도 주 예수 그리스도가 없다면 영적으로 죽은 사람인 것입니다. 오직 예수님만이 생명을 주실 수 있습니다. 사전에는 중생을 '하나님의 은혜로 영적 생명을 부여받는 것'이라고 정의합니다.

오직 하나님만이 죽어 있는 자에게 생명을 주실 수 있습니다. 탕자의 비유에서는 탕자가 "죽었다가 살아났다"고 말합니다(누가복음 15장). 바울도 다음과 같이 말했습니다. "너희는 유혹의 욕심을 따라 썩어져 가는 구습을 좇는 옛사람을 벗어 버리고 오직 심령으로 새롭게 되어 하나님을 따라 의와 진리의 거룩함으로 지으심을 받은 새사람을 입으라"(에베소서 4:22-24). 중생, 즉 새로운 탄생이야말로 영적 성장의 출발점이 되는 것입니다. 베드로는 "갓난아이들같이 순전하고 신령한 젖을 사모하라. 이는 이로 말미암아 너희로 구원에 이르도록 자라게 하려 함이라. 너희가 주의 인자하심을 맛보았으면 그리하라"(베드로전서 2:2-3)고 말했습니다. 오직 하나님의 능력을 힘입어 죽은 자가 생명을 얻을 수 있습니다. 그것이 바로 중생입니다.

영적으로 성장하도록 도와줌

우리 집 텃밭은 아름답습니다. 아내는 땅을 일구어 채소를 가꾸기 좋아합니다. 상추, 무, 옥수수, 토마토, 양배추 들은 아내가 세심하게 돌보고 가꾸는 만큼 티가 납니다. 토양, 비, 좋은 기후, 비료 등이 복합적으로 작용해 식물이 성장하고 열매를 맺습니다. 밭에서 일어나는 일과 영적 세계에서 일어나는 일에는 흡사한 점이 매우 많습니다. 사도 바울은 "나는 심었고 아볼로는 물을 주었으되 오직 하나님은 자라나게 하셨나니"(고린도전서 3:6)라고 말합니다.

다른 사람을 영적으로 성장하도록 도와주는 데 가장 필요한 요소는 무엇입니까? 무엇보다도 '사랑'을 가장 중요한 요소로 들 수 있습니다. "새 계명을 너희에게 주노니 서로 사랑하라. 내가 너희를 사랑한 것같이 너희도 서로 사랑하라. 너희가 서로 사랑하면, 이로써 모든 사람이 너희가 내 제자인 줄 알리라"(요한복음 13:34-35). 그리스도의 사랑으로 사람들에게 무조건적인 사랑을 베푸십시오. 우리의 사랑을 통해 그들은 하나님께서 자기들을 사랑하신다는 것과 하나님의 사랑은 무조건적이라는 것을 깨닫게 될 것입니다. 하나님의 사랑은 얻기 위해 노력할 필요가 없습니다. 또 애써 노력해 얻을 수 있는 것도 아닙니다.

또 다른 요소는 '믿음'입니다. 사람들로 하여금 살아 있는 순수한 믿음을 볼 수 있도록 해주십시오. 한번은 아내와 내가 경제적으로 어려운 때가 있었습니다. 당시 우리 주위에 있던 몇 명의 새로 믿은 그리스도인들이 그 사실을 알고는 우리를 걱정해 주었습니다. 나는 하나님께서 공급하여 주실 것을 믿기 때문에 걱정하지 않는다고 확신 있게 말했습니다. 얼마 후 하나님께서는 풍성히 공급해 주셨습니다. 만일 우리가 절망과 걱정에 빠져 있었다면 어떻게 되었겠습니까? 후에 그들은 어려운 가운데서도 하나님을 의뢰함으로 평안을 잃지 않는 우리를 보고 큰 격려를 받았다고 했습니다. 우리의 믿음은 그들의 믿음을 견고하게 해주었습니다. "믿음이 없이는 기쁘시게 못하나니, 하나님께 나아가는 자는 반드시 그가 계신 것과 또한 그가 자기를 찾는 자들에게 상 주시는 이심을 믿어야 할지니라"(히브리서 11:6).

'순종' 역시 중요한 요소입니다. 예수님께서는 "나의 계명을 가지고 지키는 자라야 나를 사랑하는 자니, 나를 사랑하는 자는 내 아버지께 사랑을 받을 것이요, 나도 그를 사랑하여 그에게 나를 나타내리라"(요한복음 14:21)고 말씀하셨습니다. 우리가 주님께 즉각적으로, 온전히, 기쁨으로 순종하는 모습은 어린 그리스도인의 삶에 커다란 영향을 미칩니다. 다음과 같은 말이 있습니다. "나는 어느 때나 설교를 듣기보다는 그것을 보기를 더 원한다. 나는 어떤 사람이 그 길을 말해 주는 것보다 나와 함께 걸어가 주기를 원한다." 본을 보여 주는 것은 영적 성장에 매우 중요합니다. 바울도 다음과 같이 말합니다. "너희는 내게 배우고 받고 듣고 본 바를 행하라. 그리하면 평강의 하나님이 너희와 함께 계시리라"(빌립보서 4:9).

그러면 구체적으로 어떻게 그들의 영적 성장을 도울 수 있겠습니까? 먼저, 그들로 하여금 '말씀'과 '기도'를 통해 우리 주 예수님과 생명력 있는 교제를 가지게 하여 주십시오. 그들이 경건의 시간을 잘 가질 수 있도록 도와주십시오. 예수님의 예를 보여 주십시오. "새벽 오히려 미명에 예수께서 일어나 나가 한적한 곳으로 가사 거기서 기도하시더니"(마가복음 1:35). 경건의 시간을 갖도록 도울 수 있는 가장 좋은 방법 가운데 하나는 그들과 함께 경건의 시간을 갖는 것입니다. 그들에게 아침 식사 전 몇 분간 함께 성경을 읽고 기도하는 게 어떨지 물어보십시오. 괜찮다고 하면 실제로 함께 그런 시간을 가지십시오. 말로 가르쳐 주기보다 삶으로 보여 주는 게 훨씬 이해가 쉽습니다. 직접 해봄으로써 배울 수 있습니다. 성경공부, 성경 읽기, 성경 암송의 중요성을 보여 주십시오. 성경 읽기를 통해서는 성경 전체의 개요를 파악해 나갈 수 있습니다. 규칙적으로 성경을 읽으면 여러 내용의 연관성을 아는 데 도움이 됩니다. 성경공부는 영적 삶의 기초를 마련해 줍니다. 성경 암송은 하나님의 말씀을 마음에 간직함으로써 언제 어디서나 성령의 인도하심에 따를 수 있는 좋은 방법입니다. 그들에게 기도하는 법을 가르쳐 주십시오. 또한 이미 이런 것들을 실천하고 있는 다른 그리스도인들과 교제를 나눌 수 있도록 해주십시오. 이러한 교제는 주님의 사랑과 은혜를 더 잘 알아 가고자 하는 마음을 북돋아 주며 믿음을 더욱 견고하게 해줄 것입니다.

다른 사람을 도와주려면 자신이 먼저 하고 있어야 합니다. 자신이 꾸준히 실천하고 있어야 다른 사람도 실천하게 할 수 있는 법입니다. 본이 되는 삶을 지속적으로 살지 않고는 다른 사람을 가르치며 도와줄 수가 없습니다. 바울의 말을 들어 봅시다. "형제들아, 너희는 함께 나를 본받으라. 또 우리로 본을 삼은 것같이 그대로 행하는 자들을 보이라"(빌립보서 3:17). "내 자신이 아직 해보진 않았지만, 여기 당신에게 유익한 것이 있습니다"라고 해서는 다른 사람의 삶에 거의 영향을 줄 수 없습니다. 만일 이런 생각을 한다면 큰 오산입니다.

내 친구 한 사람은 제2차 세계대전 중 진주만에 주둔해 있을 때 그리스도께로 돌아왔습니다. 그는 과거에 도박꾼이었고, 기독교 배경이라고는 전혀 없었습니다. 그런데 그의 부대 내에 켄 워터스라는 그리스도인이 있었는데, 켄은 매일 경사진 잔디밭에 나가서 말씀과 기도로 주님과 교제하며 두세 시간을 보냈습니다. 친구는 이것을 보고 그리스도인이면 누구나 해야 하는 일로 생각하고는 자기도 매일 다른 잔디밭으로 가서 주님과 교제하는 시간을 가졌습니다. 켄의 삶과 본은 그에게 큰 영향을 미친 것입니다.

하나님께서는 당신의 삶을 통해서도 같은 일을 하실 수 있습니다. 매일 주님과 교제를 나누는 일에 충성스럽게 드려지십시오. 그러면 성령께서 당신의 삶을 사용하셔서 다른 사람들의 삶에 큰 영향을 미치시는 것을 보게 될 것입니다. 이것을 보고 당신은 기쁨과 놀라움을 금치 못할 것입니다.

말씀에 뿌리를 내리도록 도울 것

그 놀라운 소식을 들었던 그날은 우리에게는 신나는 날이었습니다. 전화를 받은 친구의 목소리가 흥분된 것으로 미루어 봐서 좋은 소식이라는 것을 알 수 있었습니다. 그는 수화기를 내려놓고 우리에게 다가와 말했습니다. "제리가 드디어 주님을 믿었습니다. 어젯밤에 주님을 영접했대요." 우리는 몇 주 동안 그를 위해 계속 기도해 왔는데, 그날은 드디어 주님께서 응답해 주신 정말 신나는 날이었습니다.

그러나 약 한 달쯤 지나자 우리의 기쁨은 염려로 바뀌었습니다. 그동안 여러 형제가 제리와 교제를 나누고 그와 함께 기도도 하면서, 지속적으로 매일 주님과 교제하는 시간을 갖도록 도와주려고 애썼으나, 소용이 없었습니다. 제리는 마음이 따뜻하고 친절하며 활동적인 젊은이로 원만한 성격에 언변이 좋은 친구였습니다. 그는 동료인 의예과 학생들에게 그리스도를 증거하기 시작했고, 그리스도 안에서 새로 갖게 된 믿음에 대해 말해 주었습니다. 누구나 그를 좋아하고 그와 함께 있기를 즐겼습니다. 그래서 주님을 증거하는 것을 별로 어려워하지 않았습니다. 그러나 한 가지 염려스러운 것은 그가 정기적으로 말씀을 섭취하며 기도하는 시간을 내지 못하고 있다는 것이었습니다. 꾸준한 말씀 섭취와 기도가 없이는 이처럼 증거하는 삶을 지속할 수가 없습니다. 경건한 그리스도인이라면 누구나 경험적으로 이 사실을 잘 알고 있습니다.

결국 일이 터졌습니다. 어느 날 밤에 약 10명이나 되는 친구들이 제리의 방으로 몰려가 그의 믿음에 대하여 '말장난'을 벌이기 시작했습니다. 그들은 그에게 질문을 퍼부어 댔고, 성경을 반박하는 온갖 종류의 이론을 들이댔으며, 하나님의 존재에 대해 의문을 제기하기도 했고, 그가 놓치고 있었던 세상적 즐거움들을 나열했습니다. 그들은 거의 3시간 동안이나 법석을 떨면서 질문하고, 웃고, 조롱하며, 논쟁을 하다가 돌아갔습니다.

제리는 흔들렸습니다. 열심은 식어 가기 시작했습니다. 옛 친구들과 다시 어울리기 시작했습니다. 얼마 후에는 옛 습관들이 나타나기 시작했습니다. 종종 교회에는 나갔지만 마음은 이미 식어 버렸습니다. 우리가 권면의 말을 해주면 자기는 광적으로 믿고 싶지는 않다고 말했습니다. 그의 상태는 마치 라오디게아 교회 사람들처럼 되어 버렸습니다. "내가 네 행위를 아노니, 네가 차지도 아니하고 더웁지도 아니하도다. 네가 차든지 더웁든지 하기를 원하노라. 네가 이같이 미지근하여 더웁지도 아니하고 차지도 아니하니 내 입에서 너를 토하여 내치리라"(요한계시록 3:15-16).

제리의 문제는 단순했습니다. 그에게 일어났던 일은 지금도 전 세계에서 계속해서 되풀이되고 있습니다. 주님을 만나고 난 후 국내를 두루 다니며 복음을 증거하기 시작한 어떤 젊은 축구선수를 기억합니다. 그는 너무 바빠서 매일 주님과 동행하는 일에 착념할 시간이 없었습니다. 다행히도 그는 무엇이 잘못되었는지를 알았고 도움을 구했습니다. 지금 그는 목회자로서 주님을 섬기고 있는데,

그가 담임하고 있는 교회는 분위기가 아주 역동적이고, 잃어버린 영혼들을 주님께로 이끄는 일에 힘쓰고 있습니다. 예수님께서는 제리의 문제를 이렇게 설명하셨습니다. "또 이와 같이 돌밭에 뿌리웠다는 것은 이들이니, 곧 말씀을 들을 때에 즉시 기쁨으로 받으나 그 속에 뿌리가 없어 잠깐 견디다가 말씀을 인하여 환난이나 핍박이 일어나는 때에는 곧 넘어지는 자요"(마가복음 4:16-17).

자신의 경험이나 성격을 의지해 주님을 따르고 섬기려고 하는 사람은 이내 함정에 빠지게 되어 있습니다. 마귀가 공격해 올 때 하나님의 말씀은 우리의 가장 좋은 방어 무기입니다. 사람이 그리스도를 믿고 나서 곧바로, 로켓이 힘차게 하늘로 날아오르듯, 힘차게 사는 것은 아주 좋은 일입니다. 열심히 주님을 섬기고, 하나님의 구원의 은혜를 증거하며, 여러 영적 활동에 적극적이라면 더할 나위가 없을 것입니다.

그러나 이런 일들이 지속되려면 반드시 그 이면에 주님과의 친밀한 교제가 있어야 합니다. 이와 연관하여 주님께서는 이렇게 경고하십니다. "바위 위에 있다는 것은 말씀을 들을 때에 기쁨으로 받으나 뿌리가 없어 잠깐 믿다가 시험을 받을 때에 배반하는 자요, 가시떨기에 떨어졌다는 것은 말씀을 들은 자니, 지내는 중 이생의 염려와 재리와 일락에 기운이 막혀 온전히 결실치 못하는 자요"(누가복음 8:13-14). 그러나 앞에서 말한 축구선수의 경우처럼 좋은 결과를 가져올 수도 있습니다. "좋은 땅에 있다는 것은 착하고 좋은 마음으로 말씀을 듣고 지키어 인내로 결실하는 자니라"(8:15). 당신은 어떤 사람이 되기를 원합니까?

묵상과 적용

1. 이 장에서 배운 가장 큰 교훈은 무엇입니까? 그것을 어떻게 삶에 적용하겠습니까?

2. 왜 간증이 주님을 증거하는 데 효과적인 도구인지 생각해 보십시오. 당신의 간증을 다음 내용으로 작성하되, 3분 정도에 나눌 수 있는 분량으로 하십시오. 1인칭(나는, 나의, 나를 등)을 사용하십시오.
   1) 그리스도를 믿기 전의 삶

   2) 그리스도를 믿게 된 경위

   3) 그리스도를 믿은 후의 삶의 변화

3. 하나님께서는 우리를 그리스도의 대사로 불러 주셨습니다.
   1) 그리스도의 대사라는 직분은 당신에게 특권으로 여겨집니까, 의무로 여겨집니까? 그 이유가 무엇입니까?

   2) 대사가 해야 할 일과 하지 말아야 할 일이 무엇인지 생각해 보십시오.

   3) 당신이 더 나은 대사가 되기 위해 힘써야 할 일은 무엇입니까?

4. 다른 사람의 영적 성장을 돕기 위해 갖춰야 할 것 세 가지를 복습하십시오. 이 세 가지 면에서 발전하기 위해 당신이 해야 일은 무엇입니까?

제 9 장

제자의 길에
가로놓인 위험

돌이켜 보면, 젊어서는 열심히 주님을 따르다가 지금은 주님과 동행하는 삶을 살고 있지 않는 사람이 있음을 보게 됩니다. 그만큼 제자의 길은 장애물과 위험이 가득한 길임에 틀림없습니다. 우리의 대적 사탄은 결코 만만한 상대가 아닙니다. 우리 자신의 힘으로는 대적할 수가 없는 강적입니다. 그는 쉬지 않고 우리를 유혹하고 공격하며, 온갖 수단과 방법을 가리지 않고 다 동원하여 우리의 성장을 방해합니다. 미리 알고 대비하는 것이야말로 최선의 방책입니다.

우리의 영적 삶 가운데 언제 나타날지 모를 위험 신호를 잘 감지해야 합니다. 이것은 아무리 강조해도 지나치지 않습니다. 이 장에 소개한 예들 가운데 어떤 것은 나 자신의 가슴 아픈 경험에서 나온 것이며, 어떤 것은 사탄의 올무에 걸린 사람들의 삶에서 나온 것들입니다. 아무도 제자의 길을 가다가 넘어져 고통을 당하지 않기를 기도하는 마음으로 이 글을 씁니다.

9. 제자의 길에 가로놓인 위험

내친구 한 사람은 일주일에 하루 저녁은 시내에 있는 버스 차고로 가서 그곳 정비공들에게 그리스도를 전파했습니다. 이러한 수고의 결과로 그들 가운데 많은 사람이 주님을 알게 되었습니다. 그러나 얼마 후 누군가가 그 친구는 육신적인 힘과 노력으로 그런 일을 하고 있다고 비난했습니다. 그 말을 듣고 나서 나는 다른 친구인 스킵에게 그러한 비난에 대하여 어떻게 생각하느냐고 물었습니다. 스킵은 당치도 않은 말이라고 잘라 말했습니다. 나도 같은 생각이었습니다. 분명 우리는 부지런히, 지속적으로, 그리고 규칙적으로 복음을 증거해야 합니다.

육신의 행위

그러나 여기서 짚고 넘어가야 할 중요한 점이 있습니다. 실제로 육신의 힘과 동기를 가지고 주님의 일을 할 수도 있다는 것입니다. 이 같은 일은 사람에게 잘 보이려고 지나치게 애쓸 때 자주 나타납니다. '사람을 기쁘게 한다'란 말은 신약성경만큼이나 오래된 말로서 사도 바울은 다음과 같이 말합니다. "종들아, 두려워하고 떨며, 성실한 마음으로 육체의 상전에게 순종하기를 그리스도께 하듯 하여, 눈가림만 하여 사람을 기쁘게 하는 자처럼 하지 말고 그리스도의 종들처럼 마음으로 하나님의 뜻을 행하여, 단 마음으로 섬기기를 주께 하듯 하고 사람들에게 하듯 하지 말라"(에베소서 6:5-7).

사람을 기쁘게 하려는 행동은 교회 안에서도 많이 볼 수 있습니다. 예를 들면, 주일학교의 젊은 교사가 주일학교 교장을 기쁘게 하려고 열심을 내는 것이라든가, 젊은 목사가 자신이 소속된 교파의 노회 웃어른들에게 좋은 인상을 주려고 애쓰는 것 등입니다. 나는 대학 선교를 책임 맡은 한 젊은이가 첫 임지에 나가서 그 지역 책임자를 기쁘게 하려고 녹초가 되도록 수고하는 것을 본 적이 있습니다. 첫 일 년 동안 그는 밤늦게까지 일하고, 신경과민에서 비롯된 긴장과 내적인 갈등 가운데서 고된 업무를 자신의 지혜와 힘으로 감당하기 위해 열심히 노력했습니다. 흔히 교만 때문에 그럴 수도 있는데, 그의 경우는 그런 것은 아니었고 단지 일을 잘해서 그가 가장 존경하는 윗사람을 기쁘게 해드리려는 것이었습니다. 그래서 그는 기진맥진하도록 일을 했습니다. 게으름과 나태가 그리스도인의 삶에 치명적인 것처럼, 자신의 한계를 벗어난, 지나친 육신적 열심과 수고도 똑같이 위험할 수 있다는 점에 주의해야 합니다.

위에 예를 든, 그 젊은이의 동기는 교만이 아니었다고 말했는데, 많은 경우에는 교만이 그 뒤에 숨어 있습니다. 예수님께서도 "사람에게 보이려고 그들 앞에서 너희 의를 행치 않도록 주의하라"(마태복음 6:1)고 주의를 주셨습니다. 우리 모두에게는 누구나 남들에게 보이고 싶은 것이 있습니다. 차마 내 입으로 말하기엔 좀 뭐하지만 남들이 알아주고 말해 주었으면 하고 은근히 바라는 것이 있습니다. 또 남들이 칭찬해 주기를 바라는 것이 있습니다. 이런 태도가 바로 교만이며, 이 교만 때문에 밤늦게까지 열심히 일을 하거나 아예 밤을 새기까지 하는 것입니다. 사탄은 이러한 우리의 약점을 이용해 우리의 삶 가운데서 균형을 깨어 놓는 데 능수능란합니다. 그는 우리에게 다가와 "천천히 하지 그래!" 하고 속삭입니다. 그 말에 나는 "그럴 순 없다"고 대답합니다. 그러면 그는 "좋아. 그러면 속력을 더 내보지!" 하고 부추깁니다. 어느 쪽이든 그에게는 문제될 게 없습니다. 우리를 속여서 어떻게든 열매 맺는 삶을 살지 못하도록 몰아가는 것이 그의 전략입니다.

고된 수고의 이면에 있는 또 다른 동기는 '누군가와 같이 되고 싶어 하는 마음'입니다. 우리는 그 사람을 흠모하고 존경하며 닮고자 합니다. 사도 바울은 자신을 본받으라고 했습니다. "너희는 내게 배우고 받고 듣고 본 바를 행하라. 그리하면 평강의 하나님이 너희와 함께 계시리라"(빌립보서 4:9). 자신이 가지고 있는, 그리스도를 향한 사랑, 잃어버린 사람들에 대한 관심, 다른 사람을 그리스도 안에서 성장하도록 돕고자 하는 열망 등을 두고 한 말입니다. 이러한 마음은 하나님이 주신 것이기에, 우리 모두에게 있어야 마땅합니다. 그러나 하나님께서 주신 은사나 능력을 고려하지 않고 다른 사람과 똑같이 하려고 할 때가 위험한 것입니다. 자신에게 주신 은사를 따라 성령의 능력을 힘입어 행해야 합니다. 하나님께서는 우리에게 주신 은사를 우리가 사용하기 원하십니다.

하나님께서는 우리를 창조하실 때 우리가 균형을 이루는 삶을 살도록 하셨습니다. 주님의 일을 할 때에도 균형이 필요합니다. 게으름과 육신적 열심은 둘 다 성서적이 아닙니다. 열쇠는, 주님의 시야로 자신을 평가하며, 주님께서 주시는 능력으로 수고하는 것입니다.

게으름

우리는 여러 모양으로 일생을 그르칠 수 있습니다. 어떤 목표를 정해 놓고 그 목표를 성취하기 위해 밤낮을 가리지 않고 뛰었지만 마지막에 가서야 그것이 잘못된 목표였다는 것을 깨닫는 사람들이 한둘이 아닙니다. 나는 그런 사람들을 많이 만났습니다. 참으로 불행한 일입니다. 그들은 나를 쳐다보면서 이렇게 말했습니다. "리로이 씨, 나는 일생을 헛산 것 같습니다. 그동안 열심히 산다고 살아왔는데, 이제 돌이켜보니 잘못된 길을 걸어왔습니다. 잘못된 것을 붙잡으려고 애쓴 겁니다. 내놓을 만한 게 하나도 없어요."

또한 어떤 일에도 전폭적으로 자신을 드리지 않음으로써 일생을 그르칠 수도 있습니다. 무슨 일이나 재미 삼아 해보는 것입니다. "이 한 가지 일을 하겠다"라기보다 "이 40가지 일을 손대 봐야지" 하는 식입니다. 마치 극장 출입구 차양 밑 전등들 주위에 몰려 있는 나방들과 같습니다. 이리저리 날며 부지런히 날갯짓을 하지만 실제로는 아무 데도 가지 못합니다. 이런 사람은 이것저것 좇다가 일생을 허비해 버립니다. 끝내 아무것도 이루지 못하고 허무한 일생을 마치게 됩니다.

일생을 아무 보람 없이 마치게 되는 세 번째 경우는 게으름을 좇아 아무것도 하지 않는 것입니다. 누구에게나 게으른 속성이 있기 때문에 성경은 이 게으름과 연관하여 많은 교훈을 주고 있습니다.

하지만 지금이라도 잘못된 길에서 돌이켜 진리를 따라 올바른 길을 가기 원하는 자들에게 성경에서는 놀라운 약속을 해주고 있습니다. "이 하나님은 영영히 우리 하나님이시니 우리를 죽을 때까지 인도하시리로다"(시편 48:14). 당신이 올바른 길에서 벗어나 있습니까? 하나님께서는 자신의 완전하신 뜻 가운데로 당신을 인도해 주시겠다고 약속하십니다. 이 일도 해보고 저 일도 해보는 식으로 삶을 허비해 왔습니까? 하나님께서는 완전한 길로 나아가도록 지도해 주시겠다고 약속하십니다. "너는 마음을 다하여 여호와를 의뢰하고 네 명철을 의지하지 말라. 너는 범사에 그를 인정하라. 그리하면 네 길을 지도하시리라"(잠언 3:5-6).

그러나 게으르고 나태한 사람에게는 무서운 경고가 있을 뿐입니다. 사실 잠언에는 이와 연관된 교훈이 참 많이 있습니다. "게으른 자여, 개미에게로 가서 그 하는 것을 보고 지혜를 얻으라. 개미는 두령도 없고 간역자도 없고 주권자도 없으되 먹을 것을 여름 동안에 예비하며 추수 때에 양식을 모으느니라. 게으른 자여, 네가 어느 때까지 눕겠느냐? 네가 어느 때에 잠이 깨어 일어나겠느냐? 좀 더 자자, 좀 더 졸자, 손을 모으고 좀 더 눕자 하면, 네 빈궁이 강도같이 오며 네 곤핍이 군사같이 이르리라"(잠언 6:6-11). 이 교훈은 매우 단순합니다. 즉 게으르면 재앙을 당한다는 것입니다. 개미가 장래를 대비해 일을 하지 않는다면 굶어 죽게 되는 것처럼 말입니다. 하나님께서는 장래 문제로 마음 졸이며 불안해하는 것은 꾸짖으시지만, 현명하게 앞을 내다볼 줄 아는 것은 칭찬하십니다. 열심히 일하는 것은 미덕으로 그리고 있지만 게으름은 악덕이라고 말하고 있습니다. 예수님께서는 달란트(재능)를 묻어 두는 사람을 게으를 뿐만 아니라 악하다고 말씀하십니다(마태복음 25:26 참조).

나 역시 영적인 영역에서 게으름이 끼치는 해독을 보아 왔습니다. 하나님의 말씀에 깊이 거하는 사람을 존경하기는 하지만, 그 자신은 말씀을 공부하려고 하지 않는 사람이 있었습니다. 그리스도의 말씀으로 마음을 가득 채운 사람과의 교제는 즐기지만 정작 자신은 성경을 암송하기 위한 대가는 치르려 하지 않았습니다. 풍성한 기도 응답을 받은 간증을 듣고 감동은 하지만 자신은 기도에 힘쓰지 않았습니다. 그 사람은 잠언 21:25 말씀의 산 증인입니다. "게으른 자의 정욕이 그를 죽이나니, 이는 그 손으로 일하기를 싫어함이니라." 하나님께서는 소돔의 죄로 교만함, 풍족함, 태평함, 남을 도와주지 않음 등(에스겔 16:49-50 참조) 여러 가지를 드셨는데, 그중의 하나가 '태평함'입니다.

당신이 만일 게으름이라는 함정에 빠져 있는 것을 깨닫고 거기서 벗어나고자 한다면 두 가지 방법이 있습니다. 한 가지 방법은 잠언에서 게으름에 대해 경책하고 있는 말씀을 한두 구절 암송하는 것입니다. 이렇게 하면 성령께서는 하루 종일 그 교훈을 생각나게 해주실 것입니다. 또 한 가지 방법은 게으름의 죄에서 구해 주시도록 계속적으로 하나님께 기도하는 것입니다. 게으름은 당신의 일생을 망칩니다. "우매자는 손을 거두고 자기 살을 먹느니라"(전도서 4:5).

혀

우리 몸의 지체는 문제를 일으키기가 정말 쉽습니다. 보지 말아야 할 것을 보기도 하고, 듣지 말아야 할 것을 듣기도 합니다. 가지 말아야 할 곳에 발이 가 있을 때도 있고, 해서는 안 되는 일을 손이 저지르는 경우도 있습니다. 그러나 눈, 귀, 손, 발 등 모든 지체 중에서 그 무엇보다도 주의해야 할 것은 혀입니다.

대학 1학년 때의 일입니다. 교수님 한 분이 우리에게 야고보서

3:5-6을 외우도록 했습니다. "이와 같이 혀도 작은 지체로되 큰 것을 자랑하도다. 보라. 어떻게 작은 불이 어떻게 많은 나무를 태우는가! 혀는 곧 불이요, 불의의 세계라. 혀는 우리 지체 중에서 온몸을 더럽히고 생의 바퀴를 불사르나니 그 사르는 것이 지옥 불에서 나느니라." 당시에는 그분의 의도를 잘 이해할 수 없었지만 해가 감에 따라 이해가 되었습니다. 혀가 일으킬 수 있는 문제를 경고해 주고자 함이었던 것입니다.

2학년을 마친 후 여름방학 때 캘리포니아에서 열린 수양회에 참석했습니다. 당시 강사였던 도슨 트로트맨은 그리스도인 삶의 위험 요소에 대해 말씀을 전해 주었는데, 놀랍게도 가장 첫 번째 요소로 혀를 들었던 기억이 납니다.

최근에 나는 아프리카에 가 있는 선교사 가족으로부터 편지를 한 통 받았는데, 부인은 편지를 부치기가 어려웠다고 말했습니다. 여러 달 동안 우체국에 우표가 없었기 때문입니다. 이를 참지 못하고 남편에게 불평을 했더니, 남편이 웃으면서 "여보, 당신은 '모든 일을 원망과 시비가 없이 하라'는 말씀을 배울 필요가 있소"라고 하더라는 것이었습니다. 남편의 말을 듣고 부인은 "정말 그래!" 하고 깨닫게 되었다는 것입니다. 또 이와 연관해 다음 날 아침 주님께서 말씀을 통해 가르쳐 주신 바들을 편지에 나누었습니다. 나는 그 편지를 읽으면서 불평불만에 빠지기가 얼마나 쉬운가를 생각하게 되었습니다. 불평은 치명적인 습관입니다. 왜냐하면 불평은 주위의 모든 사람에게 어둡고 침울한 기분을 전달할 뿐만 아니라, 주님께 대한 불신과 반항의 한 형태이기 때문입니다. 불평을 하는 것은 사실상 하나님께서 우리 삶을 주관하고 계신 것을 믿지 않음을 나타내는 것입니다.

혀가 일으키는 문제는 또 있습니다. 베개에서 삐져나온 깃털을 다시 집어넣는 것이나 튜브에서 짜낸 치약을 다시 밀어 넣는 것이 어렵듯이, 한 번 내뱉은 말은 다시 거둬들일 수가 없습니다. 특별히 화가 나서 성급하게 한 말은 더욱 그렇습니다. 그래서 야고보는 "혀는 능히 길들일 사람이 없나니, 쉬지 아니하는 악이요, 죽이는 독이 가득한 것이라. 이것으로 우리가 주 아버지를 찬송하고, 또 이것으로 하나님의 형상대로 지음을 받은 사람을 저주하나니, 한 입으로 찬송과 저주가 나는도다. 내 형제들아, 이것이 마땅치 아니하니라"(야고보서 3:8-10)라고 기록하고 있는 것입니다. 우리는 부드러운 대답을 하거나 잠잠히 있기보다 분을 참지 못하고 과격한 말을 하거나 아무 말이나 마구 지껄이기가 훨씬 더 쉽습니다. 하지만 유순한 대답은 과격한 말보다 힘이 있습니다. "유순한 대답은 분노를 쉬게 하여도 과격한 말은 노를 격동하느니라"(잠언 15:1). 성숙한 사람의 특징은 올바른 말을 올바른 때에 올바른 방법으로 하는 것입니다. "만일 말에 실수가 없는 자면 곧 온전한[성숙한] 사람이라. 능히 온몸도 굴레 씌우리라"(야고보서 3:2).

혀로 인해 누구나 쉽게 빠지기 쉬운 또 다른 위험들이 잠언에 기록되어 있습니다. 그 가운데 하나가 바로 비방입니다. 우리는 얼마나 비방을 잘하는지요! 농담 삼아 누군가를 깎아내리곤 하는데, 많은 경우 사실은 자신을 돋보이게 하려는 의도에서 그런 농담을 합니다. 성경은 이렇게 말하고 있습니다. "혹은 칼로 찌름같이 함부로 말하거니와 지혜로운 자의 혀는 양약 같으니라"(잠언 12:18).

혀는 친구 사이에 다툼을 일으키기도 합니다. "허물을 덮어 주는 자는 사랑을 구하는 자요, 그것을 거듭 말하는 자는 친한 벗을 이간하는 자니라"(잠언 17:9). "패려(悖戾)한 자는 다툼을 일으키고 말쟁이는 친한 벗을 이간하느니라"(잠언 16:28). (패려하다는 것은 언행이나 성질이 도리에 어긋나고 사납다는 뜻입니다.)

무지하고 악한 말이 아니라, 진실하고 선한 말을 하도록 힘쓰십시오. 자신의 입술을 지켜 주시도록 매일 기도하십시오(시편 141:3). 또한, "그 입으로 나오는바 은혜로운 말"(누가복음 4:22)로 사람들을 놀라게 하신 예수님의 삶을 공부함으로써, 더욱 은혜롭고 지혜로운 말을 하는 법을 배우기 바랍니다.

쓴 뿌리

우리 집에서는 요구르트와 신선한 블루베리 열매를 덮어서 구워 낸 콩 팬케이크를 즐겨 먹습니다. 지난 주일에도 그것을 먹었는데, 나는 마침 생일 선물로 받은 새 바지를 입고 있었기 때문에 매우 조심을 해야 했습니다. 블루베리를 바지에 흘려 얼룩이 생기면 지우기가 거의 불가능했기 때문입니다. 그 얼룩은 흰 셔츠 주머니에 넣어 둔 볼펜에서 새어 나온 잉크처럼 잘 지워지지도 않는 보기 흉한 자국을 남깁니다.

성경은 이런 얼룩 같은 문제에 대해 다음과 같이 경고합니다. "모든 사람으로 더불어 화평함과 거룩함을 좇으라. 이것이 없이는 아무도 주를 보지 못하리라. 너희는 돌아보아 하나님 은혜에 이르지 못하는 자가 있는가 두려워하고, 또 쓴 뿌리가 나서 괴롭게 하고 많은 사람이 이로 말미암아 더러움을 입을까 두려워하고"(히브리서 12:14-15). 이 말씀은 모든 사람, 심지어는 괴로움을 주는 사람과도 화평하게 지내라는 권면입니다. 이를 행하기가 쉽지는 않겠지만, 예수님께서는 이것에 대해 명확하게 말씀하셨습니다. "나를 인하여 너희를 욕하고 핍박하고 거짓으로 너희를 거스려 모든 악한 말을 할 때에는 너희에게 복이 있나니, 기뻐하고 즐거워하라. 하늘에서 너희의 상이 큼이라. 너희 전에 있던 선지자들을 이같이 핍박하였느니라"(마태복음 5:11-12).

 선택은 우리에게 달려 있습니다. 하늘의 큰 상을 기대하며 기뻐하고 즐거워하는 복된 삶을 살 수도 있고, 하나님의 은혜에 이르지 못하고 쓴 뿌리 가운데 나날을 간신히 버티는 삶을 살 수도 있습니다. 쓴 뿌리는 자신의 삶을 파멸시킬 뿐만 아니라, 그것이 닿는 것은 사람이든 뭐든 다 오염시키고 더럽힙니다. 또한 쓴 뿌리는 전염성이 강한 전염병과도 같아서 곳곳으로 잘 퍼집니다. 쓴 뿌리에 감염되면 치료가 어렵고, 결국에는 모두 불구가 됩니다. 쓴 뿌리는 자신의 삶과 다른 사람의 삶에 쓴 열매를 맺게 합니다. 쓴 뿌리를 가진 사람의 삶은 불안정하고 위태롭습니다. 하나님께서도 쓴 뿌리로 가득 찬 인생에게는 은혜를 부어 주실 수가 없습니다.

 왜냐고요? 쓴 뿌리를 가진 사람은 하나님의 절대주권을 인정하지 않기 때문입니다. 그러한 사람을 보면 대개의 경우 부당한 대우를 받아 왔다는 생각을 품고 있으며 그로 인해 마음에 상처를 입은 사람입니다. 그 결과 그 속에 쓴 뿌리가 생기게 된 것입니다. 쓴 뿌리가 계속 자라게 되면, 하나님을 사랑하는 자들에게는 진실로 모든 것이 합력하여 선을 이룬다(로마서 8:28)는 진리를 받아들이지 않게 됩니다. 그는 "항상 기뻐하라. 범사에 감사하라"(데살로니가전서 5:16,18)는 성경의 가르침을 무시합니다. 궁극적으로는 파멸에 이르는 길로 자신을 몰아넣게 됩니다. 쓴 뿌리는 많은 사람을 더럽히며, 자기 자신을 파괴합니다.

아마 당신도 이런 비슷한 경험을 해보았을 것입니다. 어떤 사람이 불친절하고, 사려 깊지 못하고, 심술궂어서, 당신의 감정을 몹시 상하게 하는 말이나 행동을 했다고 합시다. 그럴 때 상대방에 대해 분개하는 마음을 품거나 나쁜 생각을 마음속에 꾹 눌러 담아 두지 마십시오. 그것이 쓴 뿌리로 자라지 못하게 하십시오. 그 사람에게 가서 서로 터놓고 이야기하십시오. 그를 용서하십시오. 잊어버리십시오. 이제 상처투성이인 과거는 죄다 잊고, 온전히 깨끗한 새로운 미래를 맞이하십시오. 그 미래에서 다시 새로운 삶을 시작하십시오. 그리하여 하나님께서 베푸시는 한없는 은혜를 충만히 누리도록 하십시오. 그렇지 않으면 결국 쓴 뿌리의 희생물이 될 수밖에 없습니다. 쓴 뿌리에게 져 패배자가 되지 말고 승리자가 되십시오. 예수님의 말씀을 기억하십시오. "네 형제가 죄를 범하거든, 가서 너와 그 사람과만 상대하여 권고하라. 만일 들으면 네가 네 형제를 얻은 것이요"(마태복음 18:15).

고난

감람(올리브)산 우편 기슭에 위치한 겟세마네 동산에 올라서면 마음이 정말로 숙연해집니다. 그곳은 2천 년도 더 된 올리브나무들이 서 있는 아름다운 곳이지만, 당신을 압도하는 것은 그 아름다움이 아니라 그곳에서 일어났던 역사적인 사건일 것입니다. 겟세마네란 말은 '올리브유를 짜는 틀'을 의미하는데, 두 개의 커다란 둥글고 거친 돌 사이에 올리브를 넣고 갈아 기름이 흘러나오도록 만든 맷돌과 비슷한 것으로서 돌의 무게로 큰 압력을 올리브에 가하게 됩니다.

그 동산에서 예수님께서 겪으신 고통과 괴로움을 생각해 보면, 그분이 받으셨던 그 엄청난 '압력'이 육체적인 것이라기보다는 정신적인 것이었다는 것을 알 수 있을 것입니다. 베드로와 요한과 야고보를 데리고 기도 장소로 가시면서 고민하고 슬퍼하사 "내 마음이 심히 고민하여 죽게 되었으니, 너희는 여기 머물러 나와 함께 깨어 있으라"고 말씀하셨습니다(마태복음 26:37-38). 예수님께서는 힘쓰고 애써 더욱 간절히 기도하셨고, 땀이 땅에 떨어지는데 핏방울같이 되었습니다(누가복음 22:44). 예수님께서 겪으신 정신적 고통과 압력은 역사상 유례가 없는 유일무이한 것이었습니다. 주님을 따르는 사람들도 이 같은 고난과 압력을 맛보게 될 것입니다.

베드로는 "사랑하는 자들아, 너희를 시련하려고 오는 불 시험을 이상한 일 당하는 것같이 이상히 여기지 말고"(베드로전서 4:12)라고 가르쳤으며, 바울도 "그리스도를 위하여 너희에게 은혜를 주신 것은 다만 그를 믿을 뿐 아니라 또한 그를 위하여 고난도 받게 하심이라"(빌립보서 1:29)고 했고, 예수님께서도 요한복음 16:33에서 "이것을 너희에게 이름은 너희로 내 안에서 평안을 누리게 하려 함이라. 세상에서는 너희가 환난을 당하나, 담대하라. 내가 세상을 이기었노라"고 말씀하셨습니다. 이 같은 고난을 우리는 어떻게 다루어야 하겠습니까? 무엇을 해야 하겠습니까?

첫째로, 고난을 담대하게 견뎌 나가려는 결심이 있어야 합니다. 겟세마네 동산에서의 고통이 있기 훨씬 전에 주님께서는 많은 고난을 겪고 죽임을 당할 것을 제자들에게 가르치셨으며(누가복음 9:22 참조), "…예루살렘을 향하여 올라가기로 굳게 결심"(누가복음 9:51) 하셨습니다. 그리고 때가 이르자 주님께서는 단호하게 예루살렘을 향하여 올라가셨습니다(마가복음 10:32-33). 즉, 예수님께서는 그 일을 끝까지 이루시기로 결심을 하셨던 것입니다. "예수께서 열두 제자를 데리시고 이르시되, '보라. 우리가 예루살렘으로 올라가노니, 선지자들로 기록된 모든 것이 인자에게 응하리라'"(누가복음 18:31).

둘째로, 하나님의 뜻에 헌신해야 합니다. 예수님께서는 "내 원대로 마옵시고 아버지의 원대로 되기를 원하나이다"(누가복음 22:42)라고 기도하셨습니다. 그 무엇보다도 간절한 기도가 있어야 합니다. 예수님께서도 간절하게 기도하셨다고 기록되어 있습니다. "예수께서 힘쓰고 애써 더욱 간절히 기도하시니…"(누가복음 22:44).

셋째로, 우리가 당하는 시련과 고난과 압력에 대한 현실적인 이해가 있어야 합니다. 이에 대해 바울은 "…우리가 짐 진 것같이 탄식한다"(고린도후서 5:4)고 했습니다. 이 탄식은 무거운 짐에 짓눌려 나오는 비탄의 신음소리입니다. 우리의 삶에 닥치는 고난과 역경이 실제로 무거운 짐이라는 사실을 인식하는 것이 필요합니다. 그렇지 않다고 애써 부인해 봐야 아무 소용이 없습니다. 단지 그리스도인이기 때문에 고난이 없을 것이라는 생각은 잘못된 것입니다. 결코 사실이 아닙니다. 사실은 그리스도인이기 때문에 오히려 고난이 있다는 것입니다.

그러나 우리의 고난은 하늘나라의 관점에서 바라보아야 합니다. "우리의 잠시 받는 환난의 경한 것이 지극히 크고 영원한 영광의 중한 것을 우리에게 이루게 함이니, 우리의 돌아보는 것은 보이는 것이 아니요 보이지 않는 것이니, 보이는 것은 잠깐이요 보이지 않는 것은 영원함이니라"(고린도후서 4:17-18). 예수님께서는 지금 하늘에 우리의 영원한 처소를 예비하고 계십니다(요한복음 14:2-3 참조). 하늘나라에 우리를 기다리고 있는 영원한 집이 있습니다. 이러한 산 소망을 주신 하나님께 감사하십시오. 소망이 있을 때 삶도 의미와 목적을 지니기 때문입니다.

독일의 유대인 포로수용소에서 마지막까지 살아남았던 사람들은 끝까지 희망의 끈을 놓지 않았던 사람들이었다고 합니다. 희망을 잃는 순간 생명도 메말라 버렸습니다. 베드로는 다음과 같이 말했습니다. "찬송하리로다. 우리 주 예수 그리스도의 아버지 하나님이 그 많으신 긍휼대로 예수 그리스도의 죽은 자 가운데서 부활하심으로 말미암아 우리를 거듭나게 하사 산 소망이 있게 하시며, 썩지 않고 더럽지 않고 쇠하지 아니하는 기업을 잇게 하시나니, 곧 너희를 위하여 하늘에 간직하신 것이라. 너희가 말세에 나타내기로 예비하신 구원을 얻기 위하여 믿음으로 말미암아 하나님의 능력으로 보호하심을 입었나니, 그러므로 너희가 이제 여러 가지 시험을 인하여 잠깐 근심하게 되지 않을 수 없었으나 오히려 크게 기뻐하도다. 너희 믿음의 시련이 불로 연단하여도 없어질 금보다 더 귀하여 예수 그리스도의 나타나실 때에 칭찬과 영광과 존귀를 얻게 하려 함이라. 예수를 너희가 보지 못하였으나 사랑하는도다. 이제도 보지 못하나 믿고 말할 수 없는 영광스러운 즐거움으로 기뻐하니 믿음의 결국 곧 영혼의 구원을 받음이라"(베드로전서 1:3-9).

고난은 그리스도인이건 아니건 상관없이 누구에게나 찾아오는 삶의 현실입니다. 차이가 있다면 그리스도인에게는 보이지 않는 도움의 손길이 있다는 것입니다. 바로 하나님의 보배로운 약속들과 성령입니다. 하나님의 약속들은 우리를 언제나 견고하게 붙들어 줍니다. 또한 성령께서는 하나님의 약속들이 우리 안에서 살아 움직이게 하시며, 그 약속들을 이루어 가십니다. 이 얼마나 든든합니까?

즐겨 부르는 찬송가 하나가 생각납니다. "죄 짐 맡은 우리 구주, 어찌 좋은 친군지! 걱정 근심 무거운 짐 우리 주께 맡기세.… 근심 걱정 무거운 짐, 아니 진 자 누군가? 피난처는 우리 예수, 주께 기도드리세." 어떻게 예수님이 우리의 친구와 피난처가 될 수 있느냐고요? 예수님께서도 고난을 당해 보셨기 때문에 우리를 능히 도우실 수 있습니다. "그리고 친히 고난과 시련을 겪으셨기 때문에 우리가 겪는 고난과 시련의 어려움을 아시고 능히 도와주실 수 있었습니다"(히브리서 2:18, 현대어성경). "그는 육체에 계실 때에 자기를 죽음에서 능히 구원하실 이에게 심한 통곡과 눈물로 간구와 소원을 올렸고, 그의 경외하심을 인하여 들으심을 얻었느니라. 그가 아들이시라도 받으신 고난으로 순종함을 배워서 온전하게 되었은즉 자기를 순종하는 모든 자에게 영원한 구원의 근원이 되시고"(히브리서 5:7-9).

선교사들도 때로는 무거운 마음의 짐과 스트레스를 감당하지 못해서 귀국해야만 할 때가 있습니다. 뿐만 아니라 수많은 사람들이 이것 때문에 직장을 그만두기도 합니다. 또 이것 때문에 술에 빠지고 마약에 손을 대기도 합니다. 이런 짐과 스트레스는 수많은 사람들의 꿈과 포부를 꺾고 그들을 절망의 어두운 골짜기로 내모는 악한(惡漢)과도 같습니다. 성경에서는 그것을 여러 가지 이름으로 부릅니다. 환난, 고통, 고생, 고난 등등. 어느 것도 듣기 좋은 말은 아닙니다. 보통 사람들은 이것을 바라보기만 할 뿐 직접 부딪치려고는 하지 않습니다.

하지만 우리 삶에 불쑥 침입하여 우리를 훼방하고 힘들게 하는, 이 '악한'을 나쁘게만 보아서는 안 됩니다. 실제로는 우리를 하나님의 존전으로 인도하기 위해 하나님께서 보내신 '변장한 천사'일 수도 있습니다. 주님께서는 우리의 무거운 짐을 주님께 가지고 나아오기를 원하십니다. 주님께서는 그 짐을 해결할 수 있는 해결책을 가지고 계십니다. 주 하나님께서는 우리의 짐을 져주시겠다고 약속하셨습니다(시편 55:22, 62:8, 베드로전서 5:7 참조). 날마다 우리 짐을 지시는 주님을 찬양합시다(시편 68:19).

과거에 얽매임

예루살렘 외곽에 있는 '나그네의 묘지'에서 올려다보면 대제사장 가야바의 저택이 보입니다. 나그네의 묘지는 원래 토기장이의 밭이었습니다. 유다는 예수님께서 사형 판결을 받으시는 것을 보고 스스로 뉘우쳐, 예수님을 팔아서 받은 은 삼십을 대제사장들과 장로들에게 도로 갖다 주었으나, 그들은 받지 않았고, 유다는 그 돈을 성소에 던져 넣고 물러가서 스스로 목매어 죽었습니다. 대제사장들은 그 은전을 거두어 토기장이의 밭을 사서 나그네의 묘지로 삼았던 것입니다(마태복음 27:3-10 참조). 유다가 예수님을 팔고서 받은 은 삼십으로 산 이 묘지에 섰을 때, 나는 이 장소들과 연관이 있는 두 사람, 예수님을 판 유다와 대제사장의 저택에서 예수님을 부인했던 베드로에 대해 생각하게 되었습니다. 그 밤은 두 사람 모두에게 운명의 밤이었습니다. 둘 다 눈물로 그 밤을 보냈습니다.

유다와 베드로 둘 다 예수님을 배반한 후 밖으로 나간 것은 같습니다. 유다의 경우는, 예수님을 판 후, 밖으로 나가 스스로 목을 매어 죽었습니다. 그는 배반자라는 오명과 죽음이라는 이중의 비극으로 끝났습니다. 그러나 베드로의 경우는 이와 달랐습니다. 물론 그는 주님을 부인했으며, 그것은 그의 일생을 망쳐 버릴 수 있는 비겁한 행동이었습니다. 자신의 남은 일생 동안 죄의식과 양심의 가책 때문에 괴로워하는 삶을 살 수도 있었습니다. 그러나 그렇지 않았습니다. "밖에 나가서 심히 통곡"(누가복음 22:62)하였습니다. 몹시 비통하게 슬피 큰소리로 한없이 울었습니다. 그는 하나님의 은혜로 자신의 잘못을 뉘우치고 자백하였으며, 하나님께 크게 쓰임을 받았습니다. 그리스도를 배반했던 그가 수많은 사람들을 그리스도께로 인도했고, 신약성경의 두 서신서까지 쓰게 된 것입니다.

성경에는 단 한 가지 행동 때문에 그들의 삶을 망쳐 버릴 수 있었던 사람들의 이야기가 많습니다. 제1차 전도여행 중에 바울과 바나바를 떠나 집으로 돌아가 버린 마가는, 자신의 남은 일생을 자기 합리화와 자책 속에서 보낼 수도 있었습니다. 즉, 자기 행동이 옳았다고 변명할 수도 있었고, 혹은 잘못을 뉘우치고 심한 좌절에 빠질 수도 있었습니다. 그러나 그는 그러지 않았습니다. 나중에 그는 주님의 일에 유용한 인물이 되었습니다. 사도 바울은 디모데에게 보낸 편지에서 이렇게 말했습니다. "…네가 올 때에 마가를 데리고 오라. 저가 나의 일에 유익하니라"(디모데후서 4:11). 또한 하나님께서는 그를 사용하셔서 복음서 중 하나를 쓰게 하셨습니다.

이에 대해 잠시 동안 생각해 보십시오! 불충실했던 종이 하나님의 충실한 종으로서 주 예수님을 세계에 알리는 데 하나님께 사용되었습니다. 마가의 일생은 비극이 승리로 바뀐 또 하나의 예가 된다고 하겠습니다. 다윗은 그의 죄가 죽음과 비극을 초래했었지만, 하나님의 마음에 합한 사람이 되었습니다. 또 바울은 자신이 그리스도인들을 핍박하고 죽였던 때를 회고하면서 "어떻게 하나님께서 살인자를 쓰실 수 있을까?" 하는 질문으로 괴로워할 수도 있었을 것입니다.

당신에게도 이런 떠올리고 싶지 않은 과거가 있을지도 모르겠습니다. 사탄은 이런 과거를 이용하여 당신이 하나님이 원하시는 사람이 되지 못하게 막을 것입니다. 사도 바울은 "형제들아, 나는 아직 내가 잡은 줄로 여기지 아니하고 오직 한 일, 즉 뒤에 있는 것은 잊어버리고 앞에 있는 것을 잡으려고 푯대를 향하여 그리스도 예수 안에서 하나님이 위에서 부르신 부름의 상을 위하여 좇아가노라"(빌립보서 3:13-14)라고 말했습니다. 뒤에 있는 것들은 잊어버리십시오. 과거에 머물러 있지 마십시오.

회개하고 죄 사함을 받음으로 복된 평안을 누리십시오. 믿음으로 하나님의 용서와 깨끗케 하심을 받아들이십시오(요한일서 1:9 참조). 당신의 삶을 하나님의 손에 맡기고, 그리스도 예수 안에서 하나님이 위에서 부르신 부름의 상을 받기 위해 푯대를 향하여 좇아가십시오. 쉬운 일은 아닐 것입니다. 좋은 일치고 쉬운 일이 있을까요? 거의 없습니다.

바울은 "나는 푯대를 향하여 좇아가노라!"고 했습니다. "나는 푯대를 향해 둥둥 떠간다"든가, "푯대를 향해 스르르 미끄러져 간다"고 하지 않았습니다. "좇아가노라"라는 말에는, 앞에 언제나 방해물이 있음을 암시합니다. 따라서 항상 힘이 든다는 의미가 들어 있습니다. 세상의 유혹과 사탄의 방해가 있기 때문입니다. 그러나 푯대를 향하여 믿음으로 달려간다면 주님께서 약속하신 승리가 우리를 기다리고 있을 것입니다.

푯대를 향하여 달려가는 이것이 쉽지는 않지만, 뒤에 있는 것들을 잊어버리는 것은 가능합니다. 왜냐하면 우리가 무엇을 생각하느냐는 우리의 선택에 달려 있다고 성경에서 가르쳐 주기 때문입니다. "종말로 형제들아, 무엇에든지 참되며, 무엇에든지 경건하며, 무엇에든지 옳으며, 무엇에든지 정결하며, 무엇에든지 사랑할 만하며, 무엇에든지 칭찬할 만하며, 무슨 덕이 있든지, 무슨 기림이 있든지, 이것들을 생각하라"(빌립보서 4:8). 여기서 바울은 여러 가지 긍정적인 덕목을 열거하면서 우리에게 '이것들을 생각하라'고 명하였습니다. 이를 통해 보건대, 우리 마음이 무엇을 생각할지를 선택하는 것은 가능한 일입니다. 그렇지 않다면 그런 명령을 하지도 않았을 것입니다. 성경은 순종할 수 없는 명령은 하지 않습니다.

마귀가 우리 그리스도인들을 무력화(無力化)시키기 위하여 주로 사용하는 술수가 무엇인지 아십니까? 그중 하나가 바로, 이미 지나가 버린 일에 대한 후회와 가책에 빠져 거기에서 헤어나지 못하게 하는 것입니다. 과거에 대한 후회와 가책에 빠져 있으면 한 걸음도 앞으로 나아갈 수가 없습니다. 그러나 마귀의 이런 술수를 모르고 있는 그리스도인이 참으로 많습니다.

당신이 만일 이런 상태에 있다면 이렇게 하십시오. 자신의 죄와 악을 깨닫고 진정으로 돌이키려는 마음으로 하나님께 자백하십시오. 죄를 인정하고 진정으로 회개하는 마음으로 하나님께 아뢰면, 하나님께서는 우리를 용서하시며 깨끗하게 하여 주십니다(요한일서 1:9). 우리의 모든 죄를 깊은 바다에 던져 버리십니다(미가

7:19). 동이 서에서 먼 것같이 우리 죄과를 우리에게서 멀리 옮기십니다(시편 103:12). 우리의 죄악과 허물을 사하시고 도말하시며 다시는 우리의 죄를 기억지 아니하십니다(이사야 43:25, 예레미야 31:34). 하나님께서는 우리의 죄과를 잊으십니다.

그러나 마귀는 우리가 범한 죄를 잊지 않습니다. 그는 꼭 기억해 두었다가 우리에게 다가와서는 우리를 속이고 거짓말을 하며, 생각조차 하기 싫은 그 죄에 다시 주의를 환기시켜서 우리로 하여금 다시 양심의 가책에 시달리게 하고, 낙망의 구렁텅이에 빠져들게 합니다. 그런 일이 계속되면 우리의 머릿속은 온통 마귀의 놀이터가 되고 맙니다. 성경에서는 마귀를 형제들을 참소하는 자라고 지칭하고 있는데 실제로 그는 밤낮으로 우리를 참소합니다(요한계시록 12:10 참조). 밤에는 특히 심합니다. 그의 참소 때문에 단잠을 설친 적이 얼마나 많습니까?

하나님을 믿으십시오. 하나님께서는 이렇게 약속하십니다. "만일 우리가 우리 죄를 자백하면 저는 미쁘시고 의로우사 우리 죄를 사하시며 모든 불의에서 우리를 깨끗케 하실 것이요"(요한일서 1:9). 이 약속을 믿음으로 받아들이십시오. 단잠을 자게 될 것입니다. 승리의 새 날이 당신을 기다리고 있을 것입니다. 그리고 하나님 나라에서 귀히 쓰임받는 새로운 삶을 살게 될 것입니다.

묵상과 적용

1. 이 장에서 배운 가장 큰 교훈은 무엇입니까? 그것을 어떻게 삶에 적용하겠습니까?

2. 사람에게 보이려고 하는 행동은 왜 문제가 됩니까? 어떻게 하면 이러한 잘못에서 벗어날 수 있겠습니까?

3. 성경은 쓴 뿌리의 위험성을 경고합니다(히브리서 12:15).
   1) 쓴 뿌리는 왜 위험합니까?

   2) 쓴 뿌리를 갖는 이유는 무엇입니까?

   3) 은혜로운 마음을 갖기 위해 필요한 것은 무엇입니까?

4. 제자의 길에 가로놓인 위험 중 당신이 특별히 조심해야 할 것이 있다면 무엇입니까? 어떻게 하면 그 위험에 빠지지 않을 수 있겠습니까?

제 10 장

죄로부터의 승리

창세기는 아담과 하와가 어떻게 죄를 짓게 되었는지를 보여 주고 있습니다(창세기 3장). 겉으로 보기에는 그들이 죄를 짓게 된 이유가 단순히 식욕 때문인 것처럼 보이지만, 좀 더 자세히 살펴보면 "육신의 정욕과 안목의 정욕과 이생의 자랑"(요한일서 2:16) 이 세 가지가 한데 어우러져 있는 것을 알 수 있습니다. "여자가 그 나무를 본즉 먹음직도 하고(육신의 정욕), 보암직도 하고(안목의 정욕), 지혜롭게 할 만큼 탐스럽기도 한(이생의 자랑) 나무인지라, 여자가 그 실과를 따 먹고 자기와 함께한 남편에게도 주매 그도 먹은지라"(창세기 3:6). 이렇게 '첫 사람 아담'(고린도전서 15:45)은 유혹에 빠져 죄를 짓게 되었습니다.

복음서(마태복음 4장, 누가복음 4장)에서 우리는 사탄이 이와 똑같은 것으로 그리스도를 시험한 것을 볼 수 있습니다. 돌로 떡을 만들어 먹으라고 유혹했고(육신의 정욕), 자기가 보여 준 모든 것을 소유하게 해주겠다고 유혹했으며(안목의 정욕), 성전에서 뛰어내려 천사들이 보호해 주는 것을 공공연히 드러내 보이라고 유혹했습니다(이생의 자랑). 그러나 '마지막 아담'(고린도전서 15:45)이신 예수님께서는 유혹을 받으셨지만 승리하셨습니다.

이 장에서는 승리는 죄와 사탄에게 최초로 승리하신 주님을 통해서만 얻을 수 있다는 사실을 나누고자 합니다.

10. 죄로부터의 승리

어떻게 하면 백만 달러를 벌 수 있는가를 알기 위하여, 빈민굴을 찾아가 깡통을 들고 구걸하는 거지에게 그 방법을 묻지는 않을 것입니다. 또한 경제적으로 완전히 망하여 파산 선고를 받은 사람에게 그 방법을 묻지도 않을 것입니다. 예수님께서는 죄를 이기고 승리하신 유일한 분이십니다. 따라서 죄로부터 승리하는 법을 배우기 원한다면 죄에서 승리하신 예수님께 나아가야 합니다.

승리의 원천

사탄은 한때, 하나님 존전에 서서 하늘의 영광을 누리던 자였습니다. 성경학자들에 의하면 그는 하늘의 성가대 지휘자였다고 합니다. 그러나 그는 하나님을 반역했고, 그 결과 저주를 받아 배로 다니고 흙을 먹게 되었습니다. 자신의 이런 경험을 통해 그는 죄와 반역의 길은 그 끝이 오직 파멸이라는 것을 알았습니다. 그는 완전히 영적 '파산자'가 되었습니다. 성경은 이렇게 말합니다. "오직 각 사람이 시험을 받는 것은 자기 욕심에 끌려 미혹됨이니"(야고보서 1:14). 사람은 자기 욕심에 끌려 미혹될 때 시험을 받게 됩니다. 자기 욕심에 끌리면 하나님에게서 떠나게 되고 하나님과 멀어지게 됩니다. 하나님의 임재, 하나님과의 교제, 하나님의 말씀으로부터 떠나 점점 멀어지게 됩니다. 이처럼 하나님으로부터 떠나 멀어질 때 자기 욕심에 끌려가게 되고, 그리하여 시험을 받게 되는 것입니다. 바로 이와 같은 일이 에덴동산에서 일어났습니다. 하와는 사탄의 꾀는 말을 따르기로 결정했던 것입니다. 세상에 이런 어리석은 행동이 어디 있습니까! 영적으로 완전히 파산한 '파산자'의 말을 믿고 따르다니 말입니다.

영적 승리와 연관하여 핵심이 되는 두 단어가 있는데, '생명(삶)'과 '사망(죽음)'입니다. 로마서 6장은 그리스도인의 승리의 생활을 주제로 하고 있는데, 죄로부터 승리하기 위한 첫 번째 열쇠는, 우리가 '죄에 대하여 죽었다'는 사실입니다. 1-2절에 보면 다음과 같은 말씀이 있습니다. "그런즉 우리가 무슨 말 하리요? 은혜를 더하게 하려고 죄에 거하겠느뇨? 그럴 수 없느니라. 죄에 대하여 죽은 우리가 어찌 그 가운데 더 살리요?" 이 구절의 가르침은 분명합니다. 우리는 더 이상 죄 가운데 살 수 없다는 것입니다. 우리가 죄에 대하여 죽었기 때문입니다. 사도 베드로는 다음과 같이 말했습니다. "그리스도께서 이미 육체의 고난을 받으셨으니, 너희도 같은 마음으로 갑옷을 삼으라. 이는 육체의 고난을 받은 자가 죄를 그쳤음이니, 그 후로는 다시 사람의 정욕을 좇지 않고 오직 하나님의 뜻을 좇아 육체의 남은 때를 살게 하려 함이라. 너희가 음란과 정욕과 술 취함과 방탕과 연락과 무법한 우상 숭배를 하여 이방인의 뜻을 좇아 행한 것이 지나간 때가 족하도다"(베드로전서 4:1-3).

로마서 6:6에서 바울은 이렇게 말했습니다. "우리가 알거니와 우리 옛 사람이 예수와 함께 십자가에 못 박힌 것은 죄의 몸이 멸하여 다시는 우리가 죄에게 종노릇하지 아니하려 함이니." 이 구절에서 보여 주는 승리의 원리는 '옛 습관을 사용하지 않음으로써 약화시키라'는 것입니다. '멸하여'라는 말의 뜻이 '쓰지 않아서 작동하지 않게 되다'입니다. 이것을 생각하면서 12절을 읽어 보십시오. "그러므로 너희는 죄로 너희 죽을 몸에 왕 노릇하지 못하게 하여 몸의 사욕을 순종치 말고." 죄가 왕 노릇하게 해서는 안 됩니다. 죄가 우리 몸을 지배하지 못하게 해야 합니다. 죄가 무법자처럼 남아서, 때때로 분규를 일으키고 손상을 입힐 수는 있습니다. 그러나 죄가 우리를 통치하게 해서는 안 됩니다. 죄가 법을 만들거나, 회의를 주재하거나, 군대를 통솔하게 해서는 안 됩니다.

승리의 삶을 위한 두 번째 열쇠는, 우리가 '하나님을 대하여 살았다'는 사실입니다(6:11). 이제 우리는 하나님을 대하여 살았기 때문에 새 생명 가운데서 행해야 합니다. 4절에서 이렇게 말씀합니다. "그러므로 우리가 그의 죽으심과 합하여 세례를 받음으로 그와 함께 장사되었나니, 이는 아버지의 영광으로 말미암아 그리스도를 죽은 자 가운데서 살리심과 같이 우리로 또한 새 생명 가운데서 행하게 하려 함이니라." 우리 그리스도인들은 새로운 규칙을 따라 행하는 것을 배워야 합니다. 새로운 길을 선택해야 합니다. 새로운 목표를 향하여 나아가야 합니다.

그리스도인들을 괴롭히는 문제들은 대부분 단번에 영원히 해결되는 것이 아닙니다. 그런 까닭에 사도 바울은 이렇게 말했습니다. "또한 너희 지체를 불의의 병기로 죄에게 드리지 말고, 오직 너희 자신을 죽은 자 가운데서 다시 산 자같이 하나님께 드리며, 너희 지체를 의의 병기로 하나님께 드리라. 죄가 너희를 주관치 못하리니, 이는 너희가 법 아래 있지 아니하고 은혜 아래 있음이니라"(로마서 6:13-14). 우리 자신을 죄에게 드리지 말고 하나님께 드리는 훈련을 꾸준히 해나가야 합니다. 여기서 '드린다'는 것은, 패자가 승자에게 굴복하듯이 하는 것이 아니라, 열심 있는 학생이 지혜로운 스승에게 굴복하듯이 하는 것을 말합니다. "그러므로 형제들아, 내가 하나님의 모든 자비하심으로 너희를 권하노니, 너희 몸을 하나님이 기뻐하시는 거룩한 산제사로 드리라. 이는 너희의 드릴 영적 예배니라"(로마서 12:1).

우리를 대적하는 적들

사람들이 영적 전투에서 자주 패하는 이유는 승리의 법칙을 잘 모르기 때문입니다. 하나님께서는 말씀 안에 이 법칙들을 잘 보여 주셨습니다. 우리는 이것들을 부지런히 연구하고 따라야 합니다. 전투의 승리는 화약에 대한 강의를 듣는 데 있지 않고 실제 적과 싸워 이기는 데 있습니다. 우리 그리스도인은 끊임없이 전쟁 중에 있습니다. 항상 우리를 대적하는 세 가지 적이 있는데, 세상과 육신과 마귀(야고보서 3:15 참조)입니다. 우리는 어떤 적이 공격해 오든지 그 적을 맞아 각각 그에 맞는 전술과 무기를 가지고 싸워서 물리쳐야 합니다.

우리가 맞서 싸워야 할 첫 번째 적은 '세상'입니다. 세상은 많은 유혹, 그럴듯하지만 허황된 약속, 헛된 영광으로 가득 차 있습니다. 세상은 결코 얕잡아 봐서는 안 될 막강한 적입니다. 세상이라는 적과 맞서 싸우기 위한 우리의 무기는 주님과의 교제입니다. 짤막한 찬송 가사가 이것을 잘 말해 줍니다. "주님의 은혜와 영광의 광채에 세상에 속한 것들은 빛을 잃고 만다네." 우리는 날마다 그리스도와 교제하는 삶을 힘써야 합니다(2-4장 참조). 이러한 주님과의 교제로 우리의 믿음은 성장하게 됩니다. 세상을 이기는 승리의 길은 곧 우리의 믿음입니다. 성경은 이렇게 말씀합니다. "대저 하나님께로서 난 자마다 세상을 이기느니라. 세상을 이긴 이김은 이것이니, 우리의 믿음이니라"(요한일서 5:4).

두 번째 적은 '육신'입니다. 육신의 유혹을 이기는 비결은 피하는 것입니다. 바울은 디모데에게 이렇게 말했습니다. "또한 네가 청년의 정욕을 피하고"(디모데후서 2:22). 솔로몬도, "내 아들아, 악한 자가 너를 꾈지라도 좇지 말라.… 그들과 함께 길에 다니지 말라. 네 발을 금하여 그 길을 밟지 말라.… 사특한 자의 첩경에 들어가지 말며 악인의 길로 다니지 말지어다. 그 길을 피하고 지나가지 말며 돌이켜 떠나갈지어다"(잠언 1:10,15, 4:14-15)라고 했습니다. 인화 물질이 불꽃 옆에 있기만 해도 불이 붙는 것처럼 육신은 너무 쉽게 유혹에 넘어가기 때문에 아무리 사소한 유혹이라 할지라도 가까이해서는 안 됩니다. 하나님께서 동산의 나무 중 한 나무의 실과는 먹지 말라고 하셨습니다. 하와는 마땅히 그 나무를 피해야 했습니다. 그런데 어디에 있었습니까? 바로 그 나무 아래에 있었습니다. 그것도 혼자서 말입니다! 참으로 어리석은 행동이 아닐 수 없습니다.

우리를 대적하는 세 번째 적은 '마귀'입니다. 마귀와 싸울 때에는 단호하게 맞서 싸워야 합니다. 조금도 양보하거나 사정을 봐주지 말아야 합니다. 우리가 조금만 약하게 나가면 마귀는 가차 없이 우리를 공격합니다. 하지만 우리가 강하게 맞서면 우리를 피합니다. 성경은 이렇게 말합니다. "마귀를 대적하라. 그리하면 너희를 피하리라"(야고보서 4:7), "너희 안에 계신 이가 세상에 있는 이보다 크심이라"(요한일서 4:4). 마귀와의 싸움에서 우리가 사용하는 무기는 육에 속한 것이 아니요 하나님께 속한 것입니다(고린도후서 10:4 참조). 우리는 하나님의 말씀을 사용해야 합니다. 하나님의 말씀은 살아 있으며 강력한 힘이 있습니다(히브리서 4:12). 우리의 삶이 하나님의 말씀에 푹 젖어 있을 때 성령께서는 그 말씀을 사용하십니다. 하나님의 말씀은 성령의 검이기 때문입니다. 바울은 "성령의 검, 곧 하나님의 말씀을 가지라"(에베소서 6:17)고 말했습니다. 예수님께서도 광야에서 시험을 받으셨을 때 말씀을 사용하여 마귀를 물리치는 좋은 본을 보여 주셨습니다. 말씀을 우리의 무기로 사용한다는 것은 곧, 우리 자신의 힘으로 싸우는 것이 아니라, 갈보리에서 이미 마귀를 물리치신 주님의 승리를 우리 자신의 것으로 주장하는 것입니다.

뒷골목에서 강도를 만났을 때 잠수함으로 대처하지 않습니다. 이처럼 육적인 삶에서도 적에 따라 대처하는 방법이 각기 다르듯이, 영적인 삶에 있어서도 적의 공격을 받을 때 그 적에 따라 사용하는 전략과 무기가 다릅니다. 세상은 그리스도와의 교제로써 대항하고, 육신의 유혹은 피해야 하고, 마귀는 대적해서 싸워야 합니다.

승리에 대한 잘못된 개념

그러나 어떤 경우는 전혀 승산이 없는 싸움도 있습니다. 댈러스에서 콜로라도스프링스로 가는 비행기에서 나는 이런 '지는 싸움'을 하는 사람을 본 적이 있습니다. 그는 바로 내 앞자리에 앉아 있었는데 내가 앉아 있는 자리가 비상구가 있는 줄이어서 그의 좌석은 뒤로 젖힐 수 없도록 되어 있었습니다. 뒤로 젖히면 비상구를 막아 버리기 때문에 구조적으로 젖혀지지 않게 되어 있었습니다. 그러나 이 사람은 그것을 모르는지 1,000km 넘게 가는 동안 내내 의자 버튼을 눌러 대며 두 발을 앞으로 뻗치며 등 뒤로 힘껏 밀쳐 댔지만 아무 소용이 없었습니다. 그는 승산 없는 '지는 싸움'을 하고 있었던 것입니다.

열심 있는 그리스도인들 중에도 흔히 승리에 대해 잘못된 개념을 가지고 있기 때문에 이 사람처럼 승산 없는 지는 싸움을 하고 있는 경우가 많습니다. 이런 잘못된 개념은 그럴듯한 논리로 포장이 되어 있으며, 교회에서도 열심히 가르칠 수 있습니다. 그래서 잘못된 것인 줄 모르고 아무런 의심 없이 그대로 받아들여 적용하다가 혼란과 실망에 빠지는 경우가 있습니다. 사람들이 잘못 생각하고 있는 것 중 여섯 가지를 들면 다음과 같습니다.

'죄의 자백.' 죄의 자백을 승리와 동일시하는 이들이 있는데, 이것은 잘못된 생각입니다. 자백을 한다고 해서 승리를 경험하게 되는 것은 아닙니다. 하지만 자백은 하나님과의 교제를 회복하는 유일한 길이기에 꼭 필요한 것입니다. "만일 우리가 우리 죄를 자백하면 저는 미쁘시고 의로우사 우리 죄를 사하시며 모든 불의에서 우리를 깨끗케 하실 것이요"(요한일서 1:9). 자백을 통해서 우리는 승리를 향한 첫걸음을 내딛게 되며, 하나님께서는 이것을 기뻐하십니다. 그러나 자백은 단지 시작일 뿐, 계속 승리의 길을 가도록 보장해 주지는 않습니다.

'간절한 기도.' 간절히 기도해야 승리를 얻을 수 있다는 생각도 잘못된 것입니다. 어떤 사람이 밤낮으로, 날마다, 또 예배를 드릴 때마다, 자신의 잘못을 뉘우치며 승리를 주시도록 하나님께 간절히 구했습니다. 교회 기도실에서 두 손 모으고 기도하기도 하고, 침대에서 무릎을 꿇고 기도하기도 했습니다. 그런데 언제 어디서 기도하든 그가 미처 깨닫지 못한 사실이 있는데, 그것은 승리를 구하는 기도는 응답될 수가 없다는 것입니다. 승리는 이미 주어졌기 때문입니다. 그리스도인은 이미 승리를 얻었습니다. 예수님께서는 이미 죄와 사망을 이기셨습니다. 세상과 육신과 마귀에 대해서 이미 승리하셨습니다. "우리 주 예수 그리스도로 말미암아 우리에게 이김을 주시는 하나님께 감사하노니"(고린도전서 15:57). 참으로 놀라운 사실은 승리를 거두신 그 예수님께서 우리 안에 계신다는 것입니다. 하나님께서 원하시는 것은 우리가 오직 예수님만 의지하는 것입니다. 승리를 구하기보다 그리스도 안에서 이미 얻은 승리를 누리십시오.

'부족감.' 뭔가가 더 있어야 승리할 수 있다는 생각도 잘못된 것입니다. '내가 현재 가지고 있는 것으로는 승리할 수 없다, 승리의 삶을 살기 위해서는 뭔가가 더 필요하다, 하나님께서 뭔가를 더 주셔야 한다'고 생각하는 것인데, 이 역시 잘못된 생각입니다. 성경은 "찬송하리로다. 하나님, 곧 우리 주 예수 그리스도의 아버지께서 그리스도 안에서 하늘에 속한 모든 신령한 복으로 우리에게 복 주시되"(에베소서 1:3)라고 말합니다. 하늘에 속한 모든 신령한 복을 이미 소유하고 있는 우리에게 더 필요한 것이 무엇이겠습니까? 그리스도를 마음에 모신 사람은 필요한 모든 것을 소유하고 있습니다. "그[그리스도] 안에는 신성의 모든 충만이 육체로 거하시고 너희도 그 안에서 충만하여졌으니, 그는 모든 정사와 권세의 머리시라"(골로새서 2:9-10). 하나님께서 그리스도 안에서 충만하게 해주셨는데도 더 필요한 것이 있다고 하는 것은 그리스도의 이름을 모독하는 것이요, 그리스도께서 하신 일을 부인하는 것이며, 그리스도의 능력을 비웃는 것입니다. 우리 자신을 주님께 내어 드릴 때, 우리는 삼위일체 되신 하나님의 충만하심, 즉 아버지와 아들과 성령의 충만하심으로 충만케 됩니다.

'자기 훈련.' 자기 훈련과 승리를 동일시하는 것입니다. 끊임없이 자기를 훈련해야 승리한다는 생각입니다. 물론 우리는 자신의 몸을 쳐서 복종시켜야 할 필요가 있습니다. 훈련은 제자의 삶에 꼭 필요한 것입니다. 하지만 우리의 노력과 수고로 승리를 얻는 것은 아닙니다. 바울은 다음과 같이 가르치고 있습니다. "너희가 세상의 초등 학문에서 그리스도와 함께 죽었거든 어찌하여 세상에 사는 것과 같이 의문에 순종하느냐? 곧 붙잡지도 말고 맛보지도 말고 만지지도 말라 하는 것이니, (이 모든 것은 쓰는 대로 부패에 돌아가리라.) 사람의 명과 가르침을 좇느냐? 이런 것들은 자의적 숭배와 겸손과 몸을 괴롭게 하는 데 지혜 있는 모양이나 오직 육체 좇는 것을 금하는 데는 유익이 조금도 없느니라"(골로새서 2:20-23).

'영적 성숙.' 영적 성숙과 승리를 동일시하는 것입니다. 영적으로 성숙하면 승리하게 된다는 생각입니다. 나이를 먹어 감에 따라 영적으로 더욱 성숙해질 수는 있습니다. 그러나 영적으로 성숙하여진다고 해서 반드시 더 승리하는 삶을 살게 되는 것은 아닙니다. 성숙하면 좀 더 겸손해지고 하나님의 은혜를 더욱 의뢰하게 될 뿐입니다. 베드로는 하나님의 자녀로 새로 태어났을 때 우리에게 일어난 일을 이렇게 말했습니다. "이로써 그 보배롭고 지극히 큰 약속을 우리에게 주사 이 약속으로 말미암아 너희로 정욕을 인하여 세상에서 썩어질 것을 피하여 신의 성품에 참예하는 자가 되게 하려 하셨으니"(베드로후서 1:4). 성숙이라 함은, 영에 속한 새사람은 날마다 새롭게 되고, 육에 속한 옛사람은 그 힘을 잃어 가는 것입니다.

'영적 활동.' 활발한 영적 활동과 승리를 동일시하는 것입니다. 마땅히 할 일을 힘써야 승리한다는 생각입니다. 마땅히 할 일을 힘써 하는 것은 좋은 일입니다. 문제는 그 동기입니다. 그 일을 하는 이유가 자기 힘으로 승리를 '쟁취'하기 위한 것이라면 조심해야 합니다. 잘못하면 이른바 '율법주의'에 빠질 수가 있기 때문입니다. 이에 대해 바울은 이렇게 질문했습니다. "내가 너희에게 다만 이것을 알려 하노니, 너희가 성령을 받은 것은 율법의 행위로냐, 듣고 믿음으로냐? 너희가 이같이 어리석으냐? 성령으로 시작하였다가 이제는 육체로 마치겠느냐?"(갈라디아서 3:2-3). 어떤 활동이 아무리 '영적'이라 할지라도, 더 높은 수준의 헌신에 도달하며 지속적인 승리를 경험하기 위해 그 활동 자체를 의지해서는 안 됩니다. 모든 활동은 하나님을 더 알기 위한 수단이 되어야 합니다. 하나님만이 우리가 필요로 하는 전부가 되시기 때문입니다. 영적 활동 자체가 영적 승리를 가져다주지는 않습니다. 활동 자체로 승리를 얻으려 하는 것은, 승산 없는 지는 싸움을 싸우고 있는 것입니다. 오직 승리는 승리하신 그리스도 안에서만 찾을 수 있습니다.

순결의 문제

여러 해 동안 보지 못했지만 마치 어제 대화를 나누었던 것처럼 기억이 생생한 한 사람이 있습니다. 그는 매우 인상적인 젊은이였는데, 키가 크고 잘 생겼으며, 예의가 바르고, 지적이며, 영적이었습니다. 예수님처럼 그도 "지혜와 그 키가 자라 가며 하나님과 사람에게 더 사랑스러워 가고" 있었습니다(누가복음 2:52 참조). 우리가 만났던 그해 여름 그는 방학을 이용하여 한 기독교 기관에서 섬기고 있었습니다. 그의 눈은 언제나 반짝반짝 빛났고, 얼굴에는 항상 웃음이 있었으며, 발걸음은 힘이 있었습니다. 기관의 회장으로부터 다음 해 여름에도 다시 와서 수고해 달라는 개인적인 초청을 받고, 그는 방학이 끝나 개학을 하게 되어 대학으로 돌아갔습니다. 모든 사람이 그로 인해 도전과 감명을 받았습니다.

그해 가을, 내가 말씀을 전하는 수양회에 참석한 그를 봤을 때 나는 직감적으로 그에게 뭔가 잘못된 일이 일어나고 있음을 느낄 수 있었습니다. 눈에 생기가 없었고, 얼굴에는 미소가 사라졌으며, 발걸음에는 힘이 없었습니다. 그는 나를 피했고 혼자 있으려고만 했습니다. 마지막 모임이 끝난 후 나는 그를 찾아가 혹 내가 그의 감정을 상하게 했는지, 뭔가 잘못한 것이 있는지 물었습니다.

그가 대답했습니다. "아닙니다. 그런 것은 아무것도 없습니다."

나는 마음이 놓였지만, 그가 함께 이야기하는 것을 원치 않는 것 같아 자리에서 그냥 일어서려고 하자, 그제야 그는 그동안 있었던 일을 죄다 털어놓기 시작했습니다. 그해 여름 이후 그는 한 젊은 여자를 알게 되었던 것 같습니다. 그녀의 남편이 일 관계로 집을 떠나 있는 시간이 많았기 때문에 그녀는 외로워했습니다. 그래서 그는 그녀의 집에서 시간을 보내는 일이 많게 되었고, 얼마 지나지 않아서 죄를 짓게 된 것 같았습니다.

그의 이야기를 들으니 잠언에 나오는 이야기가 생각났습니다 (잠언 7장 참조). 한 젊은이가 거리를 가다가 한 여자를 만났는데, 그 여자는 그를 붙잡고 매혹적인 옷과 호리는 말로 그를 유혹했습니다. 곧 그는 그녀의 집으로 들어갔습니다. 그녀의 남편은 먼 여행을 떠났기 때문에 그녀는 상대가 필요했던 것입니다. 그 이야기는 이렇게 끝을 맺고 있습니다. "여러 가지 고운 말로 혹하게 하며 입술의 호리는 말로 꾀므로 소년이 곧 그를 따랐으니, 소가 푸주로 가는 것 같고 미련한 자가 벌을 받으려고 쇠사슬에 매이러 가는 것과 일반이라. 필경은 살이 그 간을 뚫기까지에 이를 것이라. 새가 빨리 그물로 들어가되 그 생명을 잃어버릴 줄을 알지 못함과 일반이니라. 아들들아, 나를 듣고 내 입의 말에 주의하라. 네 마음이 음녀의 길로 치우치지 말며 그 길에 미혹지 말지어다. 대저 그가 많은 사람을 상하여 엎드러지게 하였나니 그에게 죽은 자가 허다하니라. 그 집은 음부의 길이라. 사망의 방으로 내려가느니라"(잠언 7:21-27).

이 이야기 속에서 두어 가지 사실을 엿볼 수 있습니다. 여기에는 유혹에 넘어간 사람이 어리석고 지혜 없는 젊은이로 그려져 있지만, 이런 일은 누구에게나 일어날 수 있습니다. 성숙한 사람들도 마찬가지로 미혹당할 수가 있다는 것입니다. "대저 그가 많은 사람을 상하여 엎드러지게 하였나니 그에게 죽은 자가 허다하니라"(26절). 그 어리석은 젊은이만이 아니라, 영적으로 성장한 그리스도인이나 목사나 선교사도 육신의 정욕에 빠질 수 있습니다. 또, 21절에서 "여러 가지 고운 말로 혹하게 하며 입술의 호리는 말로 꾀므로"라고 한 것을 볼 때, 이 젊은이도 잠시 동안은 흔들리지 않고 거절했던 것이 분명합니다.

그러나 두려운 것은 이렇게 엄히 경고했던 잠언 기자도 역시 같은 죄에 빠졌다는 사실입니다. "이스라엘 왕 솔로몬이 이 일로 범죄하지 아니하였느냐? 저는 열국 중에 비길 왕이 없이 하나님의 사랑을 입은 자라. 하나님이 저로 왕을 삼아 온 이스라엘을 다스리게 하셨으나 이방 여인이 저로 범죄케 하였나니"(느헤미야 13:26). "솔로몬 왕이 바로의 딸 외에 이방의 많은 여인을 사랑하였으니 곧 모압과 암몬과 에돔과 시돈과 헷 여인이라. 여호와께서 일찍이… 이스라엘 자손에게 말씀하시기를, '너희는 저희와 서로 통하지 말며, 저희도 너희와 서로 통하게 말라. 저희가 정녕코 너희의 마음을 돌이켜 저희의 신들을 좇게 하리라' 하셨으나, 솔로몬이 저희를 연애하였더라.… 왕비들이 왕의 마음을 돌이켰더라. 솔로몬의 나이 늙을 때에 왕비들이 그 마음을 돌이켜 다른 신들을 좇게 하였으므로…"(열왕기상 11:1-4).

사도 바울의 동역자인 디모데는 그리스도를 섬기기 위하여 세상 것을 포기한, 젊고 믿음이 강한 제자였지만, 바울은 그에게도 청년의 정욕을 피하고 주님을 깨끗한 마음으로 부르는 자들과 함께 교제를 나누면서 의와 믿음과 사랑과 화평을 좇으라고 경계할 필요가 있다고 생각했습니다(디모데후서 2:22 참조). 앞서 소개한 그 젊은이도 청년의 정욕을 좇기보다 하나님의 사랑 안에 거했다면 죄에 빠지지 않을 수 있었을 것입니다.

의와 믿음은 청년의 정욕에 대항하는 강력한 무기입니다. 유혹의 길에 들어섰을 때는 즉시 떠나 피하는 것이 상책입니다. 이러한 유혹은 치명적이기 때문입니다. "그런즉 선 줄로 생각하는 자는 넘어질까 조심하라"(고린도전서 10:12).

'세상에 속한 것'을 좇음

연예계에 종사하는 가수, 배우, 코미디언, 마술사, 곡예사의 꿈은 뉴욕의 브로드웨이(Broadway)에 진출하는 것입니다. 찬란한 조명과 돈과 명성과 수많은 관중과 열기는 고양이를 끄는 생선 냄새처럼 그들을 끌어당깁니다. 브로드웨이에서 연기를 할 수만 있다면 그들의 꿈은 이루어지고 정상에 오를 것이라고 생각합니다. 멋진 삶을 추구하기 위해서 그들이 갈 곳은 브로드웨이입니다.

그러나 연예계의 역사를 살펴보면 흥미로운 결말로 가득 차 있습니다. 브로드웨이에 진출하려고 애쓴 사람들 대부분은 곧 그곳이 그들이 꿈에 그리던 그런 곳이 아니라는 사실을 발견합니다. 그들의 꿈과 희망과 야망은 산산조각이 나고 쓰디쓴 실망감을 느낍니다. 조명이 희미해지고, 명성도 사라지며, 관객이 줄어들기 시작하면 그때부터는 내리막길을 걷는 신세로 전락합니다.

성경에도 '브로드웨이'(broad way)에 대한 언급이 있습니다. 바로 '넓은 길'에 대한 것입니다. 이 길도 쓰디쓴 실망으로 우리를 인도합니다. 예수님께서 친히 말씀하셨습니다. "좁은 문으로 들어가라. 멸망으로 인도하는 문은 크고 그 길이 넓어 그리로 들어가는 자가 많고, 생명으로 인도하는 문은 좁고 길이 협착하여 찾는 이가 적음이니라"(마태복음 7:13-14). 쾌락에 빠져 있고 세속에 물든 많은 현대인들은 이 말씀에 의문을 제기할 것입니다. 그러나 이 말씀은 우리의 영원한 운명뿐만 아니라 현재 이 땅에서의 우리의 삶에도 적용됩니다. 구원의 문은 좁습니다. 천국으로 인도하는 길은 많이 있는 것이 아닙니다. 예수님께서는 "내가 곧 길이요, 진리요, 생명이니, 나로 말미암지 않고는 아버지께로 올 자가 없느니라"(요한복음 14:6)고 말씀하셨습니다. 오직 예수님만이 유일한 길이십니다.

이 땅에서의 행복한 삶도 '넓은 길'이 아니라 '좁은 길'을 갈 때 얻을 수 있다는 것 또한 사실입니다. 좁은 길은 생명과 풍성한 삶으로 인도하는 반면, 넓은 길은 죽음과 멸망으로 인도합니다.

일생 동안 오직 한 반려자를 위해 헌신하는 것이 열두 명을 상대로 즐기는 것보다 정말 더 낫습니까? 주님의 말씀을 따라 사는 것이 스스로 만든 규칙에 따라 사는 것보다 정말 더 낫습니까? 예수님께서 사회학자나 심리학자나, 지난밤 좌담 프로그램의 명사보다 인생을 더 잘 아시고 그 인생을 어떻게 살아야 하는지 더 많이 아신다는 것은 사실입니까?

넓은 길을 걷다가 좁은 길로 돌아온 사람들은 한결같이 그리스도의 길이 훨씬 좋다고 말하고 있습니다. 넓은 길은 그들에게 그럴듯한 약속을 많이 했지만 실제로는 거의 아무것도 주지 못했습니다.

그러나 문제는, 넓은 길은 걸어 보기 전에는 너무너무 좋아 보인다는 것입니다. 시원하게 쭉 뻗은 탄탄대로에다 경치도 아름답고 행복과 만족이 약속된 길처럼 보인다는 것입니다. 그러나 행복과 만족을 약속한 이 오아시스는 곧 신기루가 되고 맙니다. 이와 반대로, 좁은 길은 걸어 보기 전에는 길이 협착하고 험하여 힘들어 보이지만 막상 걸어가 보면 기쁨과 평안과 멋진 모험으로 가득 차 있음을 경험하게 됩니다. 좁은 길을 힘차게 걸어가십시오. 그 길에는 하나님께서 우리를 위해 예비하신 위대한 계획이 있습니다.

내가 알고 있는 한 부인은 다른 여자의 남편과 불륜에 빠졌습니다. 그녀는 그것이 자신에게 만족과 행복을 줄 줄 알았지만, 얻은 것은 회한과 쓰디쓴 고통밖에 없었습니다. 초라하고 엉망진창이 된 자신의 삶과 비참한 심경을 털어놓으면서 그녀는 쓰라린 눈물을 흘렸습니다. 이처럼 넓은 길은 파멸로 이끕니다. 그녀의 이야기는 그녀 한 사람에게 그치지 않고 수없이 반복될 수 있음을 유의해야 합니다.

내가 아는 한 젊은이는 오랫동안 세상의 길을 추구하면서, 몇 차례씩이나 오아시스가 손 안에서 먼지로 변하는 것을 경험했습니다. 경험하는 것은 늘 똑같았습니다. 자기가 그토록 찾던 행복과 만족 대신 뜨겁고 메마른 모래뿐이었습니다.

예수님의 말씀이 옳았습니다. 행복한 삶은 '소유의 넉넉함'에 있는 것이 아니며(누가복음 12:15 참조), 넓은 길에는 교묘하게 위장된 덫이 놓여 있습니다. 그 길을 걷는 것은 쉽지만, 그 끝은 죽음의 길입니다(잠언 14:12 참조). 그 길은 멸망으로 인도합니다.

탐욕

나는 영웅도 아니고 용사도 아니어서 그 표지판을 보았을 때 겁이 났습니다. 여리고와 사해 사이에 세워져 있는 나무로 된 표지판으로 세계 어디에서나 흔히 볼 수 있는 도로 표지판이었습니다. 그러나 그 표지판에는 '국경 지대-더 나아가면 목숨이 위험함'이라고 쓰여 있었습니다. 우리는 요르단과 이스라엘 사이의 인적이 드문 국경 지대에 이르렀던 것입니다. 날씨는 청명하게 맑았고, 어느 구석에도 위험하다는 징후는 없이 평화스럽고 고요하기만 했습니다. 은빛 바다와 날아오르는 새, 부드러운 미풍이 더욱 정겹고 한가로운 곳이었지만, 그 길을 따라 조금만 더 나아가면 총격을 받을 수도 있다는 말이었습니다.

우리의 삶이 그와 같습니다. 위험 지역에 접근하면 목숨이 위태로울 수 있다는 것을 알려 줄 표지판이 필요합니다. 우리를 어둠 속에서 방황하도록 내버려두지 아니하시는 하나님께 감사하십시오. 시편 기자는, "주의 말씀은 내 발에 등이요, 내 길에 빛이니이다"(시편 119:105)라고 말했습니다. 또 "어떤 길은 사람의 보기에 바르나 필경은 사망의 길이니라"(잠언 14:12)는 경고를 기억하십시오.

쾌락을 추구하는 길을 예로 들어 봅시다. 우리는 쾌락을 추구하는 세대에 살고 있습니다. 오락을 즐긴다든지, 휴가를 즐기는 것, 주말이면 산과 바다를 찾는 것, 스포츠를 즐기는 것이 문제가 되지는 않습니다. 그러나 쾌락을 추구하는 사람은 갈수록 더 많고 더 강한 것이 있어야 만족합니다. 욕심은 끝이 없습니다. 처음에는 가까운 호수에서 주말을 보내는 것으로 만족합니다. 그러나 그것도 곧 싫증을 느끼고 다음에는 마이애미 해변으로, 그 다음에는 하와이로 여행을 합니다. 그 다음은 남태평양의 어느 섬으로, 그 다음은 지중해 해변으로, 그 다음은 인도양의 외딴 섬으로 떠납니다. 얼마 지나지 않아서 이제는 어떤 것에도 흥미를 느끼지 못하게 되고 맙니다. 가보지 않은 곳이 없고 해보지 않은 것이 없지만, 모든 게 시시할 뿐입니다. 나는 쾌락의 길을 좇아 사는 사람들을 많이 보아 왔습니다. 그 길은 그들의 건강을 해치고 파멸시키며 삶을 갈수록 무기력하고 무의미하게 할 뿐입니다. 오직 예수님만이 참된 기쁨을 주십니다. "내가 이것을 너희에게 이름은, 내 기쁨이 너희 안에 있어 너희 기쁨을 충만하게 하려 함이니라"(요한복음 15:11).

재물을 모으는 것도 마찬가지입니다. 예수님께서는, "삼가 모든 탐심을 물리치라. 사람의 생명이 그 소유의 넉넉한 데 있지 아니하니라"(누가복음 12:15)고 말씀하셨습니다. 그러나 어떤 사람들은 이 말씀을 믿지 못하고, 땅에 보화를 쌓는 것을 인생의 목적으로 삼고 있습니다. 세상에서 가장 값비싼 외제 승용차를 세 대씩이나 차고에 들여놓고, 집은 온통 페르시아 융단과 원화(原畵)와 값비싼 가구로 채우며, 정원에는 청동과 대리석 조각을 세웁니다. 또, 보석, 모피, 악어가죽 구두, 비단, 최신 유행 옷 등으로 벽장과 옷장을 가득 채우고 나서는, 잡지를 펴놓고 자신이 가지고 있는 모든 것이 혹시나 유행에 뒤쳐지지나 않는지 샅샅이 훑어보는 등 끊임없이 새로운 것에서 눈을 뗄 줄 모릅니다.

물질적인 안정을 바라는 단순한 욕망 때문에 많은 사람이 돈의 덫에 걸립니다. 어떤 부자가 "돈이 어느 정도 있어야 행복하겠는가?"라는 질문에 "조금 더"라고 대답했다는 이야기가 있습니다. "은을 사랑하는 자는 은으로 만족함이 없고, 풍부를 사랑하는 자는 소득으로 만족함이 없나니, 이것도 헛되도다"(전도서 5:10). 성경은 당신에게 음식과 옷은 필요하지만, 쾌락과 물질과 돈을 추구하는 정욕의 '국경 지대'를 헤매는 것은 당신의 목숨을 위태롭게 할 수 있다고 말합니다. 그러므로 하나님께서는 "삼가 모든 탐심을 물리치라"고 말씀하십니다.

'아이 성'의 교훈

구름이 많이 낀 어느 날, 우리가 탄 차는 예루살렘에서 북쪽으로 달리고 있었습니다. 저 멀리 구름 사이로 찬란한 팔레스타인 태양 빛 한 줄기가 어떤 언덕에 쏟아져 내리고 있었습니다. 안내자는 "햇빛 속에 빛나고 있는 저 언덕이 아이 성입니다" 하고 설명해 주었습니다. 그러자 그곳에서 수천 년 전 하나님께서 그분의 백성에게 가르치셨던 영원한 진리가 떠올랐습니다.

여호수아 7장에 보면 아이 성 전투가 나옵니다. 하나님의 군대인 이스라엘이 아이 성 전투에서 크게 패하자 여호수아는 하나님 앞에 엎드려 문제가 무엇인지 가르쳐 달라고 부르짖었습니다. 무엇이 잘못되었습니까? 그는 하나님의 약속을 받았고, 그 약속을 믿었습니다. 하나님께서 이렇게 약속하셨습니다. "너의 평생에 너를 능히 당할 자 없으리니 내가 모세와 함께 있던 것같이 너와 함께 있을 것임이라. 내가 너를 떠나지 아니하며 버리지 아니하리니"(여호수아 1:5). 그렇다면 잘못된 것이 무엇입니까? 하나님께서 식언하실 리가 없었습니다. 하나님께서는 여호수아에게 무엇이 잘못되었는지를 알려 주셨습니다. "일어나라. 어찌하여 이렇게 엎드렸느냐? 이스라엘이 범죄하여 내가 그들에게 명한 나의 언약을 어기었나니, 곧 그들이 바친 물건을 취하고 도적하고 사기하여 자기 기구 가운데 두었느니라"(여호수아 7:10-11).

일어났던 일을 간단히 설명하면, 하나님께서는 백성들에게 여리고 성에서 전리품으로 획득한 모든 보화를 하나님께 바치라고 말씀하셨고, 하나님의 명령에 따라 그들은 은금과 놋과 철 기구를 하나님의 곳간에 두었습니다. 모든 사람이 이 말씀을 따랐지만, 단 한 사람 아간은 그렇지 않았습니다. 그는 몇 가지 물건을 보았고, 욕심이 났습니다. 자기 것으로 삼고 싶었습니다. 그는 이렇게 말했습니다. "내가 노략한 물건 중에 시날 산의 아름다운 외투 한 벌과 은 이백 세겔과 오십 세겔중의 금덩이 하나를 보고 탐내어 취하였나이다. 보소서. 이제 그 물건들을 내 장막 가운데 땅 속에 감추었는데 은은 그 밑에 있나이다"(여호수아 7:21). 내가 보았고, 내가 탐내었고, 내가 취하였나이다. 그의 죄는 무엇이었습니까? 간단합니다. 그는 하나님께 속한 것을 자신을 위해 취했습니다.

당신은 어떻습니까? 잠깐 동안 생각해 보십시오. 하나님께서는 "내 아들아, 네 마음을 내게 주라"(잠언 23:26)고 말씀하셨는데, 지금 당신의 마음은 누가 소유하고 있습니까? 하나님께서는 당신 마음의 일부만을 가지고 계시고, 그 나머지는 다른 것이나 다른 사람이 가지고 있지는 않습니까? 당신은 나뉜 마음을 하나님께 드리고 있지는 않습니까? 당신의 마음을 드리고 있는 것이 바로 당신의 신(神)입니다. 당신은 어디에 당신의 마음을 드리고 있습니까? 혹시 이 땅에 속한 것들을 신으로 섬기고 있지는 않습니까? 성경은 "위엣 것을 생각하고 땅엣 것을 생각지 말라"(골로새서 3:2)고 명합니다. 그 이유는 무엇이겠습니까? 이 땅의 신들은 당신을 실망시키고 버릴 것이기 때문입니다. 그들은 결국 거짓되고 헛된 것으로 드러날 것입니다(레위기 19:4, 신명기 32:21, 사무엘상 12:21, 열왕기상 16:13,26, 예레미야 10:15, 요나 2:8 참조).

당신은 시간을 어떻게 사용하고 있습니까? 주님을 섬기는 데 사용하고 있습니까, 아니면 당신 자신을 위하여 사용하고 있습니까? 만일 당신 자신이 당신의 신(神)이라면 당신의 신은 너무나 작고 보잘것없습니다. 당신의 시간을 예수 그리스도를 위한 삶에 드리는 법을 배우십시오. 그럴 때 당신은 갈수록 깊은 지혜와 총명과 넓은 마음(열왕기상 4:29 참조)을 소유하게 되고, 영혼은 항상 기쁨이 넘치며, 능력 있는 삶을 영위하게 될 것입니다. 그 시간을 혼자 꼭 움켜쥐고 당신 자신을 위해 사용하려 하지 마십시오. 당신의 시간은 하나님께 속한 것입니다. 하나님께서는 성경에서 우리의 시간을 어떻게 사용해야 하는지를 분명하게 잘 가르쳐 주고 계십니다. 성경을 통해 하나님과 교제하고 동행하는 법을 배우십시오. 그리고 진정으로 '자기 목숨을 얻는' 법을 배우십시오. 주님께서는 "자기 목숨을 얻는 자는 잃을 것이요 나를 위하여 자기 목숨을 잃는 자는 얻으리라"(마태복음 10:39)고 말씀하셨습니다.

아간의 죄는 사실상 성경에 나타난 많은 죄들에 비해 오히려 사소하다고 볼 수 있습니다. 하지만 다시 생각해 봅시다. 하나님께 속한 것을 당신 자신을 위해 사용하는 것은 분명 도적질입니다. 많은 세월이 흐른 후 하나님께서는 자기 백성들에게 같은 책망을 하셨습니다. "사람이 어찌 하나님의 것을 도적질하겠느냐? 그러나 너희는 나의 것을 도적질하고도 말하기를, '우리가 어떻게 주의 것을 도적질하였나이까?' 하도다. 이는 곧 십일조와 헌물이라. 너희 곧 온 나라가 나의 것을 도적질하였으므로 너희가 저주를 받았느니라"(말라기 3:8-9). 우리 자신이나 우리의 소유물은 당연히 하나님께 속한 것입니다. 우리의 시간도 하나님께 속한 것입니다. 오늘 이 시간도 하나님의 것입니다. 왜냐하면 이것도 역시 하나님께서 지으셨기 때문입니다. 우리는 하나님의 청지기로서 그분의 소유물에 대해서 선한 청지기가 되고 있습니까? "각각 은사를 받은 대로 하나님의 각양 은혜를 맡은 선한 청지기같이 서로 봉사하라"(베드로전서 4:10).

당신의 필요와 책임, 그리고 하나님의 말씀에 비추어서 당신에게 적절한 생활 방식이 무엇인지 정하십시오. 만일 가정이 있어 집에서 손님을 접대하기도 하고 복음을 전하기도 해야 한다면, 독신자에 비해 분명 더 많은 그릇, 더 넓은 식탁, 더 많은 의자, 더 큰 냉장고가 필요할 것입니다. 또한 차로 아이들을 학교까지 태워다 주어야 한다면 혼자 출근하는 사람에 비해 더 큰 차가 필요할 것입니다. 따라서 기도 가운데 당신의 상황을 깊이 생각해 본 다음,

당신의 형편에 적합하고 그리스도의 제자로서 합당한 삶의 방식을 취하도록 하십시오. 성경적이지 않은 세상의 길을 '더 나아가면 목숨이 위험'할 수 있습니다.

교만

좋은 의미에서의 자부심은 필요합니다. 우리 어머니는 식료품 가게에 가실 때마다 머리를 빗으시고 깨끗한 앞치마를 두르셨습니다. 어머니는 언제나 남들에게 단정치 못하게 보여서는 안 된다고 생각하셨습니다. 그래서 평생을 가난하게 사셨지만 항상 남들에게 최대한 깔끔하게 보이려고 노력하셨습니다. 정원의 잡초를 뽑지 않고 내버려두는 이웃들도 있었지만, 어머니는 늘 우리 집 정원은 열심히 잡초를 뽑고 잔디를 깎게 하셨습니다. 우리가 살던 집은 한 달에 10달러씩 주고 세 들어 사는, 특별할 게 없는 평범한 집이었지만, 칠이 늘 깨끗하게 되어 있어서 산뜻해 보였습니다. 우리는 우리 가정에 대해서 자부심을 갖고 있었고, 사람들에게 멋있게 보이기를 원했습니다. 우리 가족은 적절한 체면과 품위를 지키려는 의식을 갖고 있었습니다. 요즈음 단정치 못한 차림으로 쇼핑하러 오는 여자들을 보면 '저들도 우리 어머니처럼 자신에 대하여 조금이라도 자부심을 가졌으면 얼마나 좋을까?' 하고 생각하곤 합니다.

그러나 자부심이 지나쳐 교만이 되면 얘기가 다릅니다. 성경은 교만의 위험에 대하여 강하게 경고합니다. "교만이 오면 욕도 오거니와"(잠언 11:2). "무릇 마음이 교만한 자를 여호와께서 미워하시나니"(잠언 16:5). "교만은 패망의 선봉이요, 거만한 마음은 넘어짐의 앞잡이니라"(잠언 16:18). 바울도, 말세에 "사람들은 자기를 사랑하며, 돈을 사랑하며, 자긍하며, 교만"(디모데후서 3:2)하게 될 것이라고 경고했습니다. 교만은 하나님께서 혐오하시는 죄악입니다. 흙으로 지음받은 사람이 거만과 자만에 빠지는 것은 실로 헛되고 어리석은 짓이 아닐 수 없습니다. 교만은 다른 사람을 경멸하고, 자신의 능력이나 가치를 과장하고, 다른 사람의 인정과 칭찬을 바라고, 자기의 업적을 병적으로 과시하려는 것으로 나타납니다. 하나님께서 미워하시는 것은 그 사람이 아니라 그를 지배하고 있는 교만입니다. 왜냐하면 교만은 마귀가 사람을 하나님으로부터 떼어놓고 영원히 멸망시키고자 할 때 사용하는 무기이기 때문입니다.

우리는 자신의 근원을 기억해야 합니다. 우리는 흙으로 창조된 존재입니다. "우리가 이 보배를 질그릇에 가졌으니, 이는 능력의 심히 큰 것이 하나님께 있고 우리에게 있지 아니함을 알게 하려 함이라"(고린도후서 4:7).

바울은 고린도 교인들에게 이렇게 말하였습니다. "형제들아, 너희를 부르심을 보라. 육체를 따라 지혜 있는 자가 많지 아니하며, 능한 자가 많지 아니하며, 문벌 좋은 자가 많지 아니하도다. 그러나 하나님께서 세상의 미련한 것들을 택하사 지혜 있는 자들을 부끄럽게 하려 하시고, 세상의 약한 것들을 택하사 강한 것들을 부끄럽게 하려 하시며, 하나님께서 세상의 천한 것들과 멸시받는 것들과 없는 것들을 택하사 있는 것들을 폐하려 하시나니, 이는 아무 육체라도 하나님 앞에서 자랑하지 못하게 하려 하심이라"(고린도전서 1:26-29).

묵상과 적용

1. 이 장에서 배운 가장 큰 교훈은 무엇입니까? 그것을 어떻게 삶에 적용하겠습니까?

2. 영적 전투에서 우리의 적 세 가지와 각각을 이기기 위한 전략을 복습하십시오. 당신이 영적 전투에서 승리하기 위해 힘써야 할 것은 무엇입니까?

3. 세상에 속한 것을 좇을 때 얻는 결과는 무엇입니까? 이를 피하기 위해 당신이 할 일은 무엇입니까?

4. '아이 성의 교훈'을 복습해 보십시오. 이와 연관하여 당신의 삶에서 적용할 것은 무엇입니까?

제 11 장

성경이 말하는 교리

성경의 가르침에 기초를 두지 않은 삶은, 매우 심하게 요동하는 배와 같습니다. 이런 삶은 인간의 머리에서 나온 거짓 교훈이라는 바람에 밀려 이리저리 흔들리기 십상입니다(에베소서 4:14 참조). 우리를 속이는 자들이 곳곳에 도사리고 있으며, 우리의 마음을 거짓 교훈들로 채우려고 노리고 있습니다.

그리스도를 갓 믿은 당신은 매일과 같이 무신론자와 불가지론자들과 부닥치게 될 것이며, 그 가운데는 당신의 믿음을 무너뜨리는 데서 쾌감을 얻으려는 자도 있을 것입니다. 다행히 그런 사람들에게 대답을 하는 데 도움이 될 수 있는 좋은 책이 많이 있습니다. 당신은 먼저 기본적인 몇 가지 교리를 알아야 하며, 다음 두 장은 이 면에서 도움을 줄 것입니다.

이 장에서는 우리가 알아야 할 몇 가지 중요한 교리를 다루게 됩니다. 이 교리들은 대부분 이론적인 것으로 보일지도 모르겠지만, 사실은 실제 삶에 중요한 의미가 있습니다.

11. 성경이 말하는 교리

하나님의 살아 계심

　내게 있어서 하나님께서 실제로 살아 계시다는 가장 큰 증거는 기도 응답입니다. 오랜 세월 동안 나는 구체적인 기도 응답을 받아 왔습니다. 이를 통해 나는, 하늘에는 내가 기도하면 들으시고 응답을 해주시는 하나님이 계시다는 사실을 의심 없이 받아들일 수 있었습니다. 하나님께서는 "너는 내게 부르짖으라. 내가 네게 응답하겠고, 네가 알지 못하는 크고 비밀한 일을 네게 보이리라"(예레미야 33:3)고 약속하고 계십니다.

　1950년대 초 아내와 내가 대학생들을 대상으로 선교 사역을 하고 있을 때의 이야기입니다. 크리스마스는 다가왔지만 두 아이들에게 선물을 사 줄 돈이 없었습니다. 그래서 우리 두 사람은 함께 기도를 했습니다. 며칠 후 평소 알고 지내던 한 부부가 상자를 몇 개 들고 우리 집에 찾아왔습니다. 그들은 주님께서 그들의 마음 가운데 우리를 위해서 자그마한 크리스마스 선물을 사고 싶은 마음을 주셨다고 하면서, 우리 아들을 위해서는 예쁜 빨간색 자전거를, 딸아이를 위해서는 인형과 인형 옷, 장난감 다리미와 다리미판을 사 가지고 왔습니다. 우리는 누구에게도 돈이 없다는 말을 하지 않았지만, 주님께서 친히 그들에게 말씀하셔서 우리를 도울 마음을 불러일으켜 주셨던 것입니다.

아직 영적으로 어린 그리스도인이었을 때 내가 배운 한 가지 진리는 이것입니다. "아무것도 염려하지 말고 오직 모든 일에 기도와 간구로 너희 구할 것을 감사함으로 하나님께 아뢰라. 그리하면 모든 지각에 뛰어난 하나님의 평강이 그리스도 예수 안에서 너희 마음과 생각을 지키시리라"(빌립보서 4:6-7). 모든 일에 하나님께 구하라고 하셨습니다. 하나님께는 구하기에 너무 큰 것이나 너무 작은 것은 없습니다. 하나님께서는 구하는 모든 것을 충분히 들어 주실 수 있을 뿐만 아니라, 들어주시려고 대기하고 계시며, 기꺼이 들어주십니다. 즉시 들어주십니까? 아닙니다. 항상 그렇지는 않습니다. 그러나 여기서 내가 배운 교훈이 한 가지 더 있습니다. 하나님의 타이밍은 완벽하다는 것입니다. 단 일 분도 늦지 않게 하나님의 때에 정확하게 들어주십니다.

존 구드윈과 내가 펜실베이니아 주립대학 구내의 학생회관에서 모임을 가졌을 때의 이야기입니다. 실내는 사람들로 꽉 차 있었는데, 한 사람이 우리는 어떻게 하나님이 계시다는 사실을 아느냐고 존에게 질문을 했습니다. 나는 존이 어떻게 대답할지 궁금했습니다. 그의 대답은 다음과 같았습니다. 첫째로, 전 세계에 걸쳐 누구에게나 하나님을 찾고자 하는 마음과 알고자 하는 갈망이 있습니다. 미개한 원시사회로부터 과학이 고도로 발달한 문명사회에 이르기까지 놀랄 정도로 공교한 종교적인 행위가 계속되어 왔습니다. 만약 하나님께서 주시지 않았다면 전 세계적인 이러한 갈망은 어디에서 나왔겠습니까? 둘째로, 이 세상에는 선악에 대한 일반적으로 통용되는 견해가 있다는 사실입니다. 만일 사람들의 마음 가운데 법을 기록해 놓은 우주적인 입법자가 계시지 않고서야 어떻게 이런 일이 가능하겠습니까?

하나님의 존재를 알 수 있는 또 다른 방법이 있습니다. 우리 집 부엌에는 기막히게 좋은 요리용 레인지가 하나 있습니다. 이 레인지는 점화만 자동으로 되는 것이 아니라 요리도 자동으로 하고 종료되는 기능도 자동입니다. 더욱 놀라운 것은 그 안에 들어 있는 오븐까지도 자동으로 세척해 줍니다. 당신이 우리 아이들에게 그 레인지가 어떻게 하다 보니 우연히 그렇게 만들어져 나왔다고 말한다면, 아이들은 아마 당신을 보고 미쳤다고 생각할 것입니다. 누군가가 그것을 만들었습니다. 우연히 만들어졌다고 말하기에는 너무나 완벽합니다. 설계한 사람과 제작한 사람이 있지 않고서야 그런 제품이 나올 수가 없습니다.

어느 유명한 우주과학자는 우주가 우연히 생겨났다고 하는 것은 마치 브리태니커 백과사전이 인쇄소가 폭발해 만들어졌다고 믿는 것과 같다고 했습니다.

내 개인적으로 하나님의 살아 계심을 믿는 더 큰 이유들이 몇 가지 있습니다. 우리 각자에게는 어떤 사람의 말을 듣고 그가 하는 말이 참인지 아닌지를 스스로 판단할 자유가 있습니다. 어떤 책을 읽고 그 책의 저자를 믿을 것인지 말 것인지를 스스로 결정할 수 있습니다. 나는 마음 가운데, 예수 그리스도께서 하신 말씀을 믿기로 선택했고, 또한 주님께서 행하신 모든 것에는 타당한 이유가 분명히 있다고 결론을 내렸습니다. 예수님께서는 "아버지여, 때가 이르렀사오니 아들을 영화롭게 하사 아들로 아버지를 영화롭게 하게 하옵소서"(요한복음 17:1)라고 기도하셨습니다. 예수님께서는 하나님 아버지를 믿었고 기도로 아버지께 아뢰셨습니다. "세상 중에서 내게 주신 사람들에게 내가 아버지의 이름을 나타내었나이다"(요한복음 17:6). 누구의 이름이라고요? 물론 하나님의 이름입니다. 예수님께서는 사람들에게 하나님을 보여 주기 위해서 오셨습니다. "나를 본 자는 아버지를 보았거늘"(요한복음 14:9). 예수님께서는 누구에 대하여 말씀하고 계십니까? 목수인 요셉입니까? 천만에요! 그분은 하늘에 계신 하나님 아버지에 대해 말씀하고 계신 것입니다. 예수님께서는 자기를 따르는 자들에게 기도를 하도록 가르치시며 이렇게 말씀하셨습니다. "그러므로 너희는 이렇게 기도하라. 하늘에 계신 우리 아버지여, 이름이 거룩히 여김을 받으시오며"(마태복음 6:9). 예수님께서는 우리가 기도할 때 하늘에 그 기도를 들으시는 하나님이 계시다는 사실을 가르쳐 주셨습니다.

하나님을 믿지 않는 사람들은 두 가지 부류입니다. 한 부류는 하나님이 없다고 하는 무신론자입니다. 하나님의 마음에 합한 사람이었던 다윗은 그런 사람에 대하여 이렇게 말했습니다. "어리석은 자는 그 마음에 이르기를 '하나님이 없다' 하도다"(시편 14:1). 또 한 부류는 불가지론자입니다. 이 사람은 하나님이 계시는지 안 계시는지를 알지 못합니다. 그에게는 확신이 없습니다.

솔직한 불가지론자의 경우라면 믿음의 '실험'을 통해 그 문제에 대한 해답을 찾을 수가 있습니다. 그러한 실험을 하느냐 하지 않느냐는 자기 자신에게 달려 있습니다. X라는 물질에 Y라는 물질을 가할 때 항상 일정한 화합물이 생성된다는 것을 실험을 통해 알고 있다면 그 사실을 의심할 이유가 없을 것입니다. 그 자신이 스스로 그러한 실험, 즉 시도를 해볼 수 있습니다. 수많은 사람들의 삶 가운데서 진실임이 증명된 진리가 성경 안에 간단명료하게 밝혀져 있습니다. "그런즉 누구든지 그리스도 안에 있으면 새로운 피조물이라. 이전 것은 지나갔으니, 보라 새것이 되었도다"(고린도후서 5:17). 그동안 수많은 사람들이 믿음으로 그 발걸음을 내디뎠고 '새로운 피조물'이 되었습니다. 이 세상에는 이 말씀이 사실임을 증거할 수 있는 사람들이 수없이 많습니다.

하나님의 절대주권

나는 사이렌 소리를 싫어합니다. 사이렌은 대개 긴급 상황이 발생했을 때 울리기 때문입니다. 이를테면 응급환자를 병원으로 후송하고 있거나, 사고가 났거나, 화재가 났을 때 등입니다. 사이렌은 예기치 못한 어떤 일이 발생해 그것을 수습하기 위하여 출동하고 있음을 알리는 경적입니다. 이런 점에서 매일의 삶에 위급한 상황이나 비상사태, 사이렌이 없다는 것은 축복이라 할 것입니다. 모든 일이 하나님의 계획과 뜻 가운데서 일어납니다. 모든 것을 아시는 하나님께 뜻밖의 깜짝 놀랄 일이란 있을 수 없습니다.

다윗은 이렇게 말했습니다. "여호와께서 그 보좌를 하늘에 세우시고 그 정권으로 만유를 통치하시도다"(시편 103:19). 성경을 공부해 보면 주님의 보좌는 영광의 보좌인 것을 알게 됩니다. 만유를 지으신 하나님께서는 그 보좌에서 만유를 통치하고 계십니다. 하나님께서는 자신을 위하여 그 보좌를 세우시고 영원히 거기에 앉아 계십니다. 하나님께서는 어느 누구로부터 그 자리에 임명받은 것이 아닙니다. 그분은 영원한 보좌에 계신 영원한 하나님이시요, 그분의 영원한 왕국에서 그분의 영원한 법에 따라 행하시는 분이십니다. "내가 알거니와, 여호와께서는 광대하시며, 우리 주는 모든 신보다 높으시도다. 여호와께서 무릇 기뻐하시는 일을 천지와 바다와 모든 깊은 데서 다 행하셨도다"(시편 135:5-6). 그 어떤 통치자들과 권세자들도, 이 어두움의 세상 주관자들과 하늘에 있는 악의 영들(에베소서 6:12 참조)도, 그들이 무슨 수를 써도, 하나님의 보좌를 흔들 수는 없습니다. 하나님의 주권적인 통치는 절대 흔들리지 않습니다.

하나님의 절대주권이 우리에게 어떤 의미가 있겠습니까? 이 진리는 우리의 일상생활에 어떻게 적용됩니까? 이것은 실질적으로 어떤 가치가 있습니까?

사람들이 이런 말을 하는 것을 자주 들어 보셨을 것입니다. "나는 그 당시에는 그걸 이해할 수가 없었어요. 하지만 지금에 와서 그 일을 돌이켜보면 그 모든 일 가운데 하나님의 손이 함께하셨다는 것을 분명히 알 수 있습니다." 요셉의 경우가 바로 그러했습니다. 그는 자기 형들에 의해 노예로 팔렸습니다. 그러나 세월이 흘러 가나안 땅에 기근이 들어 그 형들이 양식을 구하러 애굽에 왔을 때 요셉은 그들에게 말했습니다. "당신들이 나를 이곳에 팔았으므로 근심하지 마소서. 한탄하지 마소서. 하나님이 생명을 구원하시려고 나를 당신들 앞서 보내셨나이다.… 하나님이 큰 구원으로 당신들의 생명을 보존하고 당신들의 후손을 세상에 두시려고 나를 당신들 앞서 보내셨나니, 그런즉 나를 이리로 보낸 자는 당신들이 아니요 하나님이시라. 하나님이 나로 바로의 아비를 삼으시며 그 온 집의 주를 삼으시며 애굽 온 땅의 치리자를 삼으셨나이다"(창세기 45:5-8). 아버지 야곱이 세상을 떠나자, 혹시 요셉이 보복하는 것은 아닐까 하고 형들이 두려워할 때, 요셉은 이렇게 말했습니다. "…두려워 마소서. 내가 하나님을 대신하리이까? 당신들은 나를 해하려 하였으나, 하나님은 그것을 선으로 바꾸사 오늘과 같이 만민의 생명을 구원하게 하시려 하셨나니, 당신들은 두려워 마소서. 내가 당신들과 당신들의 자녀를 기르리이다…"(창세기 50:19-21). 그 모든 일에는 하나님의 손길이 함께하셨던 것입니다.

혼란과 무질서 가운데 있는 오늘날의 이 세계를 바라볼 때 때로는 하나님의 절대주권을 믿기가 어렵습니다. 그러나 실망하지 마십시오! 오늘 당신을 힘들고 어렵게 하는 것이 있습니까? 하나님께서 모든 것을 다스리시고 주관하신다는 사실을 명심하십시오(역대상 29:11-13 참조). 그분의 절대주권은 전 우주적인 것입니다. 다른 통치자들, 예컨대 이 세상의 모든 왕들과 대통령들은 예외 없이 한 번 왔다가 가지만, 하나님께서는 영원하십니다. 그분은 과거나 현재나 미래나 영원토록 변치 않는 통치자이십니다. 그분은 '지금도 계시고, 전에도 계셨고, 앞으로도 계실' 전능하신 주 하나님이십니다(요한계시록 1:8, 4:8, 11:17, 16:5 참조).

그리스도의 고난

그리스도인들은 가끔 왜 하나님께서 우리를 위하여 자기 아들이 고난을 당하고 죽도록 허락하셨는지 묻습니다. 그들의 질문은 "왜 하나님께서는 다른 방법을 찾으실 수 없었을까?"라는 것입니다.

성지를 방문했을 때 그리스도께서 감당하셨던 고난에 대하여 묵상을 해볼 기회가 있었습니다. 본디오 빌라도의 저택이었던 건물의 큰 뜰에 앉아서 묵상을 할 수 있었던 것은 참으로 좋은 경험이었습니다. 군인들은 지루한 병영 생활을 하는 동안 시간을 때울 수 있는 오락이 필요했을 것입니다. 빌라도의 병사들도 당시에 인기가 있었던 이런저런 게임을 하면서 시간을 보냈을 것입니다. 하지만 뭐니 뭐니 해도 가장 재미있는 오락 거리는 죄수들을 고문하고 조롱하는 것이었습니다. 바로 그 뜰에서 그들은 예수님을 가운데 놓고 희롱하며 고통을 주었습니다.

빌라도의 뜰로 우리를 안내했던 사람은 역사에 대한 해박한 지식을 가지고 있었고, 자기가 하고 있는 일에 크게 만족하고 있었으며, 모든 행동에서 주님께 대한 사랑을 확연히 느낄 수 있었습니다.

그는 로마 총독 빌라도 앞에 서 계신 예수님에 대하여 기록된 성경 말씀을 우리들에게 상기시켜 주었습니다. 군중들이 예수님보다 바라바를 석방시켜 주기를 더 원하고 있다는 사실을 분명하게 알게 된 총독은 예수님을 채찍질하고 난 후 십자가에 못 박도록 군병들에게 넘겨주었습니다. 따분하던 군병들에게는 더 없이 좋은 오락 거리가 생긴 셈이었을 것입니다. "이에 총독의 군병들이 예수를 데리고 관정 안으로 들어가서 온 군대를 그에게로 모으고, 그의 옷을 벗기고 홍포를 입히며 가시 면류관을 엮어 그 머리에 씌우고 갈대를 그 오른손에 들리고 그 앞에서 무릎을 꿇고 희롱하여 가로되, '유대인의 왕이여, 평안할지어다' 하며 그에게 침 뱉고 갈대를 빼앗아 그의 머리를 치더라. 희롱을 다한 후 홍포를 벗기고 도로 그의 옷을 입혀 십자가에 못 박으려고 끌고 나가니라" (마태복음 27:27-31).

군병들이 예수님을 얼마나 오랫동안 희롱하고 때렸는지 그 누가 알겠습니까? 그러나 우리가 아는 한 가지는 주님께서는 그들이 이렇게 하도록 허락하셨다는 사실입니다. 주님께서는 어느 때에든지 열두 군단도 더 되는 천사를 불러서 로마 군병들을 모두 일시에 없애 버리실 수가 있었는데도 말입니다(마태복음 26:53 참조). 사정없이 채찍질하고 갈대로 때리자 예수님께서는 온 몸이 상하시고 피투성이가 되셨습니다. 이사야 선지자는 "그 얼굴이 타인보다

상하였고 그 모양이 인생보다 상하였으므로"(이사야 52:14)라고 예언했습니다. 예수님께서는 왜 그것을 허락하셨을까요? 왜 예수님께서는 그들이 자기를 끌고 가서 십자가에 못 박도록 내버려 두셨을까요? 선지자의 말을 다시 들어 봅시다. "그는 멸시를 받아서 사람에게 싫어 버린 바 되었으며, 간고를 많이 겪었으며, 질고를 아는 자라. 마치 사람들에게 얼굴을 가리우고 보지 않음을 받는 자 같아서 멸시를 당하였고, 우리도 그를 귀히 여기지 아니하였도다. 그는 실로 우리의 질고를 지고 우리의 슬픔을 당하였거늘, 우리는 생각하기를 그는 징벌을 받아서 하나님에게 맞으며 고난을 당한다 하였노라. 그가 찔림은 우리의 허물을 인함이요, 그가 상함은 우리의 죄악을 인함이라. 그가 징계를 받음으로 우리가 평화를 누리고, 그가 채찍에 맞음으로 우리가 나음을 입었도다. 우리는 다 양 같아서 그릇 행하여 각기 제 길로 갔거늘, 여호와께서는 우리 무리의 죄악을 그에게 담당시키셨도다"(이사야 53:3-6).

예수님의 고난은 바로 당신과 나를 위한 것이었습니다. "우리가 아직 죄인 되었을 때에 그리스도께서 우리를 위하여 죽으심으로 하나님께서 우리에게 대한 자기의 사랑을 확증하셨느니라"(로마서 5:8).

그리스도의 부활

많은 학자들은 예루살렘의 옛 성벽 바로 바깥쪽에 있는 한 동산이 예수님께서 십자가에 못 박히신 후 묻혔던 곳이라고 믿고 있습니다. 1883년 고든 장군이 처음 발견했는데, 그곳은 바로 그 우측에 해골 모양의 바위 벼랑이 있는 언덕이 있긴 하지만 마음이

끌리는 곳입니다. 그곳에 앉아서 그 언덕을 바라보고 있노라니, 역사를 바꿔 놓고 수많은 사람들의 삶을 변화시킨 사건이 일어난 그 날을 떠올리지 않을 수 없었습니다.

복음에 대하여 바울이 요약한 말을 들어 봅시다. "내가 받은 것을 먼저 너희에게 전하였노니, 이는 성경대로 그리스도께서 우리 죄를 위하여 죽으시고, 장사 지낸 바 되었다가, 성경대로 사흘 만에 다시 살아나사"(고린도전서 15:3-4).

부활의 사실은 수십 세기를 내려오면서 사람들에게 비웃음거리가 되어 왔습니다. 그러나 예수님께서는 분명하게 말씀하셨습니다. "나는 부활이요 생명이니, 나를 믿는 자는 죽어도 살겠고, 무릇 살아서 나를 믿는 자는 영원히 죽지 아니하리니"(요한복음 11:25-26). 바울 역시 이 사실을 가지고 아그립바 왕에게 도전했습니다. "당신들은 하나님이 죽은 사람 다시 살리심을 어찌하여 못 믿을 것으로 여기나이까?"(사도행전 26:8). 사도 바울은 그리스도의 부활의 능력을 알고 있었습니다. "예수를 죽은 자 가운데서 살리신 이의 영이 너희 안에 거하시면, 그리스도 예수를 죽은 자 가운데서 살리신 이가 너희 안에 거하시는 그의 영으로 말미암아 너희 죽을 몸도 살리시리라"(로마서 8:11). 그리스도인들이여, 용기를 내십시오! 예수님을 죽은 자 가운데서 살리신 하나님의 성령이 당신 안에 계십니다! 이제 당신은 삶 가운데 인간의 상상을 초월한 놀라운 능력을 소유하게 된 것입니다. 그 능력은 바로 '예수를 죽은 자 가운데서 살리신 이의 영' 곧 성령이십니다.

사도 바울은 다메섹으로 가는 길에서 부활하신 그리스도를 처음으로 만났습니다. 그는 이 죽은 자에 대한 믿음이 퍼져 나가는 것을 막기 위해 그리스도인들을 잡아 오려고 다메섹으로 가던 길이었습니다. "사울이 행하여 다메섹에 가까이 가더니 홀연히 하늘로서 빛이 저를 둘러 비추는지라, 땅에 엎드러져 들으매 소리 있어 가라사대, '사울아, 사울아, 네가 어찌하여 나를 핍박하느냐?' 하시거늘, 대답하되, '주여, 뉘시오니이까?' 가라사대, '나는 네가 핍박하는 예수라.'… 사흘 동안을 보지 못하고 식음(食飮)을 전폐하니라"(사도행전 9:3-5,9).

예수님을 따르는 자들을 죽였던 이 사람이 마침내 그리스도인이 되도록 확신을 준 것은 무엇이었습니까? 부활하신 그리스도였습니다. 바울은 이렇게 간증합니다. "유대인들에게 사십에 하나 감한 매를 다섯 번 맞았으며, 세 번 태장으로 맞고, 한 번 돌로 맞고, 세 번 파선하는데 일주야를 깊음에서 지냈으며, 여러 번 여행에 강의 위험과 강도의 위험과 동족의 위험과 이방인의 위험과 시내의 위험과 광야의 위험과 바다의 위험과 거짓 형제 중의 위험을 당하고, 또 수고하며 애쓰고, 여러 번 자지 못하고, 주리며 목마르고, 여러 번 굶고 춥고 헐벗었노라"(고린도후서 11:24-27).

바울로 하여금 이 같은 어려움을 무릅쓰고 끝까지 달음질할 수 있도록 힘을 준 것은 무엇이었습니까? 무엇이 그로 하여금 온갖 고난을 당하면서도 그리스도를 섬기도록 힘을 주었습니까? 바로 부활하신 그리스도였습니다. "내게 능력 주시는 자 안에서 내가 모든 것을 할 수 있느니라"(빌립보서 4:13).

'의롭다 하심'(칭의)

오랫동안 철학자들의 마음 가운데 남아 있는 한 가지 큰 의문은 '죄가 있는 인간이 어떻게 거룩하고 의로우신 하나님 앞에 설

수 있는가?' 하는 것이었습니다. 인간은 죄 가운데 있는 자신의 모습과 거룩하신 하나님을 바라보고는 하나님 앞에 설 수 없다는 사실에 절망을 느끼게 됩니다. 하나님을 경외한 정직한 사람이었던 욥조차도 "내가 눈 녹은 물로 몸을 씻고 잿물로 손을 깨끗이 할지라도 주께서 나를 개천에 빠지게 하시리니 내 옷이라도 나를 싫어하리이다. 하나님은 나처럼 사람이 아니신즉 내가 그에게 대답함도 불가하고, 대질하여 재판할 수도 없고"(욥기 9:30-32)라고 외치고 있습니다. 죄인들이 의롭게 되는 길이 있겠습니까?

성경은 분명히 "예!"라고 대답합니다. 사도 바울은 "그러므로 우리가 믿음으로 의롭다 하심을 얻었은즉 우리 주 예수 그리스도로 말미암아 하나님으로 더불어 화평을 누리자"(로마서 5:1)라고 분명하게 밝히고 있는 것입니다. 이 구절에서 사도 바울은 '의롭다 하심'이라는 법률적인 용어를 사용합니다. 이 말은 그리스도의 완전한 의(義)에 기초를 두고 죄인을 의롭다고 선언하신 하나님의 법적인 행위를 뜻합니다.

이를테면, 내가 결혼식을 했던 고향의 작은 예배당 강단 앞에 서 있을 때의 일을 회상해 본다면 이해가 쉬울 것 같습니다. 웨딩마치가 울리는 가운데 우리 모두는 결혼식을 거행할 준비가 다 되었습니다. 신부가 저 뒤편에서부터 주단을 밟으며 입장하기 시작했을 때, 만약 내 들러리가 내게 "당신은 기혼입니까, 미혼입니까?" 하고 물었다면, 나는 "아직 미혼이요"라고 대답했을 것입니다. 신부가 내 가까이로 입장하고 있을 때 같은 질문을 했다 하더라도 나는 여전히 '미혼'이라고 대답했을 것입니다. 심지어 내가 그녀의 손가락에 결혼반지를 끼워 주었다고 하더라도 내 대답은 여전히 '미혼'입니다.

이윽고 엄숙하고 극적인 순간이 왔습니다. 주례 목사님이 성혼 선언을 합니다. "나는 지금부터 이 두 사람이 부부가 되었음을 선언합니다." 그 순간 나의 법적인 신분은 바뀌게 되었습니다. 나는 이제 법적으로 기혼자가 된 것입니다. 내 들러리가 이제 내게 질문을 한다면 이번에는 나의 대답이 "기혼입니다!"로 될 것입니다. 주례 목사님이 그렇게 선언했기 때문입니다. 그것이 바로 사도 바울이 기록한 이 위대한 구절의 주된 요점입니다. 주 예수 그리스도와의 관계에 기초하여 나는 이제 그분의 의에 동참한 자가 된 것입니다.

또 다른 구절에서 사도 바울은 어떻게 그런 일이 일어났는가를 설명하고 있습니다. "하나님이 죄를 알지도 못하신 자로 우리를 대신하여 죄를 삼으신 것은 우리로 하여금 저의 안에서 하나님의 의가 되게 하려 하심이니라"(고린도후서 5:21). 죄가 없으신 그리스도께서 의롭지 못한 우리를 의롭게 하시기 위해서 우리 대신 죄를 짊어지신 것입니다.

성령

미국에서는 보통 결혼식은 신부가 주관하는 것으로 되어 있습니다. 결혼식 날은 신부의 날인 것입니다. 신부는 이 큰 행사를 위한 준비를 하는 데 엄청난 시간을 들입니다. 드레스를 고르는 데만도 수주일이 소요됩니다. 식을 거행할 시간과 식장은 언제 어디로 하고, 신부 들러리들이 입을 옷의 색깔은 어떤 것으로 하며, 피로연은 어디서 하며, 누구를 초대할 것인가, 어떤 음식을 대접할 것인가 등 결정해야 할 일에는 끝이 없습니다. 물론 신랑도 함께함으로써 매우 중요한 역할을 감당하지만 그날은 역시 신부의 날인 것입니다.

이와는 달리 세계 어떤 지역은 결혼식 날을 신랑의 날로 여기는 곳도 있습니다. 하루 종일 신랑은 잔치를 벌이고 축하를 받습니다. 이윽고 해가 지고 나면 마을 사람들이 길 양옆으로 죽 늘어서 있는 가운데 신랑이 멋진 백마를 타고 지나가도록 합니다. 사람들은 횃불을 들고 서 있다가 신랑이 지나갈 때 머리 위로 높이 쳐들어서 신랑의 얼굴을 환하게 비춰 똑똑히 보일 수 있도록 하며, 그들 자신은 보이지 않게 합니다. 신랑의 얼굴을 돋보이게 해 주목을 받게 하기 위함입니다.

신약성경을 읽어 보면 성령께서는 사람들을 그리스도께로 이끄실 때 자신은 드러내지 않으신다는 사실을 잘 알 수 있습니다. 성령께서는 자신이 주목받기를 원하지 않으십니다. "그가 나를 증거하실 것이요"라고 주님께서는 말씀하셨습니다(요한복음 15:26 참조).

하지만 성령의 인격과 사역에 대하여 공부하는 것은 중요한 일입니다. 무엇보다도 먼저 우리는 그분이 인격이신 것을 알아야 합니다. 예수님께서 하신 말씀을 통해 이 사실을 알 수 있습니다. "내가 아버지께 구하겠으니, 그가 또 다른 보혜사를 너희에게 주사 영원토록 너희와 함께 있게 하시리니, 저는 진리의 영이라. 세상은 능히 저를 받지 못하나니, 이는 저를 보지도 못하고 알지도 못함이라. 그러나 너희는 저를 아나니, 저는 너희와 함께 거하심이요, 또 너희 속에 계시겠음이라"(요한복음 14:16-17). 성령은 신적 에너지의 상징적 표현이 아닙니다. 그분은 인격이십니다. 그분은 삼위일체 되시는 하나님의 한 위이시며 하나님이십니다. 베드로가 성령을 속인 아나니아를 꾸짖을 때 그에게 상기시킨 것은 그가 사람에게 거짓말을 한 것이 아니라 하나님께 거짓말을 한 것이라는 사실이었습니다(사도행전 5:3-4 참조). 성령께서는 성부와 성자에 의하여 우리를 돕는 사역을 하도록 보내심을 받은 것입니다. "보혜사(保惠師) 곧 아버지께서 내 이름으로 보내실 성령, 그가 너희에게 모든 것을 가르치시고 내가 너희에게 말한 모든 것을 생각나게 하시리라"(요한복음 14:26).

사도 바울은 성령의 사역과 연관하여 우리에게 두 가지 경고를 했습니다. 첫째, "하나님의 성령을 근심하게 하지 말라"(에베소서 4:30)는 것입니다. 우리는 하나님의 말씀을 거슬러 주님께 불순종하는 삶을 삶으로써 성령을 근심하게 합니다. 하나님께서는 우리가 거룩하고 순결한 삶을 살기 원하십니다. 따라서 우리가 자신의 죄를 자백하지 않고 계속 그 가운데 머물러 있을 때, 성령께서는 근심하시게 되는 것입니다.

바울의 두 번째 경고는 "성령을 소멸치 말라"(데살로니가전서 5:19)는 것입니다. 주님께서 우리에게 맡기신 일을 해나갈 때 성령의 인도하심을 따르지 않음으로 성령을 소멸합니다. 우리는 성령의 인도에 민감해져야 하며 즉각적으로 순종해야 합니다.

성령의 인격과 사역에 대하여 책을 쓴다면 수없이 많은 책을 쓸 수 있을 것입니다. 그러나 무엇보다도 성령께서는 하나님의 말씀에 따라 우리를 인도하시며, 결코 말씀과 어긋나게 인도하시지는 않는다는 사실을 명심해야만 합니다. 성령께서 원하시는 것은 우리가 그분의 통치와 인도에 순복하는 것입니다. 성령에 대하여 많은 것을 알고도 우리 자신의 소욕에 따라 살 수도 있습니다. 성령께서 원하시는 것은, 우리 안에서, 우리를 통하여, 예수 그리스도를 영화롭게 하는 것입니다.

그리스도의 재림

뉴질랜드의 크라이스트처치에서 제10회 영연방 경기대회가 열리고 있을 때의 일입니다. 우리는 거기서 개최한 전도대회에 참석 중이었습니다. 많은 교회들이 한마음으로 연합하여 해외에서 온 수많은 방문객들에게 복음을 전했습니다. 영연방 경기대회의 절정은 영국 여왕이 우승자들에게 메달을 수여하는 순서였습니다. 여왕은 전용 항공기로 영국을 출발하여 이곳으로 오는 중이었는데, 아내와 나는 수천 명의 군중들 틈에 끼어 여왕이 왕실 가족들과 함께 도착하기를 기다리고 있었습니다. 모두가 은빛 나는 거대한 전용기가 나타나기를 기대하며 눈들을 크게 뜨고 하늘 저편을 응시하고 있었습니다. 도착 시간이 가까워질수록 군중들 사이에는 들뜨고 흥분된 분위기가 점점 고조되기 시작했습니다.

경찰관들은 사람들이 차도와 보도의 경계를 따라 쳐놓은 줄을 넘어 들어오지 못하게 하느라 이리저리 바쁘게 움직이고 있었습니다. 군중들은 흥분해서 소리를 지르며 서로 좋은 자리를 차지하려고 밀치기도 하고 당기기도 하는 등 야단법석을 떨었습니다. 태양이 쨍쨍 내리쪼이고 바람조차 불지 않는 데서, 두 시간이고 세 시간이고 기다리고 있는 그 사람들은 강렬한 뙤약볕에 얼굴이 타는 것도, 콘크리트 보도에 장시간 서 있느라 발이 아픈 것도 개의치 않았습니다. 여왕의 얼굴을 한 번 보겠다는 일념 하나로 어떤 불편도 다 감수할 채비가 되어 있었습니다.

그때 누군가가 소리쳤습니다. "저기다! 저기!" 과연 수마일 떨어진 상공 저편에 햇빛에 반짝이는 은빛의 작은 점 하나가 보이기 시작했습니다. 비행기는 점점 가까이 와 마침내 착륙했습니다. 여왕은 그 일행과 함께 간이 연단까지 걸어 나와 군중들에게 간단한 연설을 했습니다. 그러고 나서는 리무진 승용차를 타고 길 양편에 도열해 있는 환영 군중 사이를 뚫고 서서히 움직이기 시작했습니다. 여왕 일행은 군중들에게 미소를 보내며 손을 흔들어 주었고 우리들도 미소로 응답하며 손을 흔들어 주었습니다. 잠시 후에 모든 것이 다 끝났습니다. 그러나 당시의 흥분된 기억은 지금도 생생하게 남아 있습니다.

성경에 이런 구절이 있습니다. "우리를 양육하시되, 경건치 않은 것과 이 세상 정욕을 다 버리고 근신함과 의로움과 경건함으로 이 세상에 살고, 복스러운 소망과 우리의 크신 하나님 구주 예수 그리스도의 영광이 나타나심을 기다리게 하셨으니"(디도서 2:12-13). 뉴질랜드 국민들이 그들의 여왕의 도착을 기다리고 있었던 것과 마찬가지로 우리는 우리의 왕이신 주님께서 오시기를 기다려야 합니다. 이것은 복된 소망이요, 즐거운 소망이며, 확실한 소망입니다. 왜냐하면 주님께서 친히 "내가 다시 오겠다"(요한복음 14:3)고 말씀하셨기 때문입니다. 만약 우리가 큰 기대감을 가지고 그리스도의 영광스러운 재림을 기다리며 기대에 찬 마음으로 생활한다면 우리의 삶은 엄청나게 달라질 것입니다. 디도서 2:14에는 우리가 어떤 삶을 살아야 하는지가 잘 나타나 있습니다. "그가 우리를 대신하여 자신을 주심은 모든 불법에서 우리를 구속하시고 우리를 깨끗하게 하사 선한 일에 열심하는 친백성이 되게 하려 하심이니라"(디도서 2:14).

그리스도의 재림과 같은 교리에 대해 많은 그리스도인들이 종종 의문을 품습니다. 성경 여러 곳에 빈번하게 언급되어 있는 분명한 이 교리가 진리임을 의심한다는 말이 아니라, 이 가르침의 실제적인 가치를 이해하기가 때때로 힘들다는 말입니다. 재림이란 단순히 죄인들에게 두려움을 주어 천국으로 인도하려는 교리냐, 그렇지 않으면 신학자들 가운데 끝없는 논쟁을 일으키는 불씨 같은 것일까요?

먼저 사람을 두렵게 하여 천국으로 인도하는 영적 도구로 이 교리를 사용하지 않느냐는 질문부터 살펴봅시다. 사실 하나님께서는 두려움을 동기로 사용하기도 하십니다. "믿음으로 노아는 아직 보지 못하는 일에 경고하심을 받아 경외함으로 방주를 예비하여 그 집을 구원하였으니, 이로 말미암아 세상을 정죄하고 믿음을 좇는 의의 후사가 되었느니라"(히브리서 11:7). 또한 많은 사람들이 주님의 재림에 대한 가르침이 두려워 죄를 회개하고 그리스도께로 돌아온 것도 사실입니다.

그러나 이 교리는 첫째, 믿는 자들에게 위로의 원천이 됩니다. 이러한 사실은 데살로니가 성도들에게 보낸 바울의 첫 편지에도 잘 나타나 있습니다. "주께서 호령과 천사장의 소리와 하나님의 나팔로 친히 하늘로 좇아 강림하시리니, 그리스도 안에서 죽은 자들이 먼저 일어나고, 그 후에 우리 살아남은 자도 저희와 함께 구름 속으로 끌어올려 공중에서 주를 영접하게 하시리니, 그리하여 우리가 항상 주와 함께 있으리라. 그러므로 이 여러 말로 서로 위로하라"(데살로니가전서 4:16-18). 바울은 예수님의 재림에 대해 이야기하면서, "그러므로 이 여러 말로 서로 잔뜩 겁을 주라"고 하지 않고, "그러므로 이 여러 말로 서로 위로하라"고 했습니다. 언젠가 '그날'이 오면, 모든 잘못된 것이 바로잡히고, 이 세상의 잔학(殘虐)과 불의가 모두 사라지며, 진실과 선함과 의가 승리를 거두게 될 것입니다. 이 사실을 아는 것이 어찌 위로가 되지 않겠습니까?

이 사실은 재림이 주는 두 번째 의미와 연관되어 있습니다. 재림은 둘째로, 우리로 하여금 역사에 대한 올바른 관점을 갖게 한다는 것입니다. 그리스도의 재림은 역사의 마지막이요 완성점이 됩니다. 역사는 끝없이 계속 반복하며 순환하는 것이 아닙니다. 역사는 대단원을 향해 곧바로 나아가는 하나의 직선입니다. 거기에는 반드시 끝나는 점이 있습니다. 바울의 설명을 들어 봅시다. "하나님께서는 우리에게 그분의 계획의 비밀을 알도록 허락해 주셨는데, 그 계획은 이것입니다. 곧 하나님께서 자신의 주권적인 뜻 가운데서 목적하시는 바는, 인간의 모든 역사가 그리스도 안에서 완성되며, 하늘과 땅에 있는 만물이 그리스도 안에서 온전케 되고 그분의 뜻을 이루는 것입니다"(에베소서 1:9-10, 필립스 역).

세 번째로, 그리스도의 재림이 우리에게 주는 실제적인 의미에 대해 사도 요한의 말을 들어 봅시다. "사랑하는 자들아, 우리가 지금은 하나님의 자녀라. 장래에 어떻게 될 것은 아직 나타나지 아니하였으나, 그가 나타내심이 되면 우리가 그와 같을 줄을 아는 것은 그의 계신 그대로 볼 것을 인함이니, 주를 향하여 이 소망을 가진 자마다 그의 깨끗하심과 같이 자기를 깨끗하게 하느니라"(요한일서 3:2-3).

모든 그리스도인이 바라는 것은 주님을 사랑하며 순종하는 삶을 살다가 주님을 만나 뵙게 되는 것입니다. 성경은 분명히 말합니다. 자신이 언제 그리스도 앞으로 인도될 것인지는 아무도 모른다는 것입니다. 자연적인 죽음으로 주님을 만나게 될지, 또는 우리의 크신 하나님 구주 예수 그리스도의 영광스러운 재림으로 주님을 만나게 될지, 우리는 알 수 없습니다. 그러므로 우리는 매일매일 힘써 주님과 교제하는 삶을 살아야 합니다.

성경에서 재림에 대하여 가르쳐 주는 거의 모든 구절들은 '예비하라'고 경고하는 말 가운데 있습니다. 폭풍우를 알리는 일기예보 같이 이 경고는 우리가 미리 준비를 할 수 있도록 해줍니다.

1975년의 일입니다. 시카고 시민들이 법에 따라 4월 1일까지 스노타이어를 일반 타이어로 완전히 교체하고 나자, 시카고에는 8년 만에 최악의 폭설이 내렸습니다. 어떤 지역에는 거의 30cm나 내렸습니다. 시민들이 앞으로 어떤 일이 일어날지를 예견했더라면 결코 스노타이어를 교체하지 않았을 것입니다. 그렇지만 물론 그들은 앞으로 일어날 일을 예견할 방법이 없었습니다. 또한, 4월 1일까지는 모든 차량에서 스노타이어를 제거하도록 법률로 분명하게 정해져 있었습니다. 그러나 그 결과는 큰 재난을 가져왔습니다.

그날은 오헤어 공항까지 가는 데 차로 5시간이나 걸렸습니다. 그 정도라면 평소에는 30분이면 충분히 갈 수 있는 거리였습니다. 차도에는 수백 대의 차가 눈 때문에 꼼짝 못하고 있었습니다. 또 다른 수백 대의 차들은 연료가 떨어져서 길가에 방치해 둘 수밖에 없었습니다. 도시 전체에는 눈이 30cm나 쌓였고, 수백 대의 차량이 여기저기 버려져 있었으며, 차량 통행이 가능한 도로는 거북이걸음을 할 수밖에 없는 수천 대의 차로 인해 꽉 막혔습니다. 스노타이어만 부착되어 있었다고 해도 차량의 통행은 보다 쉬웠겠지만 그 타이어는 다음 해를 위하여 창고에 안전하게 보관 중이었던 것입니다. 사람들이 앞일을 알 수만 있었더라면 사정은 달라졌을 것입니다.

이 이야기는 영적인 면에서 우리에게 시사하는 바가 큽니다. 사람들은 대부분 언젠가는 자신이 하나님 앞에 서게 될 것을 알고 있으리라 생각됩니다. 어디선가, 이런저런 경로를 통해, 누군가로부터 이런 이야기를 틀림없이 들었을 것입니다. 심지어 미국에서는 대중가요에도 우리가 앞으로 받게 될 큰 심판에 대하여 노래하는 내용들이 있습니다. 라디오와 텔레비전과 같은 방송 매체를 통해서도 목사들과 전도자들이 계속적으로 말씀을 전하고 있습니다. '하나님을 만날 준비를 하라'는 외침은 도처에서 들려오고 있습니다. 나는 사람들이 그 메시지를 '알고' 있지만 무시하고 있다고 생각합니다. 워싱턴에 있을 때 기상국에 근무하는 어떤 사람과 이야기를 나눈 적이 있는데, 오스트레일리아의 다윈 시는 그 도시를 폐허로 만든 사이클론에 대해 사전에 여러 차례 경고를 받았다고 했습니다. 그 경고를 흘려듣지만 않았더라도 많은 사람들의 생명을 구할 수 있었을 것입니다.

우리 모두가 주 예수 그리스도 앞에 무릎을 꿇게 될 날이 다가오고 있습니다. "하늘에 있는 자들과 땅에 있는 자들과 땅 아래 있는 자들로 모든 무릎을 예수의 이름에 꿇게 하시고, 모든 입으로 예수 그리스도를 주(主)라 시인하여 하나님 아버지께 영광을 돌리게 하셨느니라"(빌립보서 2:10-11). 그때는 아무 데도 숨을 곳이 없을 것입니다. 그러나 하나님과 화평을 누릴 수 있는 방법이 있습니다. 성경 말씀을 들어 봅시다. "그러므로 우리가 믿음으로 의롭다 하심을 얻었은즉 우리 주 예수 그리스도로 말미암아 하나님으로 더불어 화평을 누리자"(로마서 5:1).

묵상과 적용

1. 이 장에서 배운 가장 큰 교훈은 무엇입니까? 그것을 어떻게 삶에 적용하겠습니까?

2. 하나님께서 절대주권을 가지신 통치자라는 사실은 당신의 삶에 어떤 의미가 있습니까? 역대상 29:11-13을 묵상하고, 하나님의 절대주권을 찬양하는 시간을 가지십시오.

3. 그리스도의 고난과 부활이 당신의 삶에서 갖는 의미는 무엇입니까?

4. 예수님께서 내일 재림하신다면 당신은 오늘 무엇을 하겠습니까?

제 12 장

교리의 실제적 이해

이 장에서는 제11장에 이어, 당신이 성경을 읽거나 공부할 때, 또는 매일의 삶을 살아갈 때 떠오를 수 있는 몇 가지 실제적인 의문점에 대하여 성경에서 어떻게 말씀하고 있는지 다루게 됩니다.

하나님께서 우리를 가르치시는 주된 원천은 언제나 하나님의 말씀인 성경입니다. 따라서 이 사실을 명심하고, 당신의 삶 가운데서 결코 다른 어떠한 책도 하나님의 말씀인 성경을 대신하지 못하도록 주의를 기울이기 바랍니다.

12. 교리의 실제적 이해

내가 처음으로 차를 뽑던 날을 기억합니다. '1956년형 다지'였는데, 뒤쪽에 양 옆으로 멋진 날개가 달려 있고, 조작이 버튼식이며, 세 가지 색상으로 단장된 차였습니다. 차가 출고되던 날 나는 디트로이트에 가서 그 차를 인수해 피츠버그까지 달려왔습니다. 새벽 3시쯤 집에 도착하자마자 잠자는 식구들을 모두 깨워 집 주위를 한 바퀴 돌았습니다. 어찌나 흥분이 되었던지 우리는 잠을 이룰 수가 없었습니다. 이렇게 크고 아름다운 차가 정말로 우리 것이라는 사실이 잘 믿어지지 않았습니다.

날이 새자마자, 차고로 가 자동차를 다시 한 번 점검해 보았습니다. 그러다가 조수석 사물함에서 그 차의 취급 설명서를 발견했는데, 거기에는 연비가 얼마나 되는지, 오일과 오일 필터는 얼마 만에 갈아 주어야 하는지, 타이어의 공기압은 얼마로 해야 하는지, 또 타이어는 얼마 만에 갈아 주어야 하는지 등이 상세하게 기록되어 있었습니다.

그 설명서를 읽으면서 이것에 대해 사람들이 서로 다른 두 가지 반응을 보일 수 있겠다는 생각이 들었습니다. 한 가지는, '도대체 자기들이 뭔데, 차 주인인 나한테 이래라저래라 하는 거야. 이건 내가 돈 주고 산 것이니 분명 내 차야. 그러니 내 맘대로 할 거야!'라는 식으로 반응하는 것입니다. 반면 다음과 같은 반응을 보이는 사람도 있을 것입니다. '야, 좋다. 자세한 설명서까지 들어 있으니 걱정할 게 없겠다. 참 친절하기도 하지.' 나의 반응은 두 번째 것이었습니다. 왜냐하면 그 차를 만든 회사에서 설명서를 썼다는 사실을 알기 때문입니다. 그 차를 직접 만든 사람들보다 그 차에 대해 더 잘 아는 사람은 아마 없을 것입니다. 설명서를 만들어 준 까닭은 나를 옭아매거나 간섭하려는 것이 아니라, 가장 안전하고 효율적으로 사용하도록 도와주려는 데 있을 것입니다. 그러므로 나는 기꺼이 그 설명서의 권위를 인정하고 따르기로 했습니다. 우리의 삶에 있어서도 똑같은 원리가 적용됩니다. 우리는 우리를 만드신 창조주 하나님께서 하시는 말씀을 귀 기울여 듣고 따를 수도 있고, 그분의 말씀을 무시할 수도 있습니다. 그것은 전적으로 우리의 선택에 달려 있습니다.

성경

생명을 창조하신 하나님께서는 우리에게 생명을 주실 뿐더러 우리가 그 생명을 온전히 즐기기를 원하십니다. 그래서 생명과 아울러 설명서에 해당하는 성경을 주셔서 어떻게 살아야 할지를 자세히 알려 주셨습니다. 성경을 설명서로 주신 목적은 우리를 옭아매거나 간섭하려는 것이 아니라 우리로 형통한 삶을 살도록 돕기 위한 것입니다.

며칠 전 나는 미국의 역사를 생각해 보았습니다. 미합중국 헌법을 꺼내 살펴보면서 나는 그것이 얼마나 놀라운 문서인지 새삼 감명을 받았습니다. 그것은 나라에 헌신한 뛰어난 사람들이 만든 것이며, 우리 모두가 소중하게 간직해야 할 귀한 보배인 것입니다. 그러나 그 헌법의 끝 부분에 무엇이 있는지 아십니까? 수정 조항이 있습니다!

 헌법과 성경을 비교해 보십시오. 하나님께서는 우리에게 이 세상에서 살아가는 데 필요한 법을 주셨습니다. 그러나 그 법의 끝 부분에 무슨 수정 조항이 있는 것을 본 적이 있습니까? 결코 본 적이 없습니다. 오히려 그 반대입니다. 성경은 이렇게 말합니다. "내가 이 책의 예언의 말씀을 듣는 각인에게 증거하노니, 만일 누구든지 이것들 외에 더하면 하나님이 이 책에 기록된 재앙들을 그에게 더하실 터이요, 만일 누구든지 이 책의 예언의 말씀에서 제하여 버리면 하나님이 이 책에 기록된 생명나무와 및 거룩한 성에 참예함을 제하여 버리시리라"(요한계시록 22:18-19).

 하나님의 권위와 감동으로 쓰인 성경은 또한 우리에게 없어서는 안 되는 필수적인 것입니다. 성경을 통해 우리는 영적으로 성장하고 인도함을 받습니다. 성경이 없으면 삶의 목표도 가질 수 없고 경건한 삶을 위한 안내도 받을 수 없습니다. 성경을 떠난 인생은 나침반이나 키도 없이 파도에 밀리는 배와 같게 됩니다. 지도나 안내서도 없이 광야에서 길을 잃은 나그네와 같게 됩니다. 성경이 없이는 영혼을 먹일 양식도 얻지 못할 것이며, 인생길을 비춰줄 등불도 없을 것입니다. 하나님의 말씀인 성경은 없어서는 안 될 필수적인 것입니다.

 이 세상에는 성경이 진리가 아니라는 생각이 널리 퍼져 있습니다. 이른바 지성인을 자처하는 많은 대학 교수들이 성경에 대한 학생들의 믿음을 파괴하기 위해 비상한 노력을 하고 있습니다. 그러나 그같이 믿음을 파괴하는 생각은 대학에서만 접할 수 있는 것은 아닙니다. 심지어는 교회 안에서도 같은 말을 들을 수 있습니다. 어떤 설교자가 "그리스도의 피라고 해서 고양이의 피보다 더 가치 있는 것이 아닙니다!"라고 말하는 것을 들은 적도 있습니다.

내가 성경에 매력을 느끼게 된 계기는 다른 무엇보다도 성경의 가르침을 따라 사는 사람들의 삶이었습니다. 그들의 집을 방문할 때면 나는 그곳에 가득한, 따스한 사랑을 온 몸으로 느낄 수 있었습니다. 그들은 성경 말씀을 따라 살려고 애썼습니다. 그들의 삶은 선하고 근면하며 정직하였습니다. 나는 하루 이틀이 아니라 여러 해에 걸쳐 이것을 두 눈으로 똑똑히 보았습니다.

내가 성경을 믿는 또 다른 이유는 말씀에 대한 예수님 자신의 교훈 때문입니다. 예수님께서는 제자들을 위해 하늘에 계신 아버지께 다음과 같이 기도하셨습니다. "저희를 진리로 거룩하게 하옵소서. 아버지의 말씀은 진리니이다"(요한복음 17:17).

예수님 자신도 성경을 믿었습니다. 죽은 자 가운데서 부활하신 후, 예수님께서는 제자들이 무덤에 천사가 나타난 것을 믿지 못한다거나 여자들의 말을 더디 믿는 것을 가지고는 책망하지 않으셨습니다. 다만 제자들이 성경의 말씀을 더디 믿는 것에 대해서 책망하셨습니다. "미련하고 선지자들의 말한 모든 것을 마음에 더디 믿는 자들이여!"(누가복음 24:25).

나는 어느 날 한 대학생과 이야기를 나누었는데, 그는 성경이 위대한 책이라는 것을 전혀 믿을 수 없다고 했습니다. 나는 그에게 만일 어떤 출판사가 당신에게 백만 달러를 줄 터이니 책을 한 권 써달라고 한다면 어떻게 하겠느냐고 질문했습니다. 출판사에서 내건 조건은 단지 한 가지로, 출판되고 나면 반드시 각계각층 남녀노소를 가리지 않고 민족과 언어를 초월해 누구나 읽고 싶어 하고 또 즐겨 읽는 책이어야 한다는 것이었습니다. 그 대학생은 웃으면서 그런 책을 쓸 자신이 없다고 했습니다.

물론 그럴 것입니다. 그런 책은 이 세상에 단 하나, 바로 성경뿐입니다. 그러나 문제는 성경을 '믿느냐' 믿지 않느냐뿐만 아니라 그 가르침대로 '사느냐' 그렇지 않느냐 하는 것입니다.

인간을 향한 하나님의 계시

하나님을 어떻게 만나는가 하는 것은 대부분의 사람들에게는 하나의 신비입니다. 하나님의 능력, 위대함, 또는 하나님의 위엄, 영광에 대해 알고 있다 하더라도 어떻게 그 하나님과 살아 있는 친밀한 교제를 나누느냐에 대해서는 여전히 깜깜합니다. 통나무 배를 타고 아마존 강을 오르내리며 표범(Jaguar)을 사냥하는 소위 미개인이나, '재규어(Jaguar)'이라고 이름 붙인 고급 승용차를 끌고 넓은 캠퍼스를 누비고 다니는 미국 대학생이나 다 같이 깜깜하기는 마찬가지입니다. 하나님께서 자신의 말씀을 통하여 자신을 나타내 주셨다는 복음의 기쁜 소식이 이들에게는 생소한 딴 세상 이야기일 뿐입니다.

오직 복음만이 사람이 어떻게 하나님과 친밀한 교제를 나눌 수 있는지를 보여 줍니다. 하나님께서 죄인 된 우리를 사랑하신다는 것을 우리가 어떻게 알 수 있습니까? 하나님께서는 아무도 멸망치 않고 구원에 이르기를 기뻐하신다는 것을 우리가 어떻게 알 수 있습니까? 우리가 어떻게 죄를 용서받을 수 있습니까? 어떻게 하나님의 자녀가 될 수 있습니까? 어떻게 천국에 대한 확실한 소망을 가질 수 있습니까? 오직 복음을 통해서입니다. 어떻게 구원의 확신, 사죄의 확신을 가질 수 있겠습니까? 오직 복음을 통해서입니다.

나는 당장 지금이라도 당신을 아시아에 있는 어떤 아름다운 사원에 데려다 거기서 봉사하고 있는 아름다운 소녀를 보여 드릴 수 있습니다. 그 소녀는 아름다운 용모에 말이며 몸가짐도 어느 하나 흠잡을 데 없이 훌륭합니다. 그러나 그 소녀를 자세히 보면 이상한 점이 있다는 것을 곧 알아차리게 됩니다. 오른쪽 집게손가락이 없다는 사실입니다. 왜 그렇게 되었느냐고 물으면, 그 손가락을 불에 태웠다고 할 것입니다. 그렇게 한 이유를 더 자세히 캐물어 보면, 신과 만나서 자신의 죄를 용서받았다는 확신을 얻기 위해서였다고 할 것입니다.

나는 당신을 매년 한 차례씩 이상한 예식을 행하는 한 마을로 안내할 수도 있습니다. 동틀 무렵부터 황혼 때까지 그들은 자신의 몸을 채찍으로 후려치고, 칼로 몸을 상하게 합니다. 그런 후에 날이 저물면 그들 중 가장 귀하다고 생각되는 한 사람을 뽑아 십자가에 못 박아 죽입니다. 왜 그런 의식을 행하느냐고 물으면, 자신들의 죄를 씻기 위해서라고 대답할 것입니다.

이것이 전 세계에 걸친 종교의 현실입니다. 각종 주술적 종교 의식과 가르침, 귀신 숭배, 마약 등 다 나열하자면 끝이 없습니다. 이는 모두 사탄의 사주로 인간이 만든 것입니다. 단순한 복음을 인해 하나님께 감사합시다! 숨어 있다가 갑자기 나타나 '아웅, 까꿍!' 하고 아이를 놀래 주는 장난을 해보았을 것입니다. 하지만 하나님께서는 구름 사이로 우리와 이런 장난을 하지 않으십니다. 그분은 오히려 주도권을 쥐시고 은혜와 긍휼 가운데 우리에게 오셔서 예수 그리스도 안에서 그 자신을 명확하고 분명하게 보이셨습니다.

'주님의 날(主日)'과 교회

첫인상은 오래간다는 말이 있습니다. 도슨 트로트맨이 말씀 전하는 것을 처음으로 들었을 때의 일인데, 그때 그가 나누었던 성경 말씀을 지금까지도 잊을 수가 없습니다. 그는 극적인 이야기를 하나 들려주면서, 우리가 주일에 시간을 어떻게 보내는가는 참으로 중요하다는 사실을 명쾌하게 전달해 주었습니다. 주일에 시간 사용을 어떻게 하는가는 우리가 하나님께 어떻게 쓰임받느냐에 큰 영향을 미칩니다.

그가 나누어 준 말씀은 이사야 58:13-14이었습니다. "만일 안식일에 네 발을 금하여 내 성일(聖日)에 오락을 행치 아니하고, 안식일을 일컬어 즐거운 날이라, 여호와의 성일을 존귀한 날이라 하여, 이를 존귀히 여기고 네 길로 행치 아니하며, 네 오락을 구치 아니하며, 사사로운 말을 하지 아니하면, 네가 여호와의 안에서 즐거움을 얻을 것이라. 내가 너를 땅의 높은 곳에 올리고 네 조상 야곱의 업(業)으로 기르리라. 여호와의 입의 말이니라."

마가복음 2:27-28에서 예수님께서는 다음과 같이 가르치셨습니다. "안식일은 사람을 위하여 있는 것이요, 사람이 안식일을 위하여 있는 것이 아니니, 이러므로 인자는 안식일에도 주인이니라." 이 말씀은 우리가 주일을 불신자들과 마찬가지로 주님의 뜻을 떠나 자기 마음대로 사용해도 좋다는 말입니까? 절대로 그렇지 않습니다. 우리는 영육 간에 쉼을 얻고 재충전하기 위해 이날을 따로 떼어 놓아야 합니다. 이사야 말씀에서는 이날을 '즐거운 날'이라 하였습니다. 요즘 젊은 세대들은 매이고 부담스럽고 재미없다 하여, 주일을 소홀히 하는 경향이 많은데, 이는 다 하나님께서 이 특별한 날을 우리에게 주신 본래 목적을 제대로 몰라서 그러는 것입니다.

예수님께서 안식일에 사람들의 병을 고쳐 주시자, 당시의 유대 종교 지도자들은 격분했습니다(마태복음 12:9-14, 누가복음 6:6-11, 13:10-17, 14:1-6, 요한복음 5:1-18 참조). 그들은 예수님께서 율법을 어긴다고 비난하며 정죄했습니다. 예수님께서는 그들에게 이렇게 반문하셨습니다. "너희가 너희 가축에 대해서 어떻게 하느냐? 안식일에도 가축들을 끌고 가 물을 먹이지 않느냐? 만일 그중 하나가 안식일에 구덩이에 빠지면 거기서 건져내지 않겠느냐?" 성경은 그들이 아무 대답도 못했다고 증거하고 있습니다. 주일에 선을 행하고 다른 이들의 필요를 채워 주는 것은 지극히 합당한 일입니다.

구약에서는 창조에 나타난 하나님의 능하신 행위를 기념하기 위해 하루를 따로 구별하여 지켜 왔습니다. 하나님께서는 엿새 동안 천지를 창조하시고 일곱째 날에 쉬셨는데, 이날을 안식일로 정하신 것입니다. "천지와 만물이 다 이루니라. 하나님의 지으시던 일이 일곱째 날이 이를 때에 마치니, 그 지으시던 일이 다하므로 일곱째 날에 안식하시니라. 하나님이 일곱째 날을 복 주사 거룩하게 하셨으니, 이는 하나님이 그 창조하시며 만드시던 모든 일을 마치시고 이날에 안식하셨음이더라"(창세기 2:1-3). "이같이 이스라엘 자손이 안식일을 지켜서 그것으로 대대로 영원한 언약을 삼을 것이니, 이는 나와 이스라엘 자손 사이에 영원한 표징이며, 나 여호와가 엿새 동안에 천지를 창조하고 제칠 일에 쉬어 평안하였음이니라"(출애굽기 31:16-17).

신약에서는 하나님의 새로운 능하신 행위, 즉 주 예수 그리스도의 부활을 기념하여, 예수님께서 부활하신 '안식 후 첫 날'(마태복음 28:1, 마가복음 16:9, 누가복음 24:1, 요한복음 20:1, 사도행전

20:7 참조)을 '주님의 날(主日)'로 정하여 지키고 있습니다. 7일마다 한 번씩, '매 주일 첫 날'(고린도전서 16:2 참조)에, 그리스도인들이 모여 예배하며 주님의 부활을 기념하였습니다. 그날은 주 예수 그리스도께서 사망을 이기시고 부활하신 날입니다. 그러므로 그날은 마땅히 축하의 날이 되어야 합니다. 찬양과 기쁨, 감사의 날이 되어야 합니다.

어린 시절 우리 집안에는 매년 큰 연례행사가 열리곤 했습니다. 가족 소풍이었습니다. 평소에 자주 보지 못했던 가까운 친척들이 모두 함께 모여 큰 잔치를 벌입니다. 여자들은 케이크를 굽고, 파이를 만들며, 닭을 튀기고, 감자 샐러드를 준비하느라 분주합니다. 아이들은 술래잡기도 하고, 야구도 하고, 수박도 먹으면서, 아주 즐거운 시간을 보냅니다. 집안사람들이 모두 모이기 때문에 아주 신나는 날입니다.

내가 교회 가기를 좋아하는 것도 이와 마찬가지라 생각합니다. 우리는 하나님 아버지의 집에 모여 그리스도 안의 형제 자매들과 놀라운 교제를 나누며 서로 격려를 주고받는 것입니다. 다윗은 '여호와의 집'에 거하기를 사모하였습니다. "내가 여호와께 청하였던 한 가지 일 곧 그것을 구하리니, 곧 나로 내 생전에 여호와의 집에 거하여 여호와의 아름다움을 앙망하며 그 전에서 사모하게 하실 것이라"(시편 27:4). 또한 다윗은 하나님의 백성과 함께 모이는 것에서도 똑같은 기쁨을 경험했습니다. "사람이 내게 말하기를 '여호와의 집에 올라가자' 할 때에 내가 기뻐하였도다"(시편 122:1).

어떤 사람들은 교회란 완전한 사람들만을 위한 완전한 장소가 되어야 한다고 생각합니다. 그러나 교회는 완벽한 '슈퍼 그리스도인들'이 모이는 장소가 아니라 오히려 문제를 가진 사람들을 위한 수선소입니다.

어떤 사람들은 왜 교회마다 예배 내용과 순서가 서로 다른지 묻기도 합니다. 실제로 예배 분위기는, 교회에 따라, 상황에 따라, 엄숙하기도 하고, 역동적이기도 하며, 장엄하기도 하고, 조용하기도 하며, 열정적이기도 합니다. 그런데 이 모든 예배들은 각각 나름대로의 장점이 있습니다. 어떤 사람에게는 졸리는 교회가 다른 사람에게는 영광스러운 예배의 깊이와 경외감을 체험하게도 합니다. 예배자들을 보면 천차만별이어서 좋아하거나 싫어하는 것이 저마다 다릅니다. 하나님께서 은혜를 베푸셔서 각자에게 맞는 예배 형태를 허락하셨습니다.

내가 교회에 가기를 즐거워하는 또 다른 이유는, 교회에서는 모든 사람들이 평등하기 때문입니다. 시편 기자는 "나는 주를 경외하는 모든 자와 주의 법도를 지키는 자의 동무라"(시편 119:63)고 했습니다. 그는 빈부귀천, 신분이나 지위 고하를 막론하고 모든 하나님의 백성들을 친구로 삼고 교제했습니다. "빈부가 섞여 살거니와, 무릇 그들을 지으신 이는 여호와시니라"(잠언 22:2). 이 세상엔 재산 많은 부자와 가진 것 없어 가난하게 사는 이가 다 함께 섞여 살지만, 이들을 지으신 분은 하나님이시기에 모두 평등합니다. 교회에서는 커다란 은행을 소유한 사람과 그 은행의 청소부가 함께 은혜의 보좌 앞에 나아갈 수 있습니다. 하나님께서는 사람을 차별하시지 않습니다. 우리는 모두 그리스도 안에서 하나인 것입니다. "너희는 유대인이나 헬라인이나 종이나 자주자나 남자나 여자 없이 다 그리스도 예수 안에서 하나이니라"(갈라디아서 3:28).

기적

 기적을 어떻게 받아들이느냐는 첫째로 이 우주를 어떤 관점으로 바라보느냐에 달려 있습니다. 만일 이 우주가 스스로 우연히 존재하게 되었다고 믿는다면, 자연법칙은 바꿀 수도 없으며 바뀌지도 않을 것입니다. 그러나 이 우주를 하나님께서 만드신 것으로 믿는다면, 특별한 경우에는 자연법칙도 얼마든지 바뀔 수 있다는 것을 받아들이기가 어렵지 않을 것입니다.

 일정한 행동 양식에 따라 행동해 오던 사람들도 특별한 경우에는 그 행동 양식이 갑자기 달라지는 것을 보게 됩니다. 내가 아는 한 대학 교수는 매우 점잖고 과묵하며 근엄한 사람입니다. 그의 이런 모습은 거의 변함이 없습니다. 그러나 어린 손녀하고 놀아 줄 때는 평소와는 전혀 다른 모습을 보입니다. 손녀와 함께 마루에서 뒹굴고, 노래하고, 손녀를 웃기려고 우스꽝스러운 표정도 지어 가며 즐겁게 놀아 줍니다. 이처럼 특별한 경우에는 평소와는 다른 행동을 보입니다.

 하나님께서도 이처럼 평소와는 다르게 행동하실 경우가 있습니다. 필요한 경우에는 일반적인 자연법칙과는 전혀 다르게 행하신 것을 볼 수 있습니다. 홍해와 요단강을 가르기도 하셨고(출애굽기 14:21-31, 여호수아 3:14-17), 까마귀를 보내 엘리야를 먹이기도 하셨으며(열왕기상 17:1-7), 소심한 기드온의 믿음을 북돋아 주려고 이슬이 양털에만 있고 사면 땅은 마르게도 하시고 양털만 마르고 사면 땅에는 이슬이 있게도 하셨습니다(사사기 6:36-40). 예수님의 기적과 연관된 문제의 핵심이 바로 여기에 있습니다. 예수님께서 하나님이시라면 기적도 행하실 수 있다는 것은 당연한 것입니다.

예수님께서 첫 번째로 행하신 기적은 물을 포도주로 바꾸신 것인데, 이것은 요한복음 2장에 기록되어 있습니다. 자, 물을 포도주로 바꾼 것이 이상할 게 뭐가 있습니까? 그것은 전 세계에서 매년 일어나고 있는 일입니다. 비가 하늘에서 내리면 포도나무는 뿌리로 물을 흡수하여 포도가 맺히게 되고 맺힌 포도송이에는 포도즙이 들어 있습니다. 우주의 주관자이신 예수 그리스도께서는 특별한 상황에서 그 과정을 빨리 진행하기를 원하셨고, 또한 그렇게 하실 능력도 있었으며, 실제로 그렇게 하셨습니다.

옥에 갇힌 세례 요한의 믿음이 약해져 격려의 말이 필요할 때, 예수님께서는 자신이 행한 기적들을 말씀하시며 요한의 믿음을 굳게 해주셨습니다. "요한이 옥에서 그리스도의 하신 일을 듣고 제자들을 보내어 예수께 여짜오되, '오실 그이가 당신이오니이까? 우리가 다른 이를 기다리오리이까?' 예수께서 대답하여 가라사대, '너희가 가서 듣고 보는 것을 요한에게 고하되, 소경이 보며, 앉은뱅이가 걸으며, 문둥이가 깨끗함을 받으며, 귀머거리가 들으며, 죽은 자가 살아나며, 가난한 자에게 복음이 전파된다 하라'"(마태복음 11:2-5).

예수님께서 일상적이지 않은 일을 행하실 때면, 제자들은 깜짝 놀라며 의아해했습니다. 한번은 제자들이 호수 한가운데서 큰 광풍을 만나 배가 침몰할 위기에 처했습니다. 이때 예수님께서 하신 행동과 제자들이 보인 반응을 보십시오. "예수께서 깨어 바람을 꾸짖으시며 바다더러 이르시되, '잠잠하라. 고요하라' 하시니, 바람이 그치고 아주 잔잔하여지더라. 이에 제자들에게 이르시되, '어찌하여 이렇게 무서워하느냐? 너희가 어찌 믿음이 없느냐?' 하시니, 저희가 심히 두려워하여 서로 말하되, '저가 뉘기에 바람과 바다라도 순종하는고' 하였더라"(마가복음 4:39-41).

예수님의 기적과 연관하여 우리가 물어야 할 것은 '그런 기적들이 가능한 것인가?'가 아니라 '그분은 누구신가?' 하는 것입니다. 성경은 예수님께서 하나님이신 동시에 사람이시라고 가르치고 있습니다. "크도다, 경건의 비밀이여. 그렇지 않다 하는 이 없도다. 그는 육신으로 나타난 바 되시고, 영으로 의롭다 하심을 입으시고, 천사들에게 보이시고, 만국에서 전파되시고, 세상에서 믿은 바 되시고, 영광 가운데서 올리우셨음이니라"(디모데전서 3:16). 예수님께 불가능한 일이란 없습니다. 물론 기적까지도 말입니다.

인간의 타락

성경은 인간의 본성의 타락에 대해서 다음과 같이 분명하게 말합니다. "그러면 어떠하뇨? 우리는 나으뇨? 결코 아니라. 유대인이나 헬라인이나 다 죄 아래 있다고 우리가 이미 선언하였느니라. 기록한바, '의인은 없나니 하나도 없으며, 깨닫는 자도 없고, 하나님을 찾는 자도 없고, 다 치우쳐 한가지로 무익하게 되고, 선을 행하는 자는 없나니 하나도 없도다. 저희 목구멍은 열린 무덤이요, 그 혀로는 속임을 베풀며, 그 입술에는 독사의 독이 있고, 그 입에는 저주와 악독이 가득하고, 그 발은 피 흘리는 데 빠른지라, 파멸과 고생이 그 길에 있어 평강의 길을 알지 못하였고, 저희 눈앞에 하나님을 두려워함이 없느니라' 함과 같으니라.… 모든 사람이 죄를 범하였으매 하나님의 영광에 이르지 못하더니"(로마서 3:9-23).

의인은 없나니 하나도 없다고 했습니다. 모든 사람이 죄를 범하여 하나님의 영광에 이르지 못하였다고 했습니다. 그러면 이 말씀은 모든 사람이 다 흉악한 범죄만 저지르고 있다는 뜻입니까? 그것은 아닙니다. 오히려 알지도 못하는 사람의 생명을 구하기 위해 자신의 목숨을 던진 용감한 사람들의 이야기를 종종 듣습니다. 제2차 세계대전 중 어느 전투에서 내가 부상을 당했을 때 기관총알과 박격포탄이 쏟아지는데도 두 병사가 죽음을 무릅쓰고 나를 야전 구호소로 옮겼습니다. 세상에는 하나님과 전혀 관계없이 사는 사람들 중에도 이처럼 친절과 사랑과 자비를 베푸는 인도주의적 행동을 하는 사람들이 있습니다.

그럼에도 불구하고 모든 사람이 죄를 범했다는 것은 사실입니다. 성경은 인간의 삶의 모든 영역이 죄로 물들어 있음을 보여 주고 있습니다. "그러므로 내가 이것을 말하며 주 안에서 증거하노니, 이제부터는 이방인이 그 마음의 허망한 것으로 행함같이 너희는 행하지 말라. 저희 총명이 어두워지고 저희 가운데 있는 무지함과 저희 마음이 굳어짐으로 말미암아 하나님의 생명에서 떠나 있도다. 저희가 감각 없는 자 되어 자신을 방탕에 방임하여 모든 더러운 것을 욕심으로 행하되"(에베소서 4:17-19).

예수님께서는 인간의 타락은 그 뿌리가 마음에 있다고 하셨습니다. "속에서 곧 사람의 마음에서 나오는 것은 악한 생각 곧 음란과 도적질과 살인과 간음과 탐욕과 악독과 속임과 음탕과 흘기는 눈과 훼방과 교만과 광패니, 이 모든 악한 것이 다 속에서 나와서 사람을 더럽게 하느니라"(마가복음 7:21-23).

인간의 타락에 대한 해결책은 그리스도의 구속 사역입니다. "오직 너희는 그리스도를 이같이 배우지 아니하였느니라. 진리가 예수 안에 있는 것같이, 너희가 과연 그에게서 듣고 또한 그 안에서 가르침을 받았을진대, 너희는 유혹의 욕심을 따라 썩어져 가는 구습을 좇는 옛사람을 벗어 버리고, 오직 심령으로 새롭게 되어, 하나님을 따라 의와 진리의 거룩함으로 지으심을 받은 새사람을 입으라"(에베소서 4:20-24).

원죄와 죄

어떤 청년이 원죄의 개념을 이해하기 위해 무척 노력을 했지만 여전히 이해되지 않아 고민 가운데 빠져 있었습니다. 미 공군사관학교를 졸업한, 총명한 젊은이였습니다. 나는 여러 성경 구절을 차례로 보여 주며 차근차근 설명해 주었습니다. 그러나 그는 아담의 죄가 어떻게 우리 모두에게 영향을 미치는지는 여전히 이해가 되지 않는 모양이었습니다. 그래서 한 예화를 들려주었더니, 그제야 그 개념을 분명히 이해하게 되었습니다.

어느 날 편대장이 편대를 이끌고 기지를 이륙했습니다. 그에게는 명령받은 임무가 있었고 비행 계획이 있었습니다. 바다 위를 날고 있을 때였는데, 처음에는 모든 것이 정상이었고, 여느 때와 다를 바가 없었습니다. 그러다가 편대장이 느닷없이 명령받은 항로를 이탈하여 자기 마음대로 비행하기 시작했습니다. 결국 사고가 발생했습니다. 예정에도 없던 무리한 코스의 비행으로 연료는 점차 바닥나기 시작했고, 차례차례 어두운 물속으로 추락하고 말았습니다. 결국 전 편대원이 목숨을 잃었습니다.

이 이야기를 생각하며, 나는 그와 함께 로마서 5:12 말씀을 다시 살펴보았습니다. "이러므로 한 사람으로 말미암아 죄가 세상에 들어오고, 죄로 말미암아 사망이 왔나니, 이와 같이 모든 사람이 죄를 지었으므로 사망이 모든 사람에게 이르렀느니라." 아담은 우리 모두를 어두운 죄 가운데 깊숙이 빠뜨리는 길로 잘못 인도했습니다. "모든 사람이 죄를 범하였으매 하나님의 영광에 이르지 못하더니"(로마서 3:23). 우리가 죄를 짓는 까닭은 아담의 본을 따르는 죄인이기 때문입니다.

하나님께서는 우리를 죄에서 구속(救贖)하시기 위해 비싼 값을 치르셨습니다. 예수님의 십자가는 우리에게 하나님의 사랑뿐만 아니라 죄의 무서움도 보여 줍니다. 예수 그리스도께서는 기꺼이 우리의 죄를 지시고 사망의 형벌을 치르셨습니다. "한 사람의 순종치 아니함으로 많은 사람이 죄인 된 것같이 한 사람의 순종하심으로 많은 사람이 의인이 되리라"(로마서 5:19). 하나님께서는 우리 모두의 죄악을 그리스도께 담당시키셨습니다(이사야 53:6). 그리스도께서는 실로 우리의 질고를 지고 우리의 슬픔을 당하셨습니다(이사야 53:4). 우리의 허물을 위하여 찔리셨고, 우리의 죄악을 인하여 상하셨으며, 우리의 평화를 위해 징계를 받으셨고, 우리의 나음을 위하여 채찍에 맞으셨습니다(이사야 53:5). 예수님께서는 인간의 죄를 친히 담당하신 것입니다(이사야 53:11).

이제 우리는 예수 그리스도로 말미암아 생명 곧 영원한 생명을 얻습니다. 누구든지 예수 그리스도를 믿기만 하면 영생을 선물로 받게 됩니다. "너희가 그 은혜를 인하여 믿음으로 말미암아 구원을 얻었나니, 이것이 너희에게서 난 것이 아니요 하나님의 선물이라. 행위에서 난 것이 아니니, 이는 누구든지 자랑치 못하게 함이니라"(에베소서 2:8-9).

사탄

매일 아침 일찍 나는 예수 그리스도의 주재권과 보호하심에 내 자신을 맡깁니다. 그리스도의 주재권에 자신을 맡긴다는 것은 하루 삶 속에서 내 자신을 부인하고 그리스도를 선택하겠다는 뜻입니다. 그것이 영혼을 거슬러 싸우는 어리석고 해로운 정욕에 빠지지 않도록 나를 지켜 줍니다(베드로전서 2:11, 디모데전서 6:9 참조). 또한 나는 주님의 보호하심 아래 있기를 원합니다. 왜냐하면 우리의 대적 마귀가 우는 사자같이 두루 다니며 삼킬 자를 찾고 있기 때문입니다(베드로전서 5:8 참조).

만일 당신이 주님의 보호 아래 있다면, 당신은 권세와 능력이 있는 자리에 있는 것입니다. 성경은 우리에게 "너희 안에 계신 이가 세상에 있는 이보다 크심이라"(요한일서 4:4)고 가르치고 있습니다. 그러므로 그리스도 예수의 이름으로 마귀를 대적하십시오. 그러면 마귀가 당신을 피할 것입니다(야고보서 4:7).

성경에서 마귀는 '악한 자'(요한일서 2:13, 3:12, 5:18-19)라고 불리고 있습니다. 도덕적으로 악한 것은 마귀의 기본적이고 두드러진 속성입니다. 사탄은 근본적으로 거짓말쟁이며, 그의 왕국은 거짓과 속임수 위에 기초를 두고 있습니다(요한복음 8:44 참조). 사탄의 능력은 무엇보다도 우리를 속여서 자기가 제시하는 것이 옳다고 믿도록 하는 데에 있습니다. 마귀는 하와를 속여서, 하나님께 불순종하는 것이 좋은 것이며, 자기 말대로 하면 하나님과 같이 된다고 했습니다. 오늘날도 마귀는 당신을 시험할 때면 자기 말대로 하면 좋은 것을 주겠다고 속입니다.

이 세상에서 사탄의 주목표 중의 하나는 불신자들이 그리스도의 구원을 경험하지 못하게 막는 것입니다. 바울은 다음과 같이 말합니다. "만일 우리 복음이 가리웠으면 망하는 자들에게 가리운 것이라. 그중에 이 세상 신이 믿지 아니하는 자들의 마음을 혼미케 하여 그리스도의 영광의 복음의 광채가 비취지 못하게 함이니, 그리스도는 하나님의 형상이니라"(고린도후서 4:3-4). 그러므로 당신은 믿지 않는 친구나 친척들을 위해 기도할 때 반드시, 사탄이 그들의 눈을 가린 것을 성령께서 제거해 주시도록 간구해야 합니다.

사탄의 또 다른 목표는 하나님의 말씀을 의심하게 만드는 것입니다. 그는 종종 하나님을 대변하는 것처럼 보이는 거짓 교사들을 이용합니다. 그들은 바울 시대에도 매우 활동적이었습니다. "저런 사람들은 거짓 사도요, 궤휼의 역군이니, 자기를 그리스도의 사도로 가장하는 자들이니라. 이것이 이상한 일이 아니라. 사단도 자기를 광명의 천사로 가장하나니, 그러므로 사단의 일꾼들도 자기를 의의 일꾼으로 가장하는 것이 또한 큰 일이 아니라. 저희의 결국은 그 행위대로 되리라"(고린도후서 11:13-15). 때때로 사탄은 지성적이고 존경받는 학자들을 동원해 교묘한 술책으로 사람들로 하여금 성경은 믿을 수 없는 것으로 생각하게 만듭니다.

지금까지 이야기한 모든 것은 사탄이 우리를 속이기 위해 사용하는 전략입니다. 사탄은 하나님의 말씀을 싫어하며 두려워합니다. 성령의 검과 대항하여 싸울 수 없기 때문입니다.

사탄은 이미 패배한 적이며, 그도 그것을 알고 있습니다. 그는 십자가에 달리신 예수님께 패배했습니다. 예수님께서는 "정사와 권세를 벗어버려 밝히 드러내시고 십자가로 승리"하셨습니다(골로새서 2:15). 이제 우리 그리스도인은 예수 그리스도의 승리에 함께 참여할 수 있습니다. 마귀와 그 세력은 십자가에 못 박히시고 부활하신 예수 그리스도께 정복되었습니다.

그리스도와 사탄의 싸움에 관한 성경의 첫 번째 약속(창세기 3:15 참조)은 십자가에서 성취되었습니다. 거기서 예수님께서는 사탄에게 결정타를 가하셨습니다. 예수님께서는 그를 상하게 하셨고, 정복하셨고, 무력화시키셨으며, 구경거리로 만드셨습니다(골로새서 2:15 참조). 마귀와 그 세력이 그렇게까지 철저히 패배해 본 적은 없었습니다. 그는 결국 멸망이라는 최후 운명을 맞이하게 될 것입니다. "또 저희를 미혹하는 마귀가 불과 유황 못에 던지우니, 거기는 그 짐승과 거짓 선지자도 있어 세세토록 밤낮 괴로움을 받으리라"(요한계시록 20:10).

신비주의

1975년 8월 콜롬비아의 보고타에서 세계 제1차 마법 대회가 열렸을 때 5,000여 명이 몰려들었고, 외국에서도 1,000명이 넘게 참석하였습니다. 대회 내용은 점성술, 마술, 점술, 심령술, 그리고 연금술과 같은 것이었습니다. 부두교의 마법과 다른 신비주의적 의식들이 행해졌고, 점성술과 수상술(手相術)을 통한 신비적인 의사소통이 시도되었습니다. 많은 사람들은 '바알세붑'의 출현을 기대하며 철야를 하기도 했습니다.

게임기 제작업체인 파커브라더즈사는 미국에서 심령술에 쓰이는 점괘판이 모노폴리 게임판보다 더 많이 팔리고 있다고 했습니다. 심령술사들은 이러한 점괘판 내용은 '천사'나 '안내하는 영'으로부터 온다고 말합니다. 이 사람들은, 보이지는 않지만 지성을 지닌 어떤 힘이 자신을 지배하며 자신에게 계시를 준다고 말합니다. 어디를 가든지 신비주의 책들이 있습니다. 오늘 아침, 나는 이웃 슈퍼마켓의 계산대 위에 판매용으로 진열된 조그만 책자들을 보았습니다. 그 책자들 중에는 마술, 징조, 미래에 대한 예언, 점성술, 사탄, 수상술에 관한 것들도 있었습니다.

성경에는 이들에 관한 내용이 많습니다. 하나님께서는 자기 백성들에게 이렇게 경고하십니다. "네 하나님 여호와께서 네게 주시는 땅에 들어가거든 너는 그 민족들의 가증한 행위를 본받지 말 것이니, 그 아들이나 딸을 불 가운데로 지나게 하는 자나 복술자나 길흉을 말하는 자나 요술하는 자나 무당이나 진언자나 신접자나 박수나 초혼자를 너의 중에 용납하지 말라. 무릇 이런 일을 행하는 자는 여호와께서 가증히 여기시나니, 이런 가증한 일로 인하여 네 하나님 여호와께서 그들을 네 앞에서 쫓아내시느니라"(신명기 18:9-12).

이 말씀에 언급된 첫 번째 경고는 아들이나 딸을 불 가운데로 지나게 하는 의식에 관한 것입니다. 이것은 가나안인들이 몰렉 신에게 행하는 예배 의식이었습니다(레위기 18:21 참조). 우상은 눈에 보이며 사람들의 천박한 본성에 호소하기 때문에 우상 숭배는 인기가 있었습니다. 오랫동안 이스라엘 백성은 하나님의 경고를 무시했습니다.

두 번째는 미래의 사건을 예언하거나 숨겨진 지식을 밝혀내는 점술에 관한 경고입니다. 이것은 간단히 점을 치는 것에서부터 제물로 바친 짐승의 간을 살펴 점괘를 얻는 복잡한 것에 이르기까지 여러 모양이 있었습니다(에스겔 21:21-22 참조).

귀신과 통하고 귀신에게 사로잡혀 기이한 능력을 소유했던 사람들이 상당히 많습니다. 그들은 귀신들과 대화하고 주문을 외우며 마법을 걸기도 했습니다. 그러나 주 하나님께서는 자기 백성들에게 그러한 자들을 멀리하고 그들의 의식을 따라 하지 말도록 분명히 경고하셨습니다.

이러한 신비주의의 예들은 사탄의 사주를 받은 고대 이방종교에서 비롯되었습니다. 바벨론에 대한 하나님의 심판은 단호했습니다. "네가 많은 모략을 인하여 피곤케 되었도다. 하늘을 살피는 자와 별을 보는 자와 월삭에 예고하는 자들로 일어나 네게 임할 그 일에서 너를 구원케 하여 보라. 보라. 그들은 초개 같아서 불에 타리니 그 불꽃의 세력에서 스스로 구원치 못할 것이라. 이 불은 더웁게 할 숯불이 아니요, 그 앞에 앉을 만한 불도 아니니라"(이사야 47:13-14). 이 같은 이방종교의 마법사들과 점성술사들은 하나님의 선지자들을 대적하는 마귀의 하수인들입니다. 그들은 두려움과 경외의 대상이었으며, 사람들은 자주 그들에게 나아가 장래 일을 물어보기도 하며 어려운 문제가 있으면 풀어 달라고 요청하였습니다. 어떤 자들은 악령의 사주를 받은 종교 의식을 거행하며 특별한 의미를 지닌 주문을 되풀이하여 외우기도 합니다.

수세기 동안 사탄은 주로 세계의 미개한 지역들에서만 신비한 의식들을 행해 왔습니다. 하지만 최근에 와서는 그 활동 영역을 점점 더 넓혀서, 하나님으로부터 점점 멀어져 가고 있는 미국인들 사이에서도 공공연하게 이런 일들을 행하고 있습니다. 마약 사용이 현저히 늘어나고 있는데, 마약은 언제나 사탄을 위한 의식과 예배의 일부로 사용되어 왔습니다. 이것은 말세의 징조 가운데 하나일 뿐입니다. "그러나 성령이 밝히 말씀하시기를, '후일에 어떤 사람들이 믿음에서 떠나 미혹케 하는 영과 귀신의 가르침을 좇으리라' 하셨으니"(디모데전서 4:1).

거짓 교리

때때로 마귀의 거짓말은 하나님의 진리보다 더 사랑이 많고, 따뜻하고, 관대하며, 더 은혜로운 것처럼 보입니다. 사탄은 가장 사악한 거짓 교리를 사람들에게 듣기 좋고 호감이 가게 만드는 재주를 가지고 있습니다. 사탄은 하와를 에덴동산에서 타락시킬 때에도 자기의 제안에는 전혀 해로운 것이 없다고 했습니다. 오히려 자기 말을 따르면 커다란 유익이 있다고까지 말했습니다.

거짓 교리가 대부분 바로 그와 같습니다. 그런 교리는 하늘나라에 가는 길이 하나밖에 없다는 사실을 절대로 가르치지 않습니다. 오히려 거짓 교리를 가르치는 교사들은 일반적으로 이 면에서 관대합니다. 그들은 당신에게 "하나님께로 가는 길은 많이 있습니다. 하나님께서는 길을 단 하나만 만드실 정도로 그렇게 속 좁고 꽉 막힌 분이 아닙니다!"라고 말할 것입니다. 그리스도 한 분밖에는 길이 없다고 믿는 것보다 그들의 말이 더 너그럽고 합리적으로 들리지 않습니까? 그러나 절대로 그렇지 않습니다. 이 주제를 공부해 보면 하나님의 구원의 길이 얼마나 아름다운 진리인가를 알 수 있습니다. 그러나 어린 그리스도인들이나 말씀의 가르침을 받지 못한 사람들에게는 거짓 교리가 훨씬 호소력 있게 들릴 것입니다.

성경을 예로 들어 생각해 봅시다. 거짓 교사들은 흔히 다음과 같이 말합니다. "물론 성경은 좋은 종교 서적입니다. 그러나 세상에 종교 서적이 어디 한둘입니까? 그중에 좋은 책들도 참 많습니다. 책마다 거기서 배울 게 있습니다. 왜 당신은 굳이 성경책 하나에만 자신을 제한시키려 합니까? 더군다나 성경은 신화나 오류로 가득 차 있다는 것이 증명되지 않았습니까?" 사실 이 세상에는 종교 서적이 엄청나게 많고, 그 가운데는 유익한 내용을 담고 있는 서적도 많습니다. 그러나 한 가지 다른 점이 있습니다. 성경은 인간을 향한 하나님의 말씀입니다. 다른 것은 모두 하나님과 거룩한 삶에 대해 자신의 견해를 기록한, 사람들의 저작입니다. 종종 당신은 성경에는 하나님의 말씀이 포함되어 있을 뿐이라는 잘못된 교리를 들을 수 있을 것입니다. 이 말은 성경에는 또한 인간의 말도 들어 있다는 의미가 내포되어 있습니다.

성경은 단지 하나님의 말씀을 포함하고 있는 게 아니라는 사실을 명심하십시오. 성경은 바로 하나님의 말씀 그 자체입니다. "먼저 알 것은, 경의 모든 예언은 사사로이 풀 것이 아니니, 예언은 언제든지 사람의 뜻으로 낸 것이 아니요, 오직 성령의 감동하심을 입은 사람들이 하나님께 받아 말한 것임이니라"(베드로후서 1:20-21).

예수 그리스도에 대해서도 거짓 교리가 세상에 널리 퍼져 있음을 명심하십시오. 그들은 "물론 우리는 예수가 선한 사람이었다는 사실에 동의합니다. 그리고 그가 위대한 선생이었다는 것도 인정합니다. 그러나 이 세상에는 그 사람 말고도 위인과 훌륭한 선생이 지금까지 많이 있었습니다"라고 말합니다. 예수님을 다른 종교 지도자들과 동일하게 생각합니다. 그러면서 당신에게 이 세상의 모든 종교 지도자에 대해 공부하고 그들로부터도 배우라고 말합니다.

그러나 니고데모는 예수님께서 하나님께로부터 오신 선생이시라는 결론을 내렸습니다. 그는 옳았습니다. 예수님께서는 "내가 하늘로서 내려온 것은 내 뜻을 행하려 함이 아니요, 나를 보내신 이의 뜻을 행하려 함이니라"(요한복음 6:38-39)고 말씀하셨습니다. 우리는 사도 베드로와 같은 입장을 취합니다. "주여, 영생의 말씀이 계시매 우리가 뉘게로 가오리이까? 우리가 주는 하나님의 거룩하신 자신 줄 믿고 알았삽나이다"(요한복음 6:68-69).

거짓 교리라고 해서 100% 거짓말만 들어 있는 것은 아닙니다. 맞는 말도 들어 있습니다. 오히려 맞는 말이 많이 들어 있으면 있을수록 그 영향은 더 치명적입니다. 거짓말인 것이 뻔히 드러나 있으면 즉시 알아차릴 수 있지만, 성경에 근거를 둔 진리처럼 그럴듯하게 포장해 가르치므로 많은 사람이 미혹되어 속아 넘어갑니다.

거짓 교리에 미혹되지 않는 좋은 방법은, 새로운 진리를 발견했다느니 또는 수세기 동안 감춰져 있다가 지금에 와서야 계시된 새 빛을 발견했다고 주장하는 사람들을 경계하는 것입니다. 그들이 하는 말의 뜻인즉, 사도들도 몰랐던 새로운 계시가 자기들에게 임했다는 것입니다. 그리스도인들이여, 자신의 믿음이 어디에 기초를 두고 있는지를 기억하십시오. "너희는 사도들과 선지자들의 터 위에 세우심을 입은 자라. 그리스도 예수께서 친히 모퉁잇돌이 되셨느니라"(에베소서 2:20).

오늘날 수많은 사람들이 각종 이단과 거짓 교리, 종교, 신비주의에 빠져 길을 잃고 방황하고 있습니다. 이로 인해 놀랄 필요는 없습니다. 오래 전에 디모데에게 한 바울의 충고가 오늘날 우리에게도 바로 적용되기 때문입니다. "악한 사람들과 속이는 자들은 더욱 악하여져서 속이기도 하고 속기도 하나니, 그러나 너는 배우고 확신한 일에 거하라. 네가 뉘게서 배운 것을 알며, 또 네가 어려서부터 성경을 알았나니, 성경은 능히 너로 하여금 그리스도 예수 안에 있는 믿음으로 말미암아 구원에 이르는 지혜가 있게 하느니라(디모데후서 3:13-15).

묵상과 적용

1. 이 장에서 배운 가장 큰 교훈은 무엇입니까? 그것을 어떻게 삶에 적용하겠습니까?

2. 제품의 취급 설명서와 성경을 비교해 보십시오. 유사점과 차이점은 무엇입니까?

3. 당신의 삶에서 성경은 어떤 역할을 합니까? 성경이라는 놀라운 선물을 주신 하나님께 감사드리십시오.

4. 사탄의 주목표를 복습해 보십시오. 사탄의 계략을 물리치기 위해 당신이 해야 할 일은 무엇입니까?

그리스도인 성장의 열쇠

초판 1쇄 발행 : 1982년 5월 22일
3판 1쇄 발행 : 2009년 12월 22일
3판 4쇄 발행 : 2019년 2월 25일

펴낸곳: 네비게이토 출판사 ©
주소: 03784 서울시 서대문구 연희로 16 (창천동)
전화: 02) 334-3305(대표), 334-3037(주문), FAX: 334-3119
홈페이지: http://navpress.co.kr
출판등록: 1973년 3월 12일 제10-111호
ISBN 978-89-375-0335-1 03230

본 출판사의 서면 허락 없이는 본서의 전부 또는
일부의 무단 복제, 또는 원문에 대한 무단 번역을 금합니다.